"国家金融学"系列教材 / 陈云贤 主编

国家金融风险防范

GUOJIA JINRONG FENGXIAN FANGFAN

杨子晖　王姝黛　编著

版权所有　翻印必究

图书在版编目（CIP）数据

国家金融风险防范 / 杨子晖，王姝黛编著. —广州：中山大学出版社，2021.10

（"国家金融学"系列教材/陈云贤主编）

ISBN 978-7-306-07213-9

Ⅰ. ①国⋯　Ⅱ. ①杨⋯ ②王⋯　Ⅲ. ①金融风险防范—中国—教材　Ⅳ. ①F832.1

中国版本图书馆 CIP 数据核字（2021）第 085490 号

出 版 人：王天琪
策划编辑：嵇春霞
责任编辑：周明恩
封面设计：曾　婷
责任校对：陈　莹
责任技编：靳晓虹
出版发行：中山大学出版社
电　　话：编辑部 020-84110283，84113349，84111997，84110779，84110776
　　　　　发行部 020-84111998，84111981，84111160
地　　址：广州市新港西路 135 号
邮　　编：510275　传　真：020-84036565
网　　址：http://www.zsup.com.cn　E-mail：zdcbs@mail.sysu.edu.cn
印　刷　者：佛山市浩文彩色印刷有限公司
规　　格：787mm×1092mm　1/16　18.25 印张　310 千字
版次印次：2021 年 10 月第 1 版　2021 年 10 月第 1 次印刷
定　　价：62.00 元

如发现本书因印装质量影响阅读，请与出版社发行部联系调换

"国家金融学"系列教材

编委会

主　　编　陈云贤

副主编　李善民　李广众　黄新飞

编　　委（按姓氏笔画排序）

　　　　　　王　伟　王彩萍　韦立坚　杨子晖

　　　　　　李小玲　李广众　张一林　周天芸

　　　　　　赵慧敏　黄新飞

"国家金融学"系列教材

总　序

国家金融与国家金融学，是两个需要清晰界定的概念和范畴。在现实中，当我们谈到金融时，大多是指国际金融或公司金融。有关国家金融的文章或书籍要在国外发表或出版，编辑提出的第一个问题往往是它与公共财政有什么区别。在理论上，现有的金融学科大致可划分为：以汇率和利率决定机制为主的国际金融学和货币金融学[①]，以资产价格决定机制为主的公司金融学和投资学[②]——还没有国家金融学。换句话说，现有的金融学研究大多聚焦于技术细节，即使有与国家金融相关的研究，也主要散见于对政策或市场的解读之中，理论性较弱且不成体系。而笔者所探讨的国家金融是聚焦于一国金融发展中最核心、最紧迫的问题，在此层面采取的政策与措施事关一国金融的健康稳定和经济的繁荣发展。因此，此处提出的国家金融学，是以现代金融体系下国家金融的行为及其属性为研究对象，从金融市场的要素、组织、法制、监管、环境和基础设施六个方面来探讨国家金融行为、维护国家金融秩序、提升国家金融竞争力。

关于现代金融体系，国内外理论界有"三体系论""四要素论"和"五构成论"等不同表述。"三体系论"认为，金融体系可大致划分为三个体系：一是金融的宏观调控和监管体系，二是金融的市场体系，三是金融的机构体系。其中，金融的市场体系包括交易对象、交易主体、交易工

[①] 参见陈雨露主编《国际金融》（精编版），中国人民大学出版社2008年版，前言。
[②] 参见王重润主编《公司金融学》，东南大学出版社2010年版，第1～8页。

具和交易价格。①"四要素论"认为,金融市场由四个要素构成:一是金融市场的参与者,包括政府部门、工商企业、金融机构和个人;二是金融工具,其特征包括偿还性、流动性、风险性和收益性;三是金融市场的组织形式,包括在固定场所内的集中交易方式、分散交易方式和场外交易方式;四是金融市场的管理,包括中央银行及有关监管当局的管理。②"五构成论"认为,金融市场的构成要素有五个:一是金融市场主体,即金融市场的交易者;二是金融市场工具,即金融交易的载体,金融市场工具可以理解为金融市场工具持有人对发行人的债权或权益;三是金融市场中介,通常是指为资金融通提供媒介服务的专业性金融机构或取得专业资格的自然人;四是金融市场组织方式,是指能够使金融市场成为现实的市场并正常运转的制度安排,主要集中在市场形态和价格形成机制两方面;五是金融市场监管,即对金融活动进行监督和调控等。它们在金融体系中共同发挥着作用。③ 与上述的"三体系论""四要素论""五构成论"相比,笔者更强调现代金融体系功能结构的系统性,并在其中探索国家金融行为对一国经济金融稳定和健康发展的影响。

一、国家金融行为是否存在,是个有争议的话题

西方经济学的传统理论认为,政府只能在市场失灵的领域发挥作用,比如需要提供公共物品时或存在经济的外部性和信息不对称时。但我们回望历史又不难看到,现实中的西方国家,尤其是一贯奉行自由主义经济的美国,每到关键时刻,政府都屡屡出手调控。下面仅举几个事例进行说明。

第一例是亚历山大·汉密尔顿(Alexander Hamilton)对美国金融体系的构建。早在美国建国之初,作为第一任财政部部长的汉密尔顿就着力建立国家信用,健全金融体系,完善财税制度,促进工商业发展,从而构建了美国财政金融体系的五大支柱——统一的国债市场、中央银行主导的银行体系、统一的铸币体系(金银复本位制)、以关税和消费税为主体的税

---

① 参见乔治·考夫曼著《现代金融体系——货币、市场和金融机构》(第六版),陈平等译,经济科学出版社2001年版,第3页。
② 参见黄达、张杰编著《金融学》(第四版),中国人民大学出版社2017年版,第286~293页。
③ 参见霍文文主编《市场金融学教程》,复旦大学出版社2005年版,第5~15页。

收体系，以及鼓励制造业发展的财政金融贸易政策。这些举措为美国的现代金融体系奠定了扎实的前期基础。对此，我们需要思考的是，在200多年前，为什么汉密尔顿已经对财政、金融有此思考，并高度强调"整体国家信用"的重要性？为什么他认为美国要成为一个繁荣富强的国家，就必须建立坚固的诸州联盟和强有力的中央政府？

第二例是1933年开始的"罗斯福新政"。其主旨是运用财政手段，结合金融举措，大力兴建基础设施项目，以增加就业、刺激消费和促进生产。其主要举措包括：第一，民间资源保护队计划。该计划侧重吸纳年龄在18岁至25岁之间的身强力壮且失业率偏高的青年人，参与植树护林、防治水患、水土保持、道路建筑、开辟森林防火线和设置森林瞭望塔等工程建设项目。到美国参与第二次世界大战（简称"二战"）之前，先后有200多万名青年参与过这些项目，他们开辟了740多万英亩①国有林区和大量国有公园。第二，设立了以着眼于长期目标的工程为主的公共工程署和民用工程署。民用工程方面，美国兴建了18万个小型工程项目，包括校舍、桥梁、堤坝、下水道系统、邮局和行政机关大楼等公共建筑，先后吸纳了400万人为此工作。后来，美国又继续建立了几个新的工赈机构。其中最著名的是国会拨款50亿美元兴办的工程兴办署和针对青年人的全国青年总署，二者总计雇用人员达2300万，占全国劳动力的一半以上。第三，至"二战"前夕，美国联邦政府支出近180亿美元，修建了近1000座飞机场、12000多个运动场、800多座校舍与医院，创造了大量的就业机会。其中，金门大桥和胡佛水坝至今仍是美国的标志性建筑。

第三例是布雷顿森林会议构建的国际金融体系。1944年7月，布雷顿森林会议在美国新罕布什尔州召开。时任英国代表团团长约翰·梅纳德·凯恩斯（John Maynard Keynes）在会前提出了"二战"后世界金融体系的"三个一"方案，即"一个世界货币""一个世界央行""一个世界清算体系"联盟。而以美国财政部首席经济学家哈里·德克斯特·怀特（Harry Dexter White）为会议主席的美国方面，则按照政治力量优先于经济实力的逻辑，采取政治与外交手段，在多国角力中最终促成了围绕美国政治目标而设立的三个工作委员会，分别讨论国际稳定基金、国际复兴开发银行和其他国际金融合作事宜。日后正式成立的国际货币基金组织、世界银行

---

① 1英亩≈4046.86平方米。

(国际复兴开发银行)和国际清算银行等奠定"二战"后国际金融秩序的组织均发端于此。可以说,这次会议形成了以美国为主的国际金融体系,左右着国际经济的运行。

第四例是通过马歇尔计划构建的以美元为主的国际货币体系。该计划由美国于1948年4月主导启动,欧洲国家成立了"欧洲经济合作组织"与之对接。"二战"后,美国对欧洲国家的援助包括资金、技术、人员等方面,其中资金援助的流向是:美国援助美元给欧洲国家,欧洲各国将美元作为外汇购买美国的物资;除德国外,欧洲国家基本上不偿还援助资金;除德国将援助资金用于私有企业再投资外,欧洲各国多数将其用于填补财政亏空。在这个体系中,美元滞留欧洲,形成"欧洲美元"。于是,国际货币体系在布雷顿森林会议和马歇尔计划的双重作用下,逐渐从"金银复本位制"发展到"金本位制"、"黄金—美元—他国货币"双挂钩(实施固定汇率:35美元=1盎司黄金)、"美元与外国货币固定汇率制"(从1971年8月15日起黄金与美元脱钩)、"美元与外国货币浮动汇率制"(由1976年的《牙买加协定》所确立)。最终,美国运用"石油交易捆绑美元结算"等金融手段,形成了美元在国际货币体系中一家独大的局面,使其成为国际经济中的强势货币。

第五例是美国对2008年次贷危机的应对。美国联邦储备委员会(简称"美联储")、财政部、联邦存款保险公司(Federal Deposit Insurance Corporation,FDIC)、证券交易委员会(Securities and Exchange Commission,SEC)、国会和相关政府部门联手,全力以赴化解金融危机。其主要举措有:第一,美联储作为独立于联邦政府和政党纷争的货币政策执行者,采取传统的激进货币政策和非常规、非传统的货币政策并行的策略,以市场化手段处置金融危机、稳定金融市场;第二,在美联储货币政策无法应对之际,财政部出台"不良资产救助计划"(Troubled Asset Relief Program,TARP),以政府直接投资的方式,援助主要金融机构和部分大型企业;第三,政府还采取了大幅快速减税、扩大赤字化开支等财政政策刺激经济增长;第四,美国国会参、众两院通过立法的方式及时完善法律环境,如政府协调国会参、众两院分别签署通过了《2008年紧急经济稳定法案》《2008年经济振兴法案》《2009年经济振兴法案》《2009年美国复苏与再投资法案》,以及自1929年大萧条以来最重要的金融监管改革法案之一——《多德-弗兰克华尔街改革与消费者保护法案》。可以说,美国采用货币政策、财政政策、监管政策、经济振兴计划及法制保障等多种措施，稳定了金融市场，刺激了经济发展。

第六例是 2019 年美国的 2 万亿美元巨额基础设施建设计划。该计划由特朗普政府发起，2019 年 4 月 30 日美国参议院民主党和共和党就推进 2 万亿美元巨额基础设施建设计划达成共识，确定以财政手段结合金融举措，启用汽油税作为美国联邦政府投资的主要资金来源，并通过政府和社会资本合作的方式（Public-Private-Partnership，PPP）融资，通过大规模减税带来海外资金的回流和大量发行国债募集巨额资金投资基础设施建设，目标是创造经济增长的新动力。其主要举措包括重建高速公路、桥梁、隧道、机场、学校、医院等基础设施，并让数百万民众参与到这项工作中来；通过大规模的基础设施建设，打造和维持世界上最好的高速公路和航空系统网；等等。

由以上诸例可见，美国政府在历史进程中采取的国家金融行为，不仅包括处置国内的产业经济危机、助力城市经济和民生经济以促进社会发展，而且还包括强势介入国际经济运行，在打造国际金融体系方面有所作为。其他发达国家的此类案例也比比皆是。历史和现实告诉我们，从国家金融学的角度探讨国家金融行为及其属性，研究国家金融战略，做好国家金融布局，维护国家金融稳定，推动国家经济发展，既是一国政府在当代经济发展中面临的客观要求，也是金融理论界需要重视并深入研究的课题。

二、国家金融理论滞后于实践发展

事实上，通过采取国家金融行为以维护国家金融秩序、提升国家金融竞争力的事例，在各国经济实践中已经广泛存在，但对这些案例的理论总结与分析还远远不够。可以说，国家金融理论的发展是极大滞后于经济实践进程的。下面仅举两个案例予以说明。

案例一是美国资产重组托管公司①（Resolution Trust Corporation，RTC）与中国四大资产管理公司。

RTC 是美国政府为解决 20 世纪 80 年代发生的储贷机构危机而专门成

---

① 参见郭雳《RTC：美国的金融资产管理公司（一）》，载《金融法苑》1999 年第 14 期，第 47～51 页。

立的资产处置机构。1989年8月，美国国会通过《1989年金融机构改革、复兴和实施法案》（*Financial Institutions Reform, Recovery, and Enforcement Act of 1989*），创立RTC，对国内出现问题的储贷机构进行重组处置。下面我们从六个方面来介绍RTC的具体情况。

（1）RTC设立的背景。20世纪70年代中后期，美国经济受到经济停滞和通货膨胀的双重冲击。政府对当时主要为低收入家庭买房、建房提供贷款的非银行储蓄机构及其储贷协会放松管制，扩大其业务范围，期望以此刺激经济恢复生机。然而，沉没在投机性房地产贷款与垃圾债券上的大量资金和不良资产使储贷机构严重资不抵债，走向破产的边缘。在这一背景下，RTC应运而生，对相关储贷机构进行资产重组。RTC被赋予五大目标：一是重组储贷机构；二是尽量减少重组损失，争取净现值回报最大化；三是充分利用募得资金处置破产的储贷机构；四是尽量减小处置过程中对当地房地产市场和金融市场的影响；五是最大限度地保障中低收入者的住房供应。

（2）RTC的组织架构。这分为两个阶段：第一阶段是1989年8月至1991年10月，RTC由美国联邦存款保险公司（FDIC）负责管理，财政部部长、美联储主席、住房和城市发展部部长和总统指派的两名私营部门代表组成监察委员会，负责制定RTC的运营策略和政策，任命RTC的总裁（由FDIC总裁兼任）和首席执行官，以开展日常工作。第二阶段是从1991年11月开始，美国国会通过《重组托管公司再融资、重构与强化法案》（*Resolution Trust Corporation Refinancing, Restructuring, and Improvement Act*），原监察委员会更名为储贷机构存款人保护监察委员会，在调整相关成员后，确定RTC总部设立在华盛顿，在亚特兰大、达拉斯、丹佛和堪萨斯城设立4个地区办公室，在全国设立14个办事处和14个销售中心，RTC不再受FDIC管理。直至1995年12月RTC关闭解散后，其余下工作被重新划回FDIC继续运作。

（3）RTC的资金来源。在实际运营中，RTC的资金来源由四个方面构成：财政部拨款、资产出售后的回收资金、托管储蓄机构中的存款以及来自重组融资公司（Resolution Funding Corporation）和联邦融资银行（Federal Financing Bank）的借款。

（4）RTC的运作方式。这主要分为两类：对储贷机构实施援助和重组。援助主要是以现金注入方式帮助相关储贷机构摆脱困境，使其重获持续经营的能力。重组主要包括四个步骤：清算、托管、重组、资产管理与处置。其中，资产管理与处置主要是采用公开拍卖、期权销售、资产证券化等手段。

（5）RTC 的资产定价方法。因为 RTC 处置的资产中近一半是商业和居民住房抵押贷款，其余是储贷机构自有房产、其他贷款及各类证券等，所以 RTC 在资产估价过程中结合地理位置、资产规模、资产质量、资产期限、偿付标准等因素，主要采用传统的净现值折现方法，同时结合运用推演投资价值（Derived Investment Value，DIV）工具完善估值。为防止不良资产被贱卖，RTC 还会根据资产评估价格的一定比例设定保留价格作为投标底线。

（6）RTC 的运作成效。从 1989 年 8 月至 1995 年 12 月底，RTC 成功重组了 747 家储蓄机构。其中，433 家被银行并购，222 家被其他储蓄机构并购，92 家进行了存款偿付，共涉及资产约 4206 亿美元，重组成本约为 875 亿美元。RTC 的实践为清理破产金融机构、消化不良资产和化解金融危机提供了较为成功的范例。

美国 RTC 的成功经验也为中国所借鉴。1999 年，中国政府在处置亚洲金融危机时，就参考了美国 RTC 的方式，剥离中国工商银行、中国农业银行、中国银行、中国建设银行四大银行的不良资产，组建了华融资产管理公司、东方资产管理公司、长城资产管理公司和信达资产管理公司来处理不良资产，参与资本市场运作。

可见，在美国、中国都存在这种典型的国家金融行为，但对于这类实践，理论界还缺乏系统性的探讨、总结，对这类问题的研究仍然是碎片化的、外在的，主要侧重于对技术手段的研究。在世界范围内，上述类型的不良资产处置公司应怎样定位，其功能和续存时间如何，这些都是亟待学界研究的课题。

案例二是沃尔克法则（Volcker Rule）与金融风险防范。

为了避免 2008 年次贷危机重演，2010 年 7 月，美国颁布了《多德-弗兰克华尔街改革与消费者保护法案》，在政府监管机构设置、系统性风险防范、金融业及其产品细分、消费者保护、危机处置等方面设置了一系列监管措施。其中，沃尔克法则是最有影响的改革内容之一。[①]

[①] 参见姚洛《解读沃尔克法则》，载《中国金融》2010 年第 16 期，第 45～46 页。

该法则的提出有着特殊的背景。美国的金融监管模式是在历史进程中逐渐形成的，是一个以联邦政府和州政府为依托、以美联储为核心、由各金融行业监管机构共同组成的双层多头金融监管体系。这一体系的弊端在2008年金融危机的爆发和蔓延过程中暴露无遗：一是监管体系无法跟上经济和金融发展的步伐；二是缺乏统一监管，难以防范系统性金融危机；三是监管职能重叠或缺位，造成监管死角；四是缺乏对金融控股公司的有效监管；五是分业监管体系与混业市场经营相背离；等等。保罗·沃尔克（Paul Volcker）对此曾经尖锐地指出，金融机构的混业经营和分业监管的错配是金融危机爆发的一个重大根源。

在这一背景下，沃尔克法则应运而生。其核心是禁止银行从事自营性质的投资业务，同时禁止银行拥有、投资或发起对冲基金和私募基金。其具体措施包括：第一，限制银行的规模，规定单一金融机构在储蓄存款市场上所占份额不得超过10%，从而限制银行通过过度举债进行投资的能力；第二，限制银行利用自身资本进行自营交易，规定银行只能在一级资本的3%以内进行自营投资；第三，限制银行拥有或资助对私募基金和对冲基金的投资，规定银行在每只基金中的投资比例不得超过该基金募集资本的3%；第四，控制资产证券化风险，规定银行销售抵押贷款支持证券等产品至少留存5%的信用风险；等等。

沃尔克法则的目标聚焦于金融市场"去杠杆化"。在该法则之下，国家可以将金融行业的风险进行隔离，简化风险管理的复杂度，提高风险管理和审慎监管的效率。这是一种典型的国家金融行为。在理论上，它涉及对一国的商业银行资产负债管理和投资银行风险收益关系的深化研究；在实践中，它关乎一国金融监管模式的选择和金融经济发展的方向。然而，学界对沃尔克法则的研究或借鉴，多数仍然停留在防范金融风险的技术手段上。

三、国家金融人才短缺，金融学需要细分

国家金融理论滞后于实践发展的直接后果是国家金融人才短缺。其原因主要有三：一是金融学缺乏细分，二是国内外金融学教研主要聚焦于微观金融领域与技术分析，三是国内外金融学学生大多偏重于微观金融的技术手段分析和操作。关于国内金融学研究的现状，我们以两个高校的例子予以说明。

第一例是以"金融"命名的某大学经济学科相关专业人才培养方案中

的课程设置（如图 1 所示）。

金融学专业
投资学专业
财政学专业
金融工程专业
保险学专业
国际经济与贸易专业
经济学专业
经济与金融专业
信用管理专业
经济统计学专业
金融数学专业
互联网金融专业

金融学专业：
- 金融学
- 金融市场与金融机构
- 商业银行经营学
- 信用担保
- 国际金融学
- 投资学
- 公司金融
- 金融工程学
- 金融风险管理等

经济与金融专业：
- 微观经济学
- 宏观经济学
- 金融经济学
- 投资经济学
- 区域经济学
- 产业经济学
- 计量经济学
- 金融工程学
- 商业银行经营学
- 银行会计
- 国际金融学
- 金融市场学

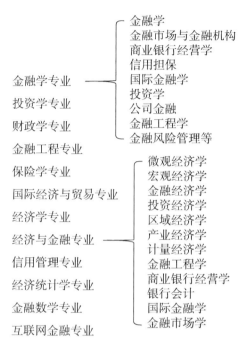

图 1　某金融大学经济学科相关专业人才培养方案中的课程设置

由图 1 的经济学科人才培养方案中的课程设置可知，该大学设置的 12 个经济类专业，涉及宏观金融学科的只有两个：金融学专业和经济与金融专业。前者的 9 门课程中只有国际金融学涉及少量宏观金融的概念，后者的 12 门课程中只有金融经济学与国际金融学涉及一些宏观金融的内容，其余多数为微观金融或部门金融的范畴。

第二例是某综合性大学金融学院金融学专业人才培养方案中的核心课程（如图 2 所示）。

专业核心课程：
- 货币金融学
- 公司金融
- 证券分析与实证分析
- 金融衍生工具
- 国际金融
- 金融机构与市场
- 投资与资产组合管理

图 2　某综合性大学金融学院金融学专业人才培养方案中的核心课程

由图 2 可知，该综合性大学金融学院金融学专业 7 门核心课程中只有国际金融涉及少量的宏观金融知识，其余均为微观金融或部门操作性金融技术的范畴。

上述两个案例告诉我们，国内的金融学教研基本上没有涉及国家金融层面的理论，缺乏对国家金融行为取向的研究与教学。

那么，国外金融学研究的情况如何呢？我们可以回顾一下 1991 年至 2020 年诺贝尔经济学奖获奖者概况（见表 1）。

表 1　1991 年至 2020 年诺贝尔经济学奖获奖者概况

年　份	获奖者（中译名）	主要贡献
1991	罗纳德·科斯	揭示并澄清了交易费用和产权在经济的制度结构和运行中的重要性
1992	加里·贝克	将微观经济理论扩展到对人类行为及互动的分析上，包括非市场行为
1993	罗伯特·福格尔、道格拉斯·诺斯	运用经济理论和定量方法来解释经济和制度变迁，更新了经济史研究
1994	约翰·海萨尼、小约翰·纳什、莱因哈德·泽尔腾	在非合作博弈的均衡分析理论方面做出了开创性贡献
1995	小罗伯特·卢卡斯	发展并应用了理性预期假说，由此重塑了宏观经济学研究并深化了人们对经济政策的理解
1996	詹姆斯·莫里斯、威廉·维克瑞	对信息不对称条件下的经济激励理论做出了基础性贡献
1997	罗伯特·默顿、迈伦·斯科尔斯	为金融衍生品的定价问题贡献了新方法
1998	阿马蒂亚·森	对福利经济学做出了贡献
1999	罗伯特·蒙代尔	分析了不同汇率制度下的货币政策与财政政策，并分析了最优货币区
2000	詹姆斯·J. 赫克曼、丹尼尔·L. 麦克法登	前者发展了分析选择性抽样的理论和方法，后者发展了分析离散选择的理论和方法

续表1

年 份	获奖者（中译名）	主要贡献
2001	乔治·阿克尔洛夫、迈克尔·斯彭斯、约瑟夫·斯蒂格利茨	分析了充满不对称信息的市场
2002	丹尼尔·卡尼曼、弗农·史密斯	前者将心理学的研究成果引入经济学研究中，特别侧重于研究人在不确定情况下进行判断和决策的过程；后者为实验经济学奠定了基础，发展了一整套实验研究方法，并设定了经济学研究实验的可靠标准
2003	罗伯特·恩格尔、克莱夫·格兰杰	前者创立了描述经济时间序列数据时变波动性的方法：自回归条件异方差；后者发现了根据共同趋势分析经济时间序列的方法：协整理论
2004	芬恩·基德兰德、爱德华·普雷斯科特	在动态宏观经济学领域做出了贡献，揭示了经济政策的时间连贯性和商业周期背后的驱动力
2005	罗伯特·奥曼、托马斯·谢林	通过对博弈论的分析，加深了对冲突与合作的理解
2006	埃德蒙·费尔普斯	分析了宏观经济政策中的跨期权衡问题
2007	莱昂尼德·赫维茨、埃里克·马斯金、罗杰·迈尔森	为机制设计理论奠定了基础
2008	保罗·克鲁格曼	分析了贸易模式和经济活动的地域
2009	埃莉诺·奥斯特罗姆、奥利弗·威廉森	分析了经济管理行为，尤其是前者研究了公共资源管理行为，后者分析了公司治理边界行为
2010	彼得·戴蒙德、戴尔·莫滕森、克里斯托弗·皮萨里季斯	分析了存在搜寻摩擦的市场
2011	托马斯·萨金特、克里斯托弗·西姆斯	对宏观经济中的因果关系进行了实证研究

续表1

年份	获奖者（中译名）	主要贡献
2012	埃尔文·罗斯、罗伊德·沙普利	在稳定配置理论及市场设计实践上做出了贡献
2013	尤金·法玛、拉尔斯·彼得·汉森、罗伯特·席勒	对资产价格做了实证分析
2014	让·梯若尔	分析了市场力量与监管
2015	安格斯·迪顿	分析了消费、贫困和福利
2016	奥利弗·哈特、本格特·霍姆斯特罗姆	在契约理论上做出了贡献
2017	理查德·H. 塞勒	在行为经济学领域做出了贡献
2018	威廉·诺德豪斯、保罗·罗默	前者将气候变化引入长期宏观经济分析中，后者将技术创新引入长期宏观经济分析中
2019	阿比吉特·巴纳吉、埃丝特·迪弗洛、迈克尔·克雷默	在减轻全球贫困方面探索了实验性做法
2020	保罗·米尔格龙、罗伯特·B. 威尔逊	对拍卖理论的改进和发明了新拍卖形式

［资料来源：《盘点历届诺贝尔经济学奖得主及其贡献（1969—2019）》，见新浪财经网（https://tinance.sina.cn/usstock.mggd.2019-10-14/detail-iicezuev2135028.d.html），2019年10月14日。］

在30年的时间跨度中，只有少数几位诺贝尔经济学奖获奖学者的研究是关于金融问题的：1997年获奖的罗伯特·默顿和迈伦·斯科尔斯研究了金融机构新产品的期权定价公式，1999年获奖的罗伯特·蒙代尔讨论了不同汇率制度下的货币政策与财政政策以及最优货币区，2003年获奖的罗伯特·恩格尔和克莱夫·格兰杰在计量经济学领域的开拓性贡献为金融分析提供了不可或缺的工具，2013年获奖的尤金·法玛、拉尔斯·彼得·汉森和罗伯特·席勒的贡献主要是对资产价格进行了实证分析；其余的获奖者则基本上没有直接触及金融问题。而在上述涉及金融问题的诺贝尔经济学奖获奖人中，只有罗伯特·蒙代尔一人在理论上探讨了国际金融问题，其他人则主要侧重于金融资产定价或金融实践的成效。

综上可见，无论是国内还是国外的金融学，都缺乏对国家金融的理论

"国家金融学"系列教材
总 序

研究,且相关人才匮乏。与之相对的是,世界范围内重大的金融变革与发展,多是由不同国家的金融导向及其行为所推动的。因此,国家金融学研究不但应该引起学界重视,而且应该在一个更广阔的维度获得深化和发展。

笔者呼吁,要培养国家金融人才,就需要对现有的金融学研究和教学进行细分。以美国与中国高校金融学教学中普遍使用的教材为例,美国的常用教材是弗雷德里克·S. 米什金的《货币金融学》①,中国则是黄达、张杰编著的《金融学》(第四版)②。这两种教材的优点是全面、系统:从货币起源讲到金融中介、金融体系,从金融市场讲到金融机构、金融监管,从中央银行讲到货币政策、外汇市场和国际金融,从金融运行的微观机制讲到资产组合与定价、业务管理与发展,等等。然而,为了满足当今经济发展对国家金融理论研究、实践管理和人才培养的需求,有必要在此类金融学教科书的基础上强化对国家金融学的研究与教学。因此,笔者建议在金融学原理的基础上,将金融学科细分为三类,具体如图3所示。

$$\text{金融学原理} \begin{cases} \text{公司金融学} \\ \text{国家金融学} \\ \text{国际金融学} \end{cases}$$

图3 金融学科分类

上述分类要求现有的各类大学金融学科在国内层面的教学与研究,不能仅仅局限在金融学基础理论和公司金融学两个领域,还应该包含国家金融学的设置、研究与教学发展。其中,国家金融学属于宏观金融管理范畴,研究并指导国家金融行为,即立足于一国金融发展中最核心、最紧迫的问题,要解决的是国家金融顶层布局、国家金融政策组合、国家金融监管协调、国家金融层级发展、国家金融内外联动、国家金融弯道超车、国家金融科技创新、国家金融风险防范和国家金融国际参与等课题。

公司金融学属微观金融管理范畴,研究并指导公司金融行为,即立足于企业金融行为中急需探讨和解决的问题,如公司治理结构(企业管理)、财税管理(会计学、税法)、公司理财(投资学)、风险管理(审计、评

---

① 弗雷德里克·S. 米什金著:《货币金融学》,郑艳文译,中国人民大学出版社2006年版。
② 黄达、张杰编著:《金融学》(第四版),中国人民大学出版社2017年版。

13

估）、战略管理（决策运营）、公司融资（金融中介）、金融工程（产融开发）、法律责任（法学、信息经济学）和国际投资（兼并收购）等课题。

金融学各门学科从不同的定位出发，阐述其主要原理和应用这些原理的数理模型，并在演绎或归纳中探讨、解说案例，最终达到引导学生学习、思考的目标。金融学原理、国家金融学和公司金融学（当然也包括国际金融学）等各门学科定位不同，相互渗透，有机组成了完整的金融学科体系。

世界各国的国家金融如果要在国内实践中有效运行，首先要在理论上创设国家金融学的同时弄清楚它与金融学（基础理论）和公司金融学的联系与区别。世界各国的国家金融如果要在国际体系中有序参与，首先也应在理论上弄清楚国家金融学与国际金融学的联系和区别，同时看清楚国际金融体系在现实中的运行与未来的发展方向，只有这样，才能在实践中不断地推动其改革、创新与发展。世界各国都希望在国际金融体系中拥有自己的立足点和话语权，这也是其在国家金融行为属性中需要去面对和解决的事宜。

中国对此已有布局。[①] 2017年，中国召开全国金融工作会议，提出遵循金融发展规律，紧紧围绕服务实体经济、防控金融风险、深化金融改革三项任务，创新和完善金融调控，健全现代金融企业制度，完善金融市场体系，推进构建现代金融监管框架，加快转变金融发展方式，健全金融法治，保障国家金融安全，促进经济和金融良性循环与健康发展。同时，中国成立国务院金融稳定发展委员会，并强调了四个方面：第一，回归本源，把更多金融资源配置到经济社会发展的重点领域和薄弱环节；第二，优化结构，完善金融市场、金融机构、金融产品体系；第三，强化监管，提高防范与化解金融风险的能力；第四，市场导向，发挥市场在金融资源配置中的决定性作用。中国已从国家金融顶层设计的角度，一方面提出了急需国家金融人才来构建现代金融体系、维护国家金融秩序、保障并提升国家金融竞争力，另一方面也催生了国家金融学的设立、教研与发展。

四、国家金融学的研究对象

创设国家金融学的目的、意义及其他，这里不多阐述。笔者认为，国

---

① 参见新华社《全国金融工作会议在京召开》，见中华人民共和国中央人民政府网（http://www.gov.cn/xinwen/2017-07/15/content_5210774.htm），2017年7月15日。

家金融学的体系至少包括五个层面的内涵，有待我们去研究和深化。

第一层面：国家金融学研究对象[①]。

国家金融学以现代金融体系条件下的世界各国国家金融行为属性为研究对象，以探讨一国金融发展中最核心而又最紧迫的问题为导向，研究政策，采取措施，促进一国金融健康稳定，推动一国经济繁荣发展。

第二层面：现代金融体系结构[②]。

国家金融学以现代金融体系条件下的国家金融行为属性为研究对象，从现代金融体系结构中的金融市场要素、金融市场组织、金融市场法制、金融市场监管、金融市场环境和金融市场基础设施六个子体系去探讨世界各国的国家金融行为，维护国家金融秩序，提升国家金融竞争力。

第三层面：现代金融体系内容[③]。

现代金融体系强调功能结构的系统性，并在其中探讨国家金融行为对一国金融稳定和经济健康发展的影响。现代金融体系至少包括六个子体系：第一，金融市场要素体系。它既由各类市场（包括货币市场、资本市场、保险市场、外汇市场和衍生性金融工具市场等）构成，又由各类市场的最基本元素即价格、供求和竞争等构成。第二，金融市场组织体系。它由金融市场要素与金融市场活动的主体或管理机构构成，包括各种类型的市场主体、各类市场中介机构以及市场管理组织。第三，金融市场法制体系。金融市场具有产权经济、契约经济和规范经济的特点，因此，规范市场价值导向、交易行为、契约行为和产权行为等法律法规的整体就构成了金融市场法制体系。它包括金融市场相关的立法、执法、司法和法制教育等。第四，金融市场监管体系。它是建立在金融市场法制体系基础上的、符合金融市场需要的政策执行体系，包括对金融机构、业务、市场、政策法规执行等的监管。第五，金融市场环境体系。它主要包括实体经济基础、现代产权制度和社会信用体系三大方面。对这一体系而言，重要的是建立健全金融市场信用体系，以法律制度规范、约束金融信托关系、信用工具、信用中介和其他相关信用要素，以及以完善金融市场信用保障机制为起点建立金融信用治理机制。第六，金融市场基础设施。它是包含各类

---

① 参见陈云贤著《国家金融学》，北京大学出版社2018年版，序言。
② 参见陈云贤著《国家金融学》，北京大学出版社2018年版，第8～10页。
③ 参见陈云贤著《国家金融学》，北京大学出版社2018年版，第8～11页。

软硬件的完整的金融市场设施系统。其中，金融市场服务网络、配套设备及技术、各类市场支付清算体系、科技信息系统和金融行业标准的设立等都是成熟的金融市场必备的基础设施。

第四层面：政府与市场在现代金融体系中的作用①。

现代金融体系的六个子体系中，金融市场要素与金融市场组织是其体系中的基本元素，它们的行为导向更多地体现为市场的活动、市场的要求、市场的规则和市场的效率；而现代金融体系中的金融市场法制、金融市场监管、金融市场环境和金融市场基础设施，是其体系中的配置元素，它们的行为导向更多地体现为对市场的调节、对市场的监管、对市场的约束和对市场原则的规范。世界各国国家金融行为导向，表现在现代金融体系中，应该是市场决定金融资源配置，同时更好地发挥政府的作用。只有这样，现代金融体系六个子体系作用的发挥才是健全的和完整的。

第五层面：国家金融行为需要着手解决的问题②。

在现有的国际金融体系中，处于领先地位的国家总是力图保持强势有为，处于附属前行的国家总是希望弯道超车以后来居上。世界各国就是国际金融体系演进"马拉松"中的"参赛者"。对于大多数发展中国家而言，在这场世界级的金融体系演进的"马拉松赛跑"中，一国的国家金融行为取向表现在现代金融体系的逐渐完善进程中。第一，应加强金融顶层布局的政策探讨；第二，应加强金融监管协调的措施探讨；第三，应加强金融层级发展的规则探讨；第四，应加强金融离岸与在岸对接的模式探讨；第五，应加强金融弯道超车的路径探讨；第六，应加强金融科技创新的趋势探讨；第七，应加强金融危机化解的方式探讨；第八，应加强金融国际参与的方案探讨；等等。这些需要着手解决的问题，厘清了世界上大多数发展中国家金融行为的目标和方向。

五、现代金融体系演进与国家金融行为互动

国家金融学研究对象五个层面的内涵，构成了国家金融学体系的主要框架。其中，现代金融体系的演进及其与国家金融行为的互动呈现出五大

---

① 参见陈云贤著《市场竞争双重主体论》，北京大学出版社2020年版，第179～182页。
② 参见陈云贤著《国家金融学》（第二版），北京大学出版社2021年版，第18～19页。

"国家金融学"系列教材
总　序

特点。①

（1）现代金融体系的六个子体系的形成是一个渐进的历史过程。以美国为例，在早期的市场经济发展中，美国主流认可自由放任的经济理念，金融市场要素体系与金融市场组织体系得到发展和提升，反对政府干预经济的理念盛行。1890年，美国国会颁布美国历史上第一部反垄断法《谢尔曼法》，禁止垄断协议和独占行为。1913年，美国联邦储备委员会正式成立。1914年，美国颁布《联邦贸易委员会法》和《克莱顿法》，对《谢尔曼法》进行补充和完善。在"大萧条"之后的1933年，美国颁布《格拉斯-斯蒂格尔法案》。此后，美国的反垄断制度和金融监管实践经历了近百年的演进与完善，整个金融市场形成了垄断与竞争、发展与监管动态并存的格局。从20世纪90年代开始，美国的通信、网络技术爆发式发展，金融市场创新驱动能力和基础设施升级换代成为市场竞争的主要表现。与此同时，美国政府反垄断的目标不再局限于简单防止金融市场独占、操纵价格等行为，金融市场的技术垄断和网络寡头垄断也被纳入打击范围。这一时期，通过完善金融市场登记、结算、托管和备份等基础设施，提高应对重大金融灾难与技术故障的能力，提升金融市场信息系统，完善金融信用体系建设，实施金融市场监管数据信息共享等，美国的金融市场环境体系和金融市场基础设施得到了进一步完善与发展。这一切将美国的金融市场体系推向现代高度，金融市场竞争发展到了全要素推动和系统参与的飞跃阶段。

（2）现代金融体系的六个子体系是统一的。一方面，六个子体系相互联系、相互作用，有机结合成一个成熟的金融市场体系。在金融市场的实际运行中，缺少哪一个子体系，都会导致市场在那一方面产生缺陷，进而造成国家经济损失。在世界各国金融市场的发展过程中，这样的典型案例比比皆是。另一方面，在现代金融体系的六个子体系内，各个要素之间也是相互联系、相互作用、有机统一的。比如，在金融市场要素体系中，除了各类货币市场、资本市场、保险市场、外汇市场等互相联系、互相作用外，规范和发展利率市场、汇率市场等，逐步建立离岸与在岸统一的国际化金融市场，积极发展一国金融产品和金融衍生产品市场，努力提升一国

---

① 参见陈云贤著《经济新引擎——兼论有为政府与有效市场》，外语教学与研究出版社2019年版，第137～141页。

金融的国际话语权和竞争力，等等，都是相互促进、共同完善现代金融体系的重要举措。

（3）现代金融体系的六个子体系是有序的。有序的金融市场体系才有效率。比如，金融市场价格机制的有序。这主要体现在利率、汇率、债券、股票、期货、期权等投资价格的形成过程中，应充分发挥市场在资源配置中的基础性作用，根据市场反馈的供求状况形成市场定价，从而推动现代金融体系有序运转。又比如，金融市场竞争机制的有序。竞争是金融市场的必然产物，也是实现市场经济的必然要求。只有通过竞争，金融市场要素的价格才会产生市场波动，金融资源才能得到有效配置，从而实现市场主体的优胜劣汰。再比如，金融市场开放机制的有序。现代金融体系是开放的，但这种开放又必定是渐进的、安全的、稳定有序的。这又再次表明，现代金融体系的六个子体系既相互独立又相互制约，它们是对立统一的完整系统。

（4）现代金融体系六个子体系的功能是脆弱的。其原因主要有三个方面。首先是认识上的不完整。由于金融市场主体（即货币市场、资本市场、外汇市场等参与主体）有自己的利益要求，因此在实际的市场运行中，它们往往只讲自由、竞争和需求，避讲法治、监管和均衡，这导致现代金融体系六个子体系的功能常常出现偏颇。其次是政策上的不及时。金融市场的参与主要依靠各类投资者，金融市场的监管主要依靠世界各国政府。但在政府与市场既对立又统一的历史互动中，由于传统市场经济理论的影响，政府往往是无为的或滞后的，或在面临世界金融大危机时采用"补丁填洞"的方式弥补，等等，这使得现代金融体系六个子体系的功能往往无法全部发挥。最后是金融全球化的冲击。在金融立法、联合执法、协同监管措施还不够完善的全球金融体系中，存在大量金融监管真空、监管套利、金融投机、不同市场跨界发展，以及造假、诈骗等行为。因此，现代金融体系的健全及六个子体系功能的有效发挥，还需要一个漫长的过程。

（5）现代金融体系六个子体系的功能正在或即将逐渐作用于世界各国乃至国际金融市场的各个领域。也就是说，在历史进程中逐渐形成和完善的现代金融体系，不仅将在各国金融市场上发挥作用，而且伴随着二十国集团（G20）金融稳定委员会作用的发挥和国际金融监管协调机制的提升与完善，在国际金融体系中也将发挥作用。世界各国的金融领域，不仅需要微观层面投资主体的参与，而且需要宏观层面国家金融行为的引导。在世界各国的理论和实践中，这都是正在逐渐完善的现代金融体系的客观、必然的发展趋向。

在当代中国，要加强国家金融学研究，就需要围绕现代金融体系六个子体系的功能，探讨在国内如何建立、完善现代金融体系，在国际上如何定位中国金融的作用。这必然会从国家行为属性的角度，进一步厘清中国国家金融的目标和作用。这其中涉及诸多重大课题：如何协调财政政策与货币政策？如何推进强势人民币政策？中国拥有现行世界金融体系中最优的金融监管架构，如何发挥其作用？中国在探讨国家与地方金融的层级发展时，如何避免要么"金融自由化"、要么"金融压抑"的老路，在"规则下促竞争、稳定中求发展"的前提下闯出一条新路？如何确定粤港澳大湾区离岸与在岸金融对接的路径及切入点？如何发挥中国"碳金融"的作用，在国际金融体系中实现弯道超车？金融科技尤其是网络金融与数字货币在中国如何健康发展？如何坚持金融服务实体经济，并在金融产业链中有效防范系统性或区域性金融风险？在国际金融体系的变革中，如何提出、推动和实施"中国方案"？等等。可见，现代金融体系的建设与完善，在中国乃至世界各国的发展进程中，始终映射着一国的国家金融行为的特征与取向。这些就是国家金融学需要深入研究的对象。

在现代金融体系下，国家金融学的研究与公司金融学、国际金融学和金融科技发展等密切相关、相互渗透。因此，可以预言国家金融学研究的现状与未来，取决于一国在金融理论和实践层面对国家金融与公司金融、离岸金融与在岸金融、金融科技创新发展、金融监管与风险防范，以及国际金融体系改革创新的探研和实践。国家金融学学科的创设，为从理论上探讨国家金融行为对一国乃至国际现代金融体系的影响拉开了一个序幕。它对中国维护金融秩序、提升国家金融竞争力也将发挥重要的推动作用。

《国家金融学》（陈云贤著）已在北京大学、复旦大学、中山大学、厦门大学、暨南大学等10所高校开设的课程中作为教材使用。师生们在教与学的过程中，一方面沉浸于《国家金融学》带来的国家金融领域全方位的知识盛宴，认为教材新颖、视野开阔、知识广博；另一方面又提出了对未来课程的更多设想，希望能有更多材料参考、案例剖析、课后阅研等内容。

鉴于此，中山大学高度重视，组织了以陈云贤为主编，李善民、李广众、黄新飞为副主编的"国家金融学"系列教材编委会。本系列教材共9本。其中,陈云贤负责系列教材的总体设计、书目定排、统纂定稿等工作;9本教材的撰写分工如下:王彩萍、张龙文负责《国家金融体系结构》,赵慧敏、陈云贤负责《国家金融体系定位》,黄新飞、邓贵川负责《国家金融政策组合》,李广众、李光华、吴于蓝负责《国家金融监管协调》,周天芸负责《国家金融内外联动》,李小玲、魏守道负责《国家金融弯道超车》,韦立坚负责《国家金融科技创新》,杨子晖、王姝黛负责《国家金融风险防范》,王伟、张一林负责《国家金融国际参与》。

"国家金融学"系列教材,系中山大学21世纪金融学科重点教材,是中山大学文科重点建设成果之一。它作为一套面向高年级本科生和研究生的系列教科书,力求在现代金融体系条件下探讨国家金融行为属性,从而在一国金融顶层布局、大金融体系政策组合、国家地方金融发展以及国家金融监管协调、内外联动、弯道超车、科技创新、风险防范、国际参与等领域做出实质性探研。本系列教材参阅、借鉴了国内外大量的专著、论文和相关资料,谨此特向有关作者表示诚挚的谢意。

当今世界,全球经济一体化、金融市场国际化的客观趋势无一不要求国际金融体系要更加健全、国际货币体系要改革创新,它需要世界各国国家金融行为的取向能够符合这一潮流。但愿"国家金融学"系列教材的出版,能够助力健全国家金融业乃至国际金融业的体系,开拓全球经济的未来。

2020 年 10 月

陈云贤 北京大学客座教授,中山大学国际金融学院和高级金融研究院名誉院长、博士研究生导师,广东省人民政府原副省长。电子邮箱:41433138@qq.com。

前　言

纵观全球金融演变发展历史，不难发现，国家金融风险防范对于宏观经济的稳定与增长具有重要意义。然而，在经济周期性波动的冲击下，实体经济的下行风险、金融体系的杠杆风险与监管缺失，将不断强化金融脆弱性的累积，最终可能导致系统性风险的集中爆发。在传统的金融体系中，以商业银行为代表的信贷体系内生决定了金融市场的不稳定。此外，经济高速发展阶段，投资者的过度借贷与激进的风险承担行为，也可能导致金融风险的不断积聚。一旦经济面临下行压力，资产价格下跌，信贷供给与金融体系可能面临崩溃。从危机的发展形式来看，金融危机将表现为大量金融指标在短期内的急剧超周期恶化。金融危机的爆发不仅将严重损害金融中介职能，对金融市场的稳定造成巨大冲击，还可能引发宏观经济下行与增长停滞。在此背景下，国家金融风险防范也成为现阶段我国监管部门面临的重要挑战。2017年，党的十九大报告指出"要坚决打好防范化解重大风险、精准脱贫、污染防治的攻坚战"。作为三大攻坚战之首，"防范化解重大风险"的重点在于"守住不发生系统性金融风险的底线"。2019年，习近平总书记在中共中央政治局第十三次集体学习时进一步指出"防范化解金融风险，特别是防止发生系统性金融风险，是金融工作的根本性任务"。

目前，随着金融发展日益深化，金融工具和衍生产品日趋复杂，业务风险点增多，金融系统内面临着较大的不确定性。系统性金融风险也不再局限于传统的银行信贷领域，金融危机表现出银行危机、货币危机、债务危机、股市危机、全面金融危机等复合形式。在风险共担、风险传染、风险扩大等机制的影响下，异质性的金融风险可能出现跨市场、跨部门的传染与共振。全球范围内，数次金融危机的历史经验也表明，单一机构（市场）的风险变化可能具有较强的外部性，仅对金融机构的个体风险进行传统的微观审慎监管，难以保障国家的金融安全。有鉴于此，本书结合新时代金融业务的最新发展，在综合考虑金融市场构成与复杂性的基础上，对各类金融危机的概念与相关理论进行深入解析，探讨了国家金融风险防范机制的构建与完善。

本书由七章内容组成。

第一章介绍了金融危机的基本内涵，并对金融危机的分类进行简要说明。本章从金融危机与经济危机的相关性出发，在梳理凯恩斯主义、货币主义、新古典学派等经典理论的基础上，讨论了金融危机爆发的根源与基本表现。

第二章至第六章分别对银行危机、货币危机、债务危机、股市危机、全面金融危机五大类危机的定义、触发条件、表现形式进行了界定。具体而言，我们从相关金融指标的异常波动出发，明确了各类危机爆发的定量标准。与此同时，本书还介绍了危机相关的重要金融理论，比较不同学说的差异与适用条件，并评述了其在金融学发展中的历史逻辑。此外，我们分别对1929—1933年美国大萧条时期的银行危机、20世纪90年代日本银行赤字危机、1998年亚洲金融危机、2014年俄罗斯货币危机、20世纪80年代拉美债务危机、2009—2012年欧债危机、2015—2016年中国股灾、2008年国际金融危机等重大金融风险事件进行了案例分析。通过对现实案例的解析，我们能够检验金融理论对于现实的解释力，帮助读者正确理解各类金融危机爆发的经济根源。在总结危机治理经验的基础上，本书对各类金融危机的防范与处置，提出了针对性的政策建议。

第七章对我国金融风险的主要来源进行分析，讨论了现阶段我国金融风险的演变趋势，并主要从"完善货币政策与财政政策、汇率政策的内在融合度""统筹货币政策、宏观审慎和微观审慎三大支柱的内在连接机制""深化金融监管体系改革，注重功能监管、行为监管和监管协调""改善民营经济融资环境，在高质量发展中防控金融风险"四个维度，对金融风险防范处置的长效机制进行探索，从而为系统性金融风险的应对提供新的启示。

本书不仅有助于读者了解现代金融危机的重要特征与基本表现，掌握相关金融学经典理论，也能够提高读者应用理论分析现实金融市场的能力。与此同时，本书的政策建议也将为健全"货币政策和宏观审慎政策双支柱调控框架"提供有益的参考依据，从而有助于维护我国金融市场的稳定与安全，推动经济社会高质量发展。

目　录

第一章　金融危机的基本概念 ……………………………………… 1
　　第一节　金融危机的内涵 ……………………………………… 1
　　第二节　金融危机的分类 ……………………………………… 14
　　第三节　现阶段金融危机的新特征 …………………………… 24
　　思考讨论题 ……………………………………………………… 27

第二章　银行危机 ……………………………………………………… 28
　　第一节　银行危机概述 ………………………………………… 28
　　第二节　银行危机理论与模型 ………………………………… 37
　　第三节　传统银行危机防范与处置 …………………………… 44
　　第四节　银行业创新与金融危机 ……………………………… 57
　　思考讨论题 ……………………………………………………… 64

第三章　货币危机 ……………………………………………………… 66
　　第一节　货币危机概述 ………………………………………… 66
　　第二节　货币危机理论与模型 ………………………………… 68
　　第三节　货币危机防范与处置 ………………………………… 90
　　思考讨论题 ……………………………………………………… 104

第四章　债务危机 ……………………………………………………… 106
　　第一节　债务危机概述 ………………………………………… 106
　　第二节　债务危机理论与模型 ………………………………… 112
　　第三节　债务危机防范与处置 ………………………………… 125
　　思考讨论题 ……………………………………………………… 140

第五章　股市危机 … 141
第一节　股市危机概述 … 141
第二节　股市危机理论与模型 … 145
第三节　股市危机防范与处置 … 159
思考讨论题 … 175

第六章　全面金融危机 … 177
第一节　全面金融危机概述 … 177
第二节　全面金融危机理论与模型 … 182
第三节　全面金融危机防范与处置 … 193
思考讨论题 … 211

第七章　中国金融危机防范与处置的思考 … 212
第一节　中国金融风险来源 … 212
第二节　中国金融风险演变趋势 … 220
第三节　构建中国金融风险防范处置的长效机制 … 227
思考讨论题 … 242

参考文献 … 243

后记 … 263

第一章 金融危机的基本概念

第一节 金融危机的内涵

一、金融危机的定义

金融危机是一个逐步演化形成的概念,其最初只是经济危机的重要组成部分。传统意义上,经济危机的根源主要是在实物生产领域,例如,因消费不足而引发生产过剩危机。然而,随着经济和金融业的发展,现代经济危机越来越多地表现为金融危机,金融危机也从经济危机的概念中独立出来。具体而言,金融危机虽根源于经济运行的波动,但二者并不一定保持同步。一方面,金融危机可能与经济危机在短期内叠加爆发,例如,生产过剩在金融领域可能引发货币信用危机,这也是金融危机的一种重要的初级形式。另一方面,受金融体系固有的脆弱性的影响,金融系统中存在着不可抗拒的周期性波动。即使一国不发生显著的宏观经济危机,由于其金融市场发展不平衡,监管政策不成熟,金融创新过度化,金融业务扩张到其他行业领域的速度太快,金融危机亦可能爆发。

当前,现代金融部门的日益深化与高速发展,显著加剧了金融系统的内在脆弱性。金融自由化的发展促使资本大规模流动,即使经济基本面状况并未发生明显的恶化,金融危机也可能会受外生冲击的影响而独立爆发。20世纪70年代以来,此类货币危机开始被学者关注。学术界通过对相关的危机理论开展实证研究,提出了许多应用广泛的理论概念及模型,使得货币危机理论得到充分拓展。货币危机主要包括货币流通、币值稳定程度和各国货币汇率变动等领域的危机,而广义的金融危机则具有更为丰富的表现形式与理论内涵,还涉及社会信用体系、金融资本市场等方面的问题。

综上，关于金融危机的研究由来已久，从最初的经济危机，发展到信用危机，再到货币危机以及现代金融危机，我们可以看出，金融危机的内涵正在不断演变、发展和丰富。目前，学术界关于金融危机的定义尚未达成一致结论。从危机的发展过程来看，金融危机体现为风险在金融系统内部的高度积聚，并最终集中爆发。正如 Goldsmith（1969）所指出的，金融危机是所有或者大量金融指标在短期内产生程度较大、范围较广的超周期恶化。[①] 这种恶化是突发性的，将导致大部分的金融机构功能停摆，金融业务萎缩不振，金融政策丧失作用。具体而言，相关指标包括利率、各类型资产（证券、不动产、固定资产）的价格、企业与金融机构破产数目等。上述定义实际上强调了识别金融危机的重要标准，即危机以相关金融指标的恶化作为突出表现，而且危机往往在较短时间内急剧爆发。

从危机的表现上看，Kindleberger（1978）认为，金融恐慌往往发生在经济过度繁荣之后，资本市场内部积聚了较大程度的价格泡沫。例如，股市价格在短时间内出现较大涨幅，投资者会产生盲目的乐观预期，相应地，过度投资行为会进一步加剧金融风险的累积。此时的资本市场是极度敏感的，当国内政策导向调整或受到来自国外的金融事件冲击时，将导致某个环节的资金流通渠道出现断裂，金融市场可能迎来恐慌性抛售，直至产生金融崩溃。金融崩溃是指资产价格的崩溃，或是重要公司或银行的破产倒闭；金融恐慌则是人们在恐慌情绪的支配下抛售流动性差的资产，转向流动性高的资产。金融危机可能只是金融恐慌或者金融崩溃，也可能是二者兼具。

二、金融危机的根源

金融危机的产生主要有两大根源，一方面是宏观经济的周期性运动引致的经济危机，另一方面是金融系统固有的脆弱性，放大了危机发生的可能性。[②] 大多数情况下，由于金融危机的发生与经济系统的周期性因素紧密联系，宏观经济从繁荣至萧条的运动往往会伴随着金融危机。历史经验也表明，金融危机一般会超前于经济危机而爆发，成为宏观经济整体震荡

---

① ［英］约翰·伊特韦尔、［美］默里·米尔盖特、彼得·纽曼编：《新帕尔格雷夫经济学大辞典》，经济科学出版社1992年版。

② 范恒森著：《金融制度学探索》，中国金融出版社2000年版。

的导火索，产业资本金融化更是显著加剧了这一可能性。目前，金融工具和衍生产品日趋复杂，业务风险点增多，监管机构对于金融行业风险管理的难度加大，金融系统内聚集了较大的不确定性。金融体系的日益壮大也推高了虚拟经济的规模，资产泡沫的形成导致宏观经济的脆弱性上升。在此背景下，一旦经济体面临一定的外生冲击，金融经济体系就可能会产生系统性危机。

（一）经济周期波动

经济周期波动，是指宏观经济呈现有规律的繁荣扩张与萧条紧缩的交替运动。目前，关于经济周期波动的理论解释已经非常丰富。其中，马克思主义从资本主义经济的基本规律入手，阐述了特定社会生产制度下周期性危机爆发的客观规律，而凯恩斯理论、货币学派、古典经济学等不同的理论流派也从多样化的视角，解释了经济的周期性运动现象及其内在机制。

1. 凯恩斯主义

凯恩斯理论将催生经济周期性运动的因素归结为三个方面：边际消费倾向、资本边际效率和流动性偏好。他认为，以上三大基本心理因素相互作用，将导致消费需求和投资需求下降，使得经济体系内的总体有效需求不足，从而产生严重的失业问题，致使社会生产不足，消费也因此受到限制，这将造成短期的经济衰退。若问题长期得不到解决，企业倒闭破产，经济秩序混乱，则很可能发生经济萧条的恶性危机。

当经济周期处于扩张时期时，由于市场对未来预期乐观而大幅增加需求和投资，造成资本的边际产出下降、利润走低，最终导致生产过剩，并可能引发经济危机。随着经济下滑，市场信心不足，悲观情绪在投资者间迅速扩散，资产价格下跌引发的财富存量锐减将拖累消费水平。与此同时，销售停滞将影响企业的生产决策，推迟大规模投资与员工聘用，于是又进一步加剧投资下滑和失业率的上升，最终在乘数机制的作用下，出现经济萧条。凯恩斯主义的经济周期理论以总需求作为分析起点，其中，高度波动的个人消费和投资规模是引发宏观经济交替运动的重要因素。

进一步地，由于相关理论存在一定的局限性，后续学者开始逐步丰富其内容。其中，汉森和萨缪尔森对上述凯恩斯主义理论机制进行了拓展。他们提出的乘数—加速数相互作用理论，探讨了投资和总产出间的动态关系，并在此基础上构建了相关的经济周期学说。乘数原理强调自发性投资的增加会导致国民收入以乘数形式增长，加速数原理则强调国民收入在一定幅度内的波动会引发投资规模按照加速数的速率形式变化。汉森－萨缪尔森模型认为，经济周期是乘数与加速数两者紧密结合、共同发挥作用的结果。该模型对凯恩斯的投资理论进行了修正与发展，在学术界产生了广泛影响。

1950年，在《经济周期理论》一书中，希克斯提出了自己对于经济运行规律的构想。他将经济增长纳入周期分析的框架，分阶段对经济周期进行定义和区分，再辅以函数形式的表达，将经济周期理论用均衡的结果呈现出来。具体而言，希克斯将完整的一个经济周期分为四大区间：第一区间是经济稳定增长的扩张阶段，是指宏观经济从上一轮紧缩中逐步恢复，直至到达充分就业总产出之前的经济区间。第二区间是经济体保持充分就业状态的繁荣阶段，社会整体实现了充分就业，经济发展水平高，总供给在不断扩大，社会生产力也得到显著的提升。在这一阶段，得益于充分利用的劳动力，社会生产的水平逐渐达到最大化，在此背景下，总产量达到了经济上限，其主要是由充分就业线决定。繁荣的经济体将处于第二阶段并持续一段时间，其间需要不断促进生产和消费以维持较高的生产力，否则，将逐渐步入经济开始收缩的第三区间。第三区间是经济增长出现下滑的阶段，是总产量逐渐下行，直至到达经济低谷前的经济区间。第四区间是陷入危机的萧条阶段，总产出在最低下限线附近徘徊，整体经济一蹶不振。此外，希克斯还使用了一般均衡理论的分析方法，以投资函数拓展了乘数—加速数模型。希克斯继承了前人的观点，主张自主投资与引致投资共同构成社会投资总量。然而他提出，社会中的自主投资并非一成不变，可能按照既定的比例增长。此外，引致投资受收入水平的影响，也会发生变化。两项投资额加总，可得到社会的总投资函数。因此，通过对乘数—加速数相互作用模型使用总投资函数进行调整后，便可以得到希克斯经济周期模型。

2. 货币主义

20世纪60年代，弗里德曼对货币理论开展广泛研究，并取得了丰硕的成果，其发表的论文开启了货币理论研究的新篇章，不仅拓宽了关于危机形成机制的研究视角，也奠定了其在货币理论领域的学术地位。另外，在众多学者孜孜不倦的研究下，以弗里德曼为代表的货币学派逐步构建起了成熟的理论框架，其学术影响力也在不断扩张。一方面，货币主义学派继承了凯恩斯主义的部分观点，主张总需求的不稳定导致了宏观经济的周期性运动；另一方面，货币学派提出了自己的理论，即货币供给冲击是社会总需求的主要不稳定因素，因此可以认为，货币数量波动在很大程度上引发了经济的系统性震荡。

货币学派认为，长期内经济体系能够自发地趋向充分就业，并且以市场价格为导向的机制将保证产出稳定地向自然均衡水平收敛（Friedman，1968）；相反，受短期内的货币幻觉①（Money Illusion）制约，货币当局实施政策的不稳定性将导致总需求不断变动，最终引发宏观经济的周期波动。因此，实际产出与充分就业产出可能存在偏离，即经济体系在一定时期内将持续处于不完全就业的水平。货币主义学派提出，货币中性仅在长期成立，短期内货币政策的紧缩与扩张能够直接影响经济体的总需求规模，即货币供给能够调节实际产出水平。

从政策导向的角度来看，货币学派提倡"单一规则"的货币政策。由于政府主动实施的货币政策效果会产生扭曲，而且政策的推行需要足够的时间，这种滞后性会使得货币政策无法适应当前的经济运行需要，使政府并不能达到一开始所预想的政策效果。因此，货币学派主张"自由放任"的思想，即市场是最好的调节器，盈亏有道，自有规律。除此之外，因为财政政策可能存在挤出效应，大规模的公共部门投资会减少效率更高的私人投资，造成社会和经济资源的大量浪费。总之，由于经济政策发挥作用需要时间，而政策的推行和生效又存在时滞性，凯恩斯理论框架内相机抉择的宏观调控机制在实践中可能会推高经济的周期性震荡幅度，因此应该避免中央银行频繁改变货币政策及其目标。

3. 新古典主义

新古典主义又称理性预期学派，他们认为，凯恩斯理论的一大弊端在于其宏观理论体系缺乏对微观经济主体的理论分析基础。鉴于此，新古典主义沿袭了古典经济学市场出清的重要概念，坚持理性经济主体努力实现个体利益最大化的基本假设，并通过"理性预期"修正该假设，认为各市

---

① "货币幻觉"最早由美国经济学家欧文·费雪（Irving Fisher）于1928年提出，即货币政策的通货膨胀效应，强调的是人们通常只对货币的名义价值做出反应，而忽视其实际购买力变化的一种心理偏误。

场主体将基于现阶段可获得的所有信息，对特定经济变量进行理性判断和预测，以此作为决策依据。

新古典主义对于经济周期本质起源的解释，具有代表性的是罗伯特·卢卡斯提出的货币幻觉理论（Lucas，1972）。从理性预期假设入手，卢卡斯提出了"货币幻觉总供给"模型，重点针对通货膨胀和失业率的交互关系展开分析。货币幻觉理论认为，厂商在收集经济体中其他产品价格的信息方面存在困难，即厂商具有不完全信息，无法清楚地了解和判断其他市场的情况。如果货币供给数量显著上升，市场主体将观察到价格水平的攀升。但在大多数情况下，他们难以分辨这种价格上涨的内在动因是普遍性的价格虚高，还是由于受到市场需求扩张的影响，仅出现在某些特定商品中的相对升值。因此，大量的厂商可能会误判为后者，于是盲目生产、增加投资以增加供给；经过一段时间后，一旦他们观察到其他产品也在涨价，了解到是一般价格水平的上涨，就会减小生产规模、减少投资至正常水平，由此产生了经济波动。

20世纪80年代，理性预期学派从科学技术变迁的视角出发，以实际经济变量而非货币名义变量来解释经济的周期性震荡，逐步发展出了实际经济周期理论。之后，又陆续有学者通过补充概念和刻画模型，对其进行不断完善和拓展。他们将模型应用于经济数据分析，提高了该理论的实证解释力，使得实际经济周期理论逐步走向成熟。本质上，不同于前期的理论主张，实际经济周期理论强调供给因素的重要作用，把生产要素等供给冲击视为产出周期变迁的主要动力，认为货币、需求等因素的作用是极其有限的，其核心思想是资本积累的新古典增长模型。

具体而言，在实际经济周期的理论体系内，各市场主体都在寻求利益最大化的决策模式。这意味着在发生外生冲击的情况下，所有市场参与者都可能发生动态的反应，正是这些反应改变了消费水平、投资水平和产出水平，使其偏离了均衡状态下的最优值。当短期内经济体系中发生了大规模的正向产出冲击时，例如特定领域内的重大技术创新和生产制度改进，将导致经济总产出快速增长。然而，现阶段对实际经济周期理论模型的实证研究也显示，该理论模型对于经济现实的解释力和适用性相对较低，难以在大范围内获得实证经验与现实数据的支持。此后，不断有学者对该理论进行补充并完善模型。例如，Cogley和Nason（1995）提出了"劳动窖藏"模型（Labor Hoarding），King和Rebelo（2000）提出了"可变生产能力"机制，它们都在一定程度上改善了实际经济周期理论模型的解释力度，使得实际经济周期理论的分析范式在现代宏观经济学体系中的地位得到了极大的提升。

4. 新凯恩斯主义

新凯恩斯主义学派修正了传统的模型，对货币主义和新古典主义学派提出了诸多质疑和改进，使得凯恩斯主义理论获得了新的活力，能更好地解释现实，其理论基础也更加牢固。20世纪80年代，新凯恩斯理论开创性地基于"工资黏性"和"价格黏性"的重要概念，推翻了传统凯恩斯经济学体系中，一定时期内市场价格与名义工资既定不变的假设，对价格机制进行了创造性的阐述。他们批判古典经济学中可以及时调整的市场价格体系，主张市场中一切价格的变动均是较为缓慢的过程。在此背景下，新凯恩斯理论仍然秉持着"市场非出清"的基本原则。新凯恩斯理论不再将消费与投资不足视为总需求波动乃至发生经济危机的唯一诱因，而主张周期性的经济震荡根源于总需求和总供给的叠加复合作用。更进一步地，与传统凯恩斯理论不同的是，他们也强调了货币数量不稳定对于经济震荡的作用。

在短期，一方面，受菜单成本（Menu Cost）的影响，如果生产者在短期内频繁调整商品的市场价格，其将承担额外的成本；另一方面，在面临市场需求变动等外部冲击时，企业一般不会迅速变更价格，而会采取变更商品供给量的形式进行调整。因此，市场中价格机制发挥作用的速度是有限的。在突发性需求冲击的背景下，单一厂商面临的小额菜单成本可能会放大经济震荡幅度。厂商的劳动力购买行为需要通过雇佣合同的形式来实现，一定时期内名义工资很难实现快速的调整。如果市场发生了某种影响总需求规模的外生事件，当期的工资可能难以走向劳动力市场供需相等时的均衡水平，社会总产出规模也必将低于最佳产出水平，由此将产生经济下行与周期性的运动。

在长期，由于所有合同都可以重新签订，价格水平可以充分调整，名义工资水平可以根据市场上总供给和总需求的状况发生变动。因此，新凯恩斯主义认为，长期来看，经济系统的实际产出可以回归自然率水平。

（二）金融体系的脆弱性

随着我国金融体系改革的不断深入，如何较为准确地衡量与评价各市场中金融体系的脆弱性，已经成为监管机关防范金融风险事件集中爆发、维护经济稳定的重要基础。

现阶段，金融脆弱性主要存在广义与狭义两大类型。狭义上，金融脆弱性是由金融机构和企业实体高负债经营的本质所决定的；广义上，它是指受金融系统的信用本质影响，大量机构将倾向于高风险经营、风险集聚的业务模式。一般情况下，学术界主要采用广义的金融脆弱性概念来展开研究。

金融脆弱性相关研究的首要任务，是基于市场类型对其进行分类。一般认为，金融脆弱性涉及两大市场类型：一种是传统信贷市场，另一种是广义的金融市场。由于在这两个市场中都存在经济活动的不稳定性，因而产生了内生的市场脆弱性。其中，明斯基和克瑞格提出的假说分别从借贷企业与银行部门两个不同的市场主体出发，阐述了资金借贷关系与信贷市场中的不稳定性。此后，随着经济学内涵的不断拓展，更多的学者认同了信贷市场和金融市场本身具有"信息不对称"问题的观点。具体而言，这两个市场中的投资者均处于信息劣势地位，其投资心理和行为都相对敏感，容易受到诱导。这种"羊群行为"的心理，导致了金融交易的不确定性，使其无法真实反映系统内部的货币流通和资金需求，也增加了负责提供信贷资金的金融机构的风险。此外，由于金融资产价格的变动是可传染的，可以通过跨机构和部门的业务联系而产生互动，以致产生共同波动的效应，牵一发而动全身，因此金融市场存在着固有的脆弱性。

1. 金融不稳定假说

对于"金融不稳定假说"，明斯基（Minsky, 1982）较早地给出了相关解释。他认为，金融系统本身存在着造成价格波动的因素，即不稳定来源于其系统内部。他主张，金融行业的高负债融资是加剧金融系统不稳定程度的主要原因，并提出了相应的模型。

该假说的重要创新是对市场上的借款者进行分类，并依次进行风险排序。根据其投资行为和个体收入特征，可以将借款者分为三种类型：第一种类型的借款者属于套期保值模式，其借款投资的安全性较高，对系统性风险水平基本不会产生显著的影响；第二种类型的借款者属于投机模式，其本人的偿付意愿较高，但存在一定的违约风险，对金融系统的风险贡献度较小；第三种类型的借款者属于庞氏模式，他们是整个信贷市场的主要风险来源，并扮演着风险传播者的主要角色，最大程度地推高了金融风险。

对于以上三种类型的借款者，主要区别在于其收入状况不同，由此产生的偿付债务的能力和意愿也存在较大差异。首先，套期保值型借款者属于健康的借款者，他们确保有稳定的收入来偿还未来债务，支付意愿较强，具有较强的还本付息能力，目的是资金的保值，没有过度投资的意向，属于稳健型的借款人。其次，投机型借款者属于前期存在偿付困难的借款者，他们需要启动资金来进行投机活动，目的是利用"小投资"驱动"大回报"来谋求投资收益，之后才能支付债务所要求的利息和本金。这类投资者有很大的概率能如期偿还债务，但是仍存在一定的违约可能性，这取决于市场的繁荣情况和借款者自身的投资效益，属于风险型的借款人。最后是庞氏型借款者，他们没有稳定的未来收入，或收入的数额小于每一期债务需要支付的金额，直至最后一期才能一次性还清所有本息。这一类群体属于危险型的借款人，他们有很大概率违约。庞氏型借款者就像开设了一场庞氏骗局，他们只能通过不断地借新债还旧债，以求在最后一期能筹到足额的资金，他们并没有利用借来的资金产生收益，这只会将违约风险不断延续和扩散，导致更多的投资者承担了不必要的债务风险。

当经济开始上行周期时，市场上的套期保值型借款者最多，得益于债务市场的正常运转，金融市场优化资源配置的职能得以充分体现；在经济下行的趋势日益明显的情况下，资金借入方的投资机会和盈利空间将受到限制，资金借贷市场中的投机型与庞氏型借贷方将不断增加，最终增加了债务市场整体的金融风险。

综上，经济震荡并非外部冲击或不合时宜的宏观经济政策的结果，而可能是由金融系统内在缺陷所引致的，具有不可抗性。

"金融不稳定假说"部分地解释了 2008 年席卷全球的美国金融危机产生的必然原因。21 世纪初，美国经济持续繁荣，人们对未来经济走势普遍持有过度乐观的预期，金融从业机构不断开展金融创新，推出盈利模式更为复杂的金融产品；银行提供低息或者免抵押贷款，鼓励公众贷款投资，银行次级贷款业务如火如荼，由此导致高风险的庞氏融资模式日渐普遍。在此背景下，私营经济部门的收入逐渐难以支持债务，债务人将不堪重负，违约事件因此可能集中发生。与此同时，由于银行等金融机构的资金无法回流，生产部门无法获得信贷资金的支持，将引发大批企业破产和银行倒闭。这一负面冲击还将进一步反馈给金融系统的其他部门，最终导致整个金融体系的信用机制完全崩塌，生产性资金无法流通，消费大幅萎缩，全面性的经济危机和金融危机爆发。

2. 安全边界假说

此外，针对信贷市场上的金融脆弱性，其他学者也进行了有益的补充。金融不稳定假说主要讨论借款人的风险行为，并强调随着经济运转和持续发展，借款人类型的不断转换是造成金融脆弱性无法消除的根源。克瑞格（Kregel，1997）则从放贷者（即商业银行）的角度展开分析，以信贷市场的资产端和负债端往往存在错配为依据，主张信贷市场的脆弱性根源于金融机构不合理的资信评估系统，由此拓展了另一种解释——"安全边界假说"。

"安全边界"可以理解为银行收取的风险报酬，一旦不可预测的小概率事件发生，导致借款人在未来没有与过去一致保持良好的信用记录时，"安全边界"就能够对银行等金融机构提供保护。信贷市场上设立"安全边界"的作用在于最大限度地抵御未知的信用危机，以保证信贷资金的正常流转。安全边界可以对商业银行维持稳健运行发挥重大作用，并尽可能地缓冲违约事件带来的不利影响。

当金融机构基于不合理的资信评估系统（如根据借款者的信用记录、简单依循管理要求、参照其他银行的判断和做法而不太关注未来预期）来确定安全边界时，将导致金融体系脆弱性的产生。经济持续繁荣时，企业家（借款人）对于投资项目可能产生盲目的乐观预期，有良好信用记录的借款人日益增多。如果银行进行放贷决策主要参考借款人过去的信用记录，金融机构将低估当前的风险水平，批准低于"安全边界"的贷款项目。在经济增速较高的扩张阶段，安全边界可能过度降低，即使是一些非理性的投资决策，也将被市场的虚假繁荣所掩盖而获得通过。在金融机构风险控制机制相对滞后的背景下，金融体系的整体风险水平将持续攀升。

3. 信息不对称理论

对于1997年亚洲金融危机的全面爆发，现有理论难以科学解释其经济根源。这使学者们逐渐意识到金融脆弱性存在着更多的研究维度。在此背景下，学术界开始谋求新的研究视角，以信息经济学和行为金融学为代表，新兴理论逐渐被人们所接受。

首先，基于不完全信息的假设，信贷市场上的借款人和贷款人间往往存在较为明显的信息不对称问题。为了防止借款人隐瞒自身关于偿付债务的意愿和能力的信息，因而需要专业的金融机构把关，对资信不佳的借款者进行筛选淘汰，尽可能避免庞氏型借款者参与信贷交易，从而实现从根源上杜绝风险的累积。然而，虽然银行等金融机构具有专业的信用评级能力，但由于其自身仍是以负债经营为理念，可能为了吸收更多存款而进行超出风险承受能力的投资，因此反而进一步扩大了风险，从风险监控的角色转变为风险传染的角色。此外，投资者情绪的波动也进一步加剧了金融市场的不稳定性，投资者信心容易受挤兑效应的影响，导致金融资产价格发生异质性变动，由此催生了金融市场的脆弱性特点。

理论上，金融市场对于各类金融资产定价的依据主要是相关资产在未来可实现的现金流量与能够影响这一流量规模的多重因素。但由于金融市场具有不完全信息的约束，零散且非专业的资产持有者并不能及时了解到这些信息。因此，金融资产定价具有不稳定特征与高度波动性。此外，金融资产价格还会受到既定市场内特有因素的影响，例如汇率价格和股票价格具有异质性波动，且日趋复杂的金融系统将导致波动迅速传导和互相影响。

三、金融危机的表现

Goldsmith（1969）主张，金融危机的重要表现形式是所有或者大部分金融指标突发性的剧烈下行与恶化。可见，判断金融危机发生与否的标准在于识别金融恶化的严重程度。结合周正庆（1998）、刘志强（1999）、雷家骕（2000）等的研究成果，本节将主要从币值稳定程度、汇率稳定性、主要股票指数的稳定程度、国际债务负担水平、金融资产不良率和金融市场稳定程度六个维度来识别金融危机的触发条件与表现。

（一）币值稳定程度

广义的币值稳定包括两大类型，即本国国内市场的币值稳定性与国际市场的币值稳定性。币值对内稳定指的是国内市场的商品价格稳定程度。币值对外稳定是指汇率稳定，这是国际货币市场的供求均衡状态。此处的币值稳定特指狭义的币值稳定，即国内通货膨胀或紧缩水平，一般采用居民消费价格指数（Consumer Price Index，CPI）来测度。一旦该价格指数年涨幅达到4%以上，则可以认为存在币值不稳定的金融危机；而达到20%以上，则该经济体可能爆发了局部金融危机。

（二）汇率稳定程度

汇率稳定，是指本国货币币值对外保持稳定，没有大起大落的汇率变化。汇率稳定性强调的是一国货币兑换外币价值的稳定程度，通常指的是与其他货币相比本币贬值的幅度。

当本币日贬值幅度大于5%时,可以认定本国的金融系统具有较高风险,需要引起高度警惕,并在必要时采取风险预防措施;当本币日贬值幅度大于10%且具有持久性的影响时,本国金融系统内部风险集中且情况严峻,有严重的金融危险,需要采取进一步的风险管控措施,防止风险加剧和扩散;当本币日贬值幅度超过20%并存在持久性影响时,则一国经济体可以被认为发生了局部的金融危机。

(三)股指稳定程度

股票市场指数,是指由专业金融服务机构所设计,显示股市行情动态的重要指标。股票市场指数包含多种成分股,计算方式复杂,由专业的金融机构编制后发布,能较好地反映当前时期股票市场的繁荣情况。投资人能够通过观察股指变动,对个人的投资收益与市场收益进行对比,并对股市的基本趋势做出及时的预测与判断。

股市指数的稳定程度可以作为评价金融系统稳定性的指标。通常认为,各类型股市指数的日内变动幅度处于±10%区间时,则资本市场处于金融稳定的状态;股市指数持续日度波动超过10%,或当日波动幅度为5%、累计周度变动突破20%的情况下,可以认为经济体处于金融危险区间;股市指数日度波动幅度大于30%并存在持久性的情况下,可以判定本国金融系统内爆发了局部金融危机。

(四)外债严重程度

国家外债余额,是指经济体在特定时刻对国际债权主体的暂未偿付的累计债务额度。根据债务的不同性质类型,外债主要包括以下几大类别:外国公共部门贷款、国际金融组织贷款、国际商业贷款和外币债券等。此外,根据偿还期限的差异,外债还存在长期债务余额和短期债务余额两种类型。

为了保持合理的外债期限结构,国际通行的警戒标准[①]依次是:偿债

---

① 外债风险指标用于衡量一国外债的风险程度,主要包括偿债率、负债率、债务率、短债率和债储率五个指标。偿债率是指当年偿还外债本息额与当年贸易和非贸易外汇收入(按国际收支口径)之比;负债率是指一国外债余额与当年国民生产总值之比,可用于全面反映本国经济发展与外债规模的对比关系;债务率是指一国外债余额与当年贸易和非贸易外汇收入(按国际收支口径)之比;短债率是指一国短期外债占全部债务的比重;债储率是指一国外债余额与外汇储备的比值。

率20%，负债率25%，债务率100%，短债率20%，债储率100%[①]。当一国（或地区）的外债风险指标明显突破相应的警戒标准区间时，就会被认定为处于潜在的债务危机时期。

（五）金融资产不良率

金融不良资产，主要是指处于非良好经营状态下的银行资产。这些资产往往难以为银行提供一般性的利息收益，在特殊情况下，金融机构甚至无法收回该相关资产的投资本金。其具体形式包括各类不良贷款，次级、可疑和损失贷款及其利息，也就是普遍意义上的坏账、呆账，是不能偿还的贷款。对于银行来说，不良资产率是一个非常重要的考核指标，部分银行会将不良资产打包给资产管理公司转成损失，以降低其金融资产不良率。

在实践中，银行可以根据其法定准备金率、备付金率和资本金率进行综合判断和风险预估，以保证金融资产的质量。一般而言，对于健康发展的银行，其不良资产占资产总额的比重应该低于8%。如果突破这一警戒标准，则银行就处于危险经营的阶段，银行金融资产的质量堪忧；若不良资产率突破20%，其就会被认定处于危机状态，还可能诱发进一步的破产危机和风险传染。

（六）金融市场稳定程度

作为一个动态理论概念，金融市场稳定衡量了金融系统的基本运动情况。这一概念的研究对象包括了金融体系整体，并包括了金融体系与实体经济间的复杂关系。有鉴于此，学术界对于"金融稳定"的认识，对其定义以及程度的度量均存在困难，尚未形成统一的认识。

Haldane等（2004）提出，可以通过判断金融体系的脆弱程度，明确金融稳定的内涵。他们主张，金融不稳定状态的产生根源在于金融体系的不完善和固有弊端，其导致了特定时期内社会的储蓄与投资水平偏离最优的均衡水平。Allen和Wood（2006）同样从不稳定的概念界定出发，将"金融稳定"定义为现代金融体系维持正常运转，不发生不稳定波动的状态。而"金融不稳定"则体现为市场的众多参与主体（包括家庭、企业和政府等部门）共同经历的金融危机，此时，宏观经济发展可能停滞，大

---

① 项怀诚主编：《领导干部财政知识读本》，经济科学出版社1999年版，第197页。

批公司将发生破产危机,失业率高企,家庭收入受限,消费者总支出和企业总支出急剧减少。在此基础上,Allen等(2006)补充考虑了非金融部门,认为金融机构并非唯一积累风险压力的主体。这一补充将央行无法直接调控的实体部门也囊括在内,扩大了金融不稳定概念的理论外延,产生了更为宽泛的金融稳定内涵。

由于现有的金融稳定定义内容宽泛且不易量化,Baur(2009)从市场收益的角度出发,提出了一种狭义的金融稳定定义,并说明了判断金融市场稳定性的标准:如果市场收益在正常条件与极端条件下对系统性冲击的反应保持一致,则可以认为当前的金融体系具有较高的稳定性。他指出,一旦市场遭受到偶发性冲击,市场自身条件与状态就会影响其对冲击的消化能力。一方面,当金融市场处于极端差的状态时,市场将显著受到外生冲击的影响,此时该市场处于相对不稳定状态。另一方面,如果市场对突发性外生事件的反应较为有限,市场韧性较高,则证明该市场处于稳定状态,具备较强的自我调节机制,能够有效防范外部冲击。同时,Baur(2009)还强调,金融市场稳定仅仅局限在金融领域,不需要对金融与实际生产领域的相互关联进行分析。总体来看,Baur关于金融稳定的定义较易理解,且便于进行量化分析,并得到后续学者的认可和进一步拓展。

第二节 金融危机的分类

金融危机(Financial Crisis),是指爆发于金融部门的一种严重的经济倒退现象。通常情况下,金融资产的价格可能在一定区间内发生合理波动,整个金融体系则通过金融机构的运作来保证系统内资金的顺利流转,提高资源配置的效率,并为生产率高的企业提供及时有效的融资服务。然而,当经济体内部发生金融危机时,最直观的表现是各类金融资产的价格出现暴跌,市场恐慌情绪扩散,出现资产抛售危机。而更为深远的影响则体现在危机造成的负面冲击可能通过交易渠道进行传播扩散,短时间内在多个市场和机构间,甚至是多个国家间产生联动效应,引发大量银行和机构爆发破产危机,导致大部分金融指标的恶化。因此,金融危机是一种在短时间内能对社会秩序产生极大破坏力,进而对实体经济的健康稳定运行产生极其不利影响的现象。

第一章　金融危机的基本概念

在国际货币基金组织《世界经济展望1998》的分类基础上，我们充分考虑现代金融系统的复杂程度，结合新时代金融业务的最新发展，对危机的类型进行划分。具体而言，金融危机可以分为五大类，分别是银行危机、货币危机、债务危机、股市危机和全面金融危机。

一、银行危机

第一次世界大战后，欧洲经济实力大减，美国的经济活力开始显现。但由于虚拟经济的繁荣与实体经济的发展增速不相匹配，使得美国经济遭遇了"大萧条"的重大打击。此次危机以股市为爆发点，并逐步蔓延到生产部门。与此同时，大批银行在经济困境中流失了资金，集体陷入破产边缘，引燃了全面的银行业危机。银行危机的发生导致了金融系统的职能停滞，严重制约了实体经济的稳定和持续发展。自此，学术界开始重视研究银行危机（Banking Crisis）的成因，业界也纷纷出台规章制度以严格管控银行破产风险。因此，早期关于金融危机理论的研究大多是围绕银行危机提出的。

银行危机的直观表现是银行体系受到冲击，银行陷入挤兑的困境。具体而言，这是指由于某种原因，银行失信于公众，导致大批银行储户同时提取现金的现象。此时，银行的流动性资金不足，无法满足所有银行客户的资金提取需求，从而造成局部银行恐慌，并迅速蔓延到其他银行，从而又循环式地加剧了银行储户对于其他银行的挤兑，进而造成大批银行倒闭。随着现代金融体系的发展，银行的业务模式不断拓展，金融创新日新月异，金融产品的复杂性和业务活动的重合度不断提高，任何金融体系中的银行都不再只是一个独立的机构，而是互相联结的个体，既是风险的传播者，也是风险的接收者。当一家银行发生破产危机，其造成的负面影响不再局限于个体，而可能通过业务网络和交易渠道呈发散式传播。其他银行也会成为风险的接收者，继而引发连锁反应。银行资产负债表情况进一步恶化，资产抛售的浪潮不可逆转，危机受灾面持续扩大，最终将导致整个银行体系爆发严重的金融危机。事实上，在银行未能按期偿还债务且债务规模较大的情况下，特别是对于一些具有系统重要性的银行而言，由于它们对于维持国内金融体系持续运行发挥着不可替代的作用，因此政府通常会安排相应的资金融通计划，与各大金融机构沟通，从多渠道融通资金，向受困银行提供资金援助，以稳定公众对于银行整体情况的信心，防止出现集体违约和资金外逃的现象。因此,严重的银行危机还可能进一步导致政府债务危机。

从银行危机的触发条件来看,银行危机的判定标准至少包括以下四者之一:①银行体系中不良资产比率超过10%;②银行部门的财政成本至少占国内生产总值(Gross Domestic Product,GDP)的2%;③银行部门发生财务等其他方面的问题导致出现大规模的国有化;④出现集中的银行挤兑现象,政府采取冻结存款、存款政府担保普遍化等紧急措施,缓解银行资金偿还压力。(Demirguc-Kunt 和 Detragiache,1998)[①]

同时,学者们也提出了其他判断指标作为补充[②]。例如,Dziobek 和 Pazarbasioglu(1997)认为,存款是银行的重要资产,因此维持充足的存款总量是整个银行体系正常运转的重要保证。相反地,当陷入危机的银行的存款数量占比超过20%时,即可以认定本国金融系统发生了银行危机。Lindgren 等(1996)则认为,银行危机是一种严重的多家银行同时陷入财务困境的经济现象[③],不应该和普通的"银行发生严重问题"等概念混淆,两者在危机的广度上存在明显区别,后者更多地指一两家银行由于经营不善或拆借资金出现困难而面临倒闭的后果。

二、货币危机

货币危机(Currency Crisis),主要是指固定汇率制度下,市场主体对一国货币丧失信心,并在外汇市场中大规模抛售该国货币或在其他金融市场中开展相应投机操作,导致该国汇率制度崩溃、货币大幅度贬值,造成外汇市场持续动荡的危机。从以上定义可知,货币危机的发生一般是与固定汇率制度(包括固定汇率制度的变体,如汇率目标区制度)紧密联系在一起的。

---

① 于治贤、郭艳娇主编:《反思国际金融危机》,辽宁民族出版社2010年版。
② Kaminsky 和 Reinhart(1996)提出,当以下两个条件满足其一时也可以认定当前发生了银行危机:一个条件是发生了银行挤兑现象;另一个条件是即使没有发生银行挤兑,但发生了大规模的银行关闭、合并、接管和政府救助。
③ Lindgren 等(1996)认为,只有发生银行挤兑或者大规模的资产转移、金融机构破产、大规模的政府干预,才能认定一国发生了银行危机。

实证研究表明,"外汇市场压力指数"① 可用于衡量一国货币危机的严重程度。具体而言,外汇市场压力指数可能会随货币贬值及外汇储备减少而上升,这表明对于当前金融市场的参与者,想要卖出本币的压力显著增大。具体的阈值指标可以定义为尾部极端风险的情况,即当外汇市场压力指数突破其均值±2倍标准差时,可以判定一国爆发了货币危机。

纵观现代金融历史,货币危机在全球金融体系中频繁发生,波及范围甚广②。例如,1997—1998年间,受国际收支失衡影响,亚洲地区爆发了大规模的货币危机,泰国、印度尼西亚等国家货币大幅贬值。韩元一度贬值近100%,为亚洲金融危机中贬值幅度最高的货币。货币危机的频繁发生,可能给国民经济造成沉重负担,甚至将通过金融渠道扩散风险。在全球化联结的金融体系网络中,即使是规模不大的来自系统外部的扰动,都会对本国的宏观经济产生影响,激起金融市场的局部震荡。此外,由于金融全球化网络中存在重要的节点和分支机构,初始扰动在传导过程中将可能加强金融机构间的风险联结。一旦某个节点不堪重负,危机将迅速爆发。因此,货币危机也成为各国金融监管部门严加防范的重点对象。为了有效完善危机预警机制,首先要研究货币危机的来源和传播路径。对此,学者们纷纷提出了相应的假说,为政府推行监管政策提供理论基础。

在相关领域的研究中,克鲁格曼(Krugman,1979)率先做出了贡献。他提出了第一代"财政赤字型"货币危机模型。该理论认为,当经济状况下行时,投资者的获利机会大大减少,市场上的投机性行为增多。政府推行"赤字经济",加大基础设施建设和公共支出,以便协助企业和个人渡过难关。之后,一国政府为了应对日益膨胀的财政赤字规模,将可能过度地发行货币。同时,央行为了保证固定汇率制的稳定,将被迫大规模抛出外汇。其理论基础是当经济内部均衡和外部均衡发生冲突时,政府为了维持内部均衡,将会采取措施以牺牲外部均衡为代价,持续消耗一国的外汇储备,致使该经济体无法维持固定汇率制,最终在持续性的投机冲击

---

① 该指数通过计算本国货币的每月汇率(使用直接标价法)变动的百分数与每月以美元计算的国际储备变动的百分数的相反数进行加权平均后得到,注意应通过权数的调整使得构成外汇市场压力指数的两部分因子的条件方差相等。

② 典型的货币危机包括:1992—1993年的欧洲货币体系危机,1994—1995年的墨西哥比索危机,1997—1998年的东南亚货币危机,1998年的俄罗斯卢布危机以及2001—2002年的阿根廷比索危机。

下产生货币危机①。

克鲁格曼的货币危机理论在此后得到了广泛的研究,但该模型的不足和缺陷也愈加显现,其对现实经济的运行规律解释力度有限,因而难以支撑相关假说。其他学者则另辟蹊径,不局限于从外汇储备、汇率制度和经济状况展开分析,而是从投资者心理预期的微观角度来拓展联系,以整体的观念发展了货币危机理论,最后形成了较成熟的第二代"自我完成型"货币危机理论。由于克鲁格曼模型的理论假定与现实金融体系的运作情况存在偏离,因此关于政府在内外部均衡的协调和政策导向的刻画上存在着不足。此外,由于经济基本面的稳定并不能维持汇率的稳定,因此我们不能只通过基本经济变量的评价来判断和解释危机爆发的原因。据此,第二代货币危机理论认为,宏观经济是一个"多重均衡"的状态,心理预期带来的投机性冲击是货币危机产生的根源。由于不再假定经济基本面持续恶化,第二代货币危机理论引入了博弈的思想,认为当经济基本面受到投机性冲击时,政府的应对措施往往是提高利率,直至放弃固定汇率制,由此产生的恶性循环过程催生了货币危机。

第二代货币危机理论持续发展了一段时间,由于研究内容比较全面,理论分析也比较符合客观的经济运行规律,其理论模型被广泛采用。直到东南亚货币危机爆发后,相关理论的局限性才开始显现。克鲁格曼等学者提出,现有的危机模型难以准确描述当前货币危机造成的冲击或解释危机产生的缘由,需要更多地考虑不完全信息带来的潜在风险,并补充关于危机转移的机制和反馈作用,同时也不可忽视国际收支等方面业务中存在的风险点。据此,学术界进一步寻求原有货币理论的完善和发展,在道德风险论的基础上总结得出第三代货币危机理论。

"道德风险型"的第三代货币危机理论认为,由于政府对银行、企业等提供隐性担保,金融中介机构倾向于高风险高收益的投资项目,大大提升了聚集在金融体系内部的总风险水平,从而造成过度的金融积累②。换言之,金融体制自身的脆弱性才是银行危机和货币危机产生的本质原因。最后,金

---

① 第一代货币危机理论也被称为"国际收支平衡危机理论"。
② 克鲁格曼提出"金融过度"的概念,指的是当金融机构无法进入国际市场时,过度的投资需求并不会导致大规模的过度投资,而只是市场利率的升高;当资本项目开放时,由政府担保引发的道德风险问题会促使金融机构采取金融冒险行为,进而转化成为证券金融资产和房地产的过度积累。

融过度会加剧一国金融体系的脆弱性,当金融系统遭受显著的外部冲击或内部动荡时,泡沫破裂,金融风险集中释放,这才导致了危机爆发。

三、债务危机

债务危机（Debt Crisis）是指一国不能偿付其内债与外债而引发的危机。一般而言,债务危机主要指外债危机,具体又包括主权债务危机和个人债务危机。债务危机不仅可能影响债务国的经济运行状况,导致该国国内物价上涨、经济发展停滞、社会动荡不安,也会给相应的债权国造成不利影响,可能会诱发其严重的银行危机。

20世纪80年代,尽管全球范围内的大部分非发达国家在经济发展程度上存在差异,金融市场的完善程度也不同,但都普遍遇到了债务高企的难题。对此,学者们提出了两种理论来解释国际债务问题,分别是流动理论和清偿理论。

两种理论关于债务危机的产生和最终发展持有不同的观点。一方面,流动理论认为,发展中国家由于经济起步较晚,发展不平衡也不充分,在经济扩张的初期容易产生高负债的问题。但如果这些国家能高效地使用负债筹集的启动资金,进行基础设施建设或用于技术投入与开发等活动,提高经济生产力,平稳地渡过经济发展的初级阶段,那么在后续的发展中可以逐步释放高债务压力,发展中国家最终会承担债务偿付的责任。由于该理论解释了世界上大多数国家的发展历程,国际货币基金组织（International Monetary Fund, IMF）更多地支持了这一观点。另一方面,清偿理论则认为,严峻的债务问题会使得发展中国家的经济承受巨大的压力,发生经济危机甚至是金融危机的概率大大提升。一旦危机爆发,这些国家最终偿还债务的可能性很小。这是因为,实际利率的提高会使发展中国家的债务负担随之加重,坏账、呆账的数额只会不断增大。在极端情况下,主权国家甚至可能无视其债务,宣布信用破产。例如,2012年5月,希腊主权债务危机导致银行出现挤兑现象,进一步催生了欧洲主权债务危机的全面爆发；2020年4月,新型冠状病毒肺炎（COVID－19,以下简称"新冠肺炎"）在全球范围肆虐,严重冲击了全球经济的正常秩序和运转,阿根廷政府宣布未来3年内不会偿还任何债务,成为全球疫情冲击下第一个宣布违约的国家。

债务危机的产生是经年累月的结果,也是对负债不加管制和滥用的必然趋势。现阶段，债务危机的特征要求我们从短期和长期两种视角来处置债务危机问题。首先，解决发展中国家的短期债务问题，需要国际银行等金融机构的协助，为该国制订资金计划，提高其资金的流动性。当一国陷入债务危机的泥沼时，大部分资金的流动受限，而增发货币只会进一步加剧危机，因此需要外部经济力量的介入，为其整体经济注入流动性。其次，一国的长期债务问题主要是由于国家的经济发展水平不足所导致的。当债务成为经济发展的主要动力，一国经济实力在初期显著提高后将稳定在一定区间水平，并可能出现明显下调时，此时外债规模的增长速度远超过国内生产总值（GDP）的增长速度，导致债务总额越来越大，对于实体经济的正常运行有着潜在的灾难性后果。

世界银行《全球债务浪潮》的研究结果表明，自1970年布雷顿森林体系崩溃以来，国际金融市场主要发生了四次债务浪潮。第一次债务浪潮发生于1970—1989年的拉丁美洲等低收入国家或地区，其基本特征是政府外债数额巨大，使得拉美国家的现代化进程出现停滞。第二次浪潮发生于1990—2000年的韩国、泰国等亚洲国家和部分中东欧国家。本次亚洲金融危机的爆发源于企业债务过重，又因为这些国家过快地实行金融自由化和资本市场开放，从而忽视了风险管理机制的完善。第三次浪潮主要指的是2002—2009年世界范围内的债务危机与发源于东欧中亚地区的金融危机。在低利率的资本条件下，国际金融市场中的跨境巨额借贷引发了债务危机的爆发。本次债务危机导致了严重的全球经济衰退，美国作为2008年次贷危机的爆发地，直到2018—2019年才逐步摆脱危机带来的负面影响。第四次债务浪潮始于2010年，目前仍在不断发酵。截至2019年6月，全球债务总规模已突破259万亿美元，以全球人口总数70亿计算，人均债务规模约为3.25万美元。

本轮债务危机的鲜明特点是世界上主要的发达国家经济体，包括美国、欧盟和日本等，都先后陷入债务泥沼。面对此起彼伏的金融风险和持续下行的经济趋势，这些国家纷纷采取印发货币的方式为实体经济"注水"，实施量化宽松的货币政策，试图以低利率来提振实体经济。这也使得全球流动性泛滥，各国迎来了"负利率"时代，市场众多参与者终将为债务危机的隐患埋单。

四、股市危机

股市危机（Stock Crisis），不仅指股票市场上发生的急剧的股价暴跌和停牌危机，也指广义上二级资本市场的金融资产价格在短时间内的跌幅达到一定程度，以致产生崩盘的一种危机形式。也就是说，股市危机还包括债券市场、基金市场以及金融衍生品市场的价格危机，由于二级资本市场上的投资者众多，股价崩盘会产生严重的社会问题和经济困境，股价波动往往会受到政府和股民、债权人等的高度关注。

股市危机的先导因素是股价崩盘风险的提高。股价的暴涨暴跌都会严重影响资本市场的稳定性，容易使投资者信心受挫，加剧资本市场中的不确定性。近年来，世界范围内发生的金融危机事件都与股价暴跌密切相关，例如2008年，由于美国次级贷款业务发生偿付危机而导致的全球性金融风暴，大量国家和地区的股市都出现了直线崩盘的现象。在中国，由于受全球金融危机的冲击较小，且得益于我国政府采取及时而又强有力的经济救助，我国股市度过了危机阶段；但2015年发生的A股市场股灾，一度也爆发了"千股跌停、千股停牌"的股市崩盘危机。

学术界对于因股价崩盘风险而产生的股市危机的关注向来已久。早期的学者主要从市场层面上研究股价崩盘的形成机理，并提出了相应的假说和理论模型。然而，由于市场层面的理论无法较好地解释股价波动的不对称性，为此更多的学者重点关注如何从个股层面来进行解释。其中，Chen等（2001）的研究具有开创性，他们首次通过构造股价负向偏度的实证模型来具体度量股价崩盘风险，使得股价崩盘的相关理论得到了实证数据的支撑，这一模型也成为目前研究股价崩盘风险的基础模型。由于实证工具的不断发展，理论研究也逐渐丰富起来。在个股层面的理论研究中，Jin和Myers（2006）基于委托—代理理论和不完全信息的假定，提出了"信息隐藏理论"，使相关研究得到迅速发展。

信息隐藏理论认为，公司管理层的薪酬奖金、晋升机会和声誉名望都与公司的经营状况密切相关。对于实行股权激励的公司而言，职业经理人的股票期权能否增值，完全取决于公司股票在二级资本市场上的表现。因此，一方面，公司管理层通常会隐藏对本公司不利的消息，而选择披露那些利好的消息，以此来促使公司股票持续攀升，避免因负面消息的冲击而导致股价波动。另一方面，外部投资者主要根据上市公司定期发布的财务报表和公告来获得关于投资标的公司的运营情况,但财务报表也有可能存在被操纵现象,致使公开信息的真实性存疑,除非投资者具备良好的财务知识基础,否则不可能对公司披露的信息进行甄别。也就是说,外部投资者具有不完全信息,在交易中处于信息的劣势地位。在这种情况下,由于信息不对称,经理人可以选择只披露投资者喜闻乐见的消息,即使这种行为违背了市场信息公开的充分性准则。但是,隐藏信息也会产生成本,因此经理人将通过收益和成本的比较分析,权衡利弊后,采取符合自身利益最大化的行动。当市场交易不断扩大,公司内部经理人隐藏负面消息的成本也会急剧上升,甚至超过了选择继续隐藏可能带来的收益。此时,公司的内部负面信息就会逐步释放到市场上,造成股价波动。最后,一旦股票市场聚集了较大规模的负面消息,并且这些信息在某个时点集中释放,将对股价造成极大的冲击,从而导致整体股价暴跌,形成股价崩盘。

五、全面金融危机

全面金融危机,又称系统性金融危机(Systemic Financial Crisis),是指一国的金融体系陷入严重危险的状况,例如货币危机、银行危机、债务危机等陆续发生,导致金融机构无法正常行使职能,金融行业出现停摆,融资和投资渠道受阻,金融机构和实体企业衰败甚至倒闭,整体经济发展停滞和倒退,是破坏力最强、影响范围最广的金融危机。

系统性金融危机涉及面广,影响深远,不仅使金融系统的运转失效,还会导致实体经济出现严重倒退,产生大规模的经济和社会问题。例如,1929年在美国爆发的金融危机,以股市暴跌为导火索,形成了美国大范围的金融恐慌情绪,殃及银行等金融部门,产生了一大批失业人群并使得众多企业倒闭,社会秩序陷入混乱,社会生产难以为继,掀起了"经济大萧条"的危机浪潮。与此类似的20世纪末的日本金融危机,打破了日本人民对于"泡沫时代"的幻想,他们曾经自以为国力强盛到"可以买下整个纽约",但当危机来临,泡沫破裂,日元贬值,日本经济从此陷入低迷直至一蹶不振。在此之后,日本政府将市场利率长期维持在低水平,目的是激励企业扩大生产,提高社会总供给,为实体经济注入活力,但这也限制了国家采取弹性的货币政策调节宏观经济的能力,整体经济陷入了不健康的发展状况。再如,1997年,亚洲的经济秩序迎来了史无前例的挑战，其经济发展的强盛势头被遏制，许多国家不得不改变原有的汇率政策，金融国际化的趋势逐渐成形。国际游资大举入侵，挑战国家力量，利用金融衍生工具冲击泰铢，正式标志着亚洲金融风暴的危机浪潮席卷而来。在这场危机中，各个参与国都面临着严重的经济倒退危机，直到1999年才逐步走出经济困境，其社会发展和经济体制建设遭受严重破坏。其中，曾经被誉为"亚洲四小龙"①的国家和地区深受危机的负面影响，股市动荡，汇率波动，曾经引以为傲的金融繁荣景象被打破，经济呈现下行趋势。

这些危机的特点是危机最早是在一个金融市场内产生，通过金融网络传播和扩散风险，进而波及另一个金融市场，甚至导致整个经济体系都深受影响。2008年美国次贷危机与2013年欧洲主权债务危机的爆发，涉及股票、债券、外汇等市场，系统性金融风险问题突出，受到了国际经济组织的普遍关注。随着经济全球化和金融国际化的发展，各国内部的金融网络变得愈加密集，国家之间的联系也愈加紧密，风险传染的渠道不断拓宽，导致了系统性金融风险显著提高，进一步提高了全面性危机爆发的可能性。一旦处于国际金融网络中心的系统重要性机构发生危机，就容易引发多个市场的联动，使得金融风险呈现出高度的传染特征。

目前，全面金融危机已经受到了广泛重视②。随着经济发展进入"新常态"，我国政府始终坚持"金融服务实体"的理念，支持金融市场的合理发展，以提升我国的整体金融实力。相应地，各大金融机构纷纷实行金融创新，推出更复杂、多品种的金融产品吸引投资者投资，这也导致了金融风险的聚集与隐蔽。例如，近年来，我国股权质押市场的风险逐渐显露，容易引发全面金融危机，对实体经济产生负面的冲击。

在此背景下，系统性金融风险已成为学术界的热点研究课题，各国政府和国际组织也致力于遏止全面金融危机的发生，相继采取宏观审慎评估体系等监管措施。具体而言，监管部门将对商业银行的资金使用情况和流通情况进行动态评价，要求银行等金融机构维持充足的资本金比率和合理的杠杆资金比率，协调资金的分配以保持较高的流动性，并重点针对广义

---

① "亚洲四小龙"指中国香港、中国台湾、韩国和新加坡四个经济体。
② 2017年10月18日，中共十九大报告正式提出，"健全金融监管体系，防范系统性金融风险"是当前我国健全金融体系的重大目标（http://www.12371.cn/2017/10/27/ARTI1509103656574313.shtml）。

信贷增速进行考核，以便更真实地了解商业银行对于信用投放和货币派生的情况。在此框架下，监管部门可采取逐年评估的机制实现动态监管，对不符合监管要求的机构实施惩罚①，以便更好地管控风险。科学的监管制度将有效约束金融体系的盲目扩张与非理性投资行为，引导国内金融机构建立更全面的风险预警与防范机制，提高各地方政府处理金融危机的意识和能力，进而将全面金融危机爆发的概率降到最低。近年来，我国金融体系得到了深度发展，相对应地，我国政府对于金融风险的监管制度建设和改革也在依序推进。

第三节　现阶段金融危机的新特征

系统性金融风险是诱发全面金融危机的主要因素，能够在金融机构间快速传播，对金融系统的稳定性造成重大冲击。在现代金融体系中，金融网络日趋复杂，金融系统的脆弱性愈发突出，金融危机呈现出新的时代特征，具体可归纳为三点：首先，金融危机的表现形式不再是单一类型，危机冲击的金融对象不再是单一机构，金融体系遭遇混乱情况的不再是单一国家，混合形式的金融危机起源于复杂网络的金融风险传导，进而扩大了危机的影响范围。其次，金融危机的跨国跨市场传染加剧，危机的不利影响呈现放射性扩散的趋势，涉及发达国家和发展中国家的各个行业与市场。最后，由于金融体系为实体经济的深度发展提供资金融通的服务，一旦爆发金融危机，实体经济必然受挫，经济增长将遭受负面冲击。

对于我国政府而言，如何全面有效地防范、化解和处置系统性金融风险已经成为国家重大课题，应该提倡以"大金融"的政策体系来防控风险②。

---

① 2017年3月，因宏观审慎监管考核不合格，中国人民银行处罚了宁波银行、贵阳银行和南京银行三家银行，取消其公开市场操作或暂停其开展中期借贷便利（Medium-term Lending Facility，MLF）的相关业务资格。

② 陈云贤著：《国家金融学》，北京大学出版社2018年版。

一、金融危机呈现混合形式

随着资本市场体系的不断发展与壮大,金融危机不再仅局限于传统典型的银行业危机,而可能发生在货币领域、债券市场、股票市场等多个金融领域,甚至出现"多点爆发"的并发性全面金融危机。同时,伴随着金融市场一体化进程的不断加快,不同金融机构之间的关联性日趋紧密,这也为金融风险提供了更多的传导路径,相应地,金融风险传递网络结构也趋于复杂,致使金融危机的影响形式更加多样化。此外,日益活跃的金融创新活动使得现有金融产品与服务的种类更为丰富,具有交叉性质的新型金融业务又进一步加剧了风险传递网络的复杂性,使金融危机呈现出更加明显的混合特征。

后危机时代,国际金融市场持续动荡,世界经济政策不确定性日渐攀升,由此产生了明显的外溢冲击。与此同时,伴随着全球金融一体化进程的不断加快,互联网金融、数字金融、地产金融等新型金融业态快速发展,外资准入逐步放开,"沪伦通""深港通"等交易渠道逐步开放,中国正面临着显著的跨境金融风险冲击。

可见,现阶段的金融危机风险的爆发点除了存在于国内的金融市场,还可能受到来自国外金融机构风险的传导。即使国内外金融机构间没有直接的业务往来,金融系统的复杂网络也会产生波动共振效应(Volatility Co-movement),使得风险在整个金融系统中聚集而无法通过自我调节来吸收或释放。在此背景下,金融压力指数长期维持高位,金融体系内聚集了高等级、范围广、程度深的全面性的金融风险,将会对金融系统的正常运行产生威胁,并通过跨行业的业务往来进一步地制约实体经济的发展。

二、跨国跨市场传染加剧

在全球金融一体化与金融机构混业经营的大趋势下,金融危机传染的跨国跨市场特征愈发凸显。一方面,在金融创新活动的驱动下,金融衍生品种与新型金融交叉业务不断更新迭代,加速了不同金融市场的互相融合与渗透,也为金融危机的跨市场、跨部门传染提供了更多的传递链条。另一方面,系统重要性金融机构成为金融风险传递网络中的关键节点,其违约或倒闭所带来的负面冲击可能沿着各类风险传导路径呈现放射性扩散的趋势，使其不利影响扩散到不同国家、不同部门、不同行业，加剧了跨国跨市场传染。

随着各金融部门业务逐渐交叉，金融体系日益复杂，国内外的冲击均可能导致我国金融市场剧烈调整，加剧潜在的系统性金融风险。2007年，爆发于美国的次贷危机，通过世界金融机构间互相联结的网络迅速传染，造成系统性的金融危机。本次危机波及范围涉及全球资本市场，包括但不局限于房地产市场和保险市场，对世界各国金融体系造成了明显的冲击，即使远隔重洋，发展中国家和发达国家都要承受金融海啸的不利影响。更为重要的是，我国正处于经济转型的关键性发展阶段，金融监管机构应高度重视风险监管问题，以避免成为风险的主要接收者和聚集地。

三、波及实体经济，经济增长遭受负面冲击

现代金融体系下，金融市场与实体经济紧密关联，两者的相互作用也更加密切，金融市场依托于实体经济活动，又反哺实体经济发展。一方面，金融市场要素所呈现出的顺周期性特征放大了波动幅度，导致信贷供给与金融市场偏离长期均衡水平，加剧了金融风险和经济周期的恶性循环。另一方面，金融危机的爆发，会导致金融市场的资金融通等服务功能出现中断，进而致使信贷紧缩、消费萎缩、投资下滑，对实体经济的正常发展趋势形成扰动，使得总体经济水平陷入低迷，甚至造成长期的经济衰退。

随着我国金融环境不确定性的加剧，国内实体经济也感受到金融危机的压力。以2020年全面爆发的全球性新冠肺炎疫情为例，我国上海证券综合指数在春节后的首个交易日（2月3日）跌幅高达7.72%，A股市场出现"千股跌停"现象，超过3000只股票跌停。而且，全球各国股指自3月起纷纷暴跌，加拿大、巴西、韩国、菲律宾等多国股市触发熔断机制。特别地，美国股市史无前例地在3月9日、3月12日、3月16日以及3月18日（当地时间）出现4次熔断。研究表明，新冠肺炎这一突发公共事件使得金融、房地产、信息技术与日常消费行业成为我国股票市场中风险传导的主要传播者，进而导致实体经济其他部门出现剧烈震荡。其中，医疗保健行业、公用事业和工业部门受到显著冲击，成为主要的风险接收方，大幅加剧了我国系统性风险的隐患（杨子晖等，2020）。现阶段，

我国政府正致力于完善宏观经济的协调监管机制,防止金融市场积累过高的风险,尽可能地减小金融市场风险对实体经济的波及程度,维护宏观经济与金融市场的稳定。

◆思考讨论题◆

1. 如何理解金融危机和经济危机的区别和联系,金融危机的具体表现是什么?
2. 金融危机产生的根源是什么,有哪些理论可以进行解释?
3. 可以从哪些维度分析金融危机的表现,具体判断标准是什么?
4. 如何对金融危机进行科学、合理的分类,如何用定性和定量信息识别不同种类的金融危机?
5. 在现代金融体系背景下,金融危机的新特征体现在哪几个方面,具体内容是什么?

第二章 银行危机

第一节 银行危机概述

银行危机（Banking Crisis）是金融危机的一种重要形式，几乎所有的金融危机都会经历银行危机这一过程。银行危机的历史悠久，可以回溯至18世纪60年代，一家位于荷兰首都阿姆斯特丹的银行遭受债务危机，这引发了当地存款者的挤兑，并波及了整个欧洲北部地区的银行，最终酿成北欧银行危机。截至目前，银行危机也并未完全消失，即使在现代意义上的中央银行制度确立以来，仍然是贫穷国家、新兴国家乃至发达国家最常遭受的金融危机种类。卡门·M. 莱因哈特和肯尼斯·S. 罗格夫在其编写的经济学著作《这次不一样：八百年金融危机史》中归纳整理出了非洲、亚洲、欧洲、拉丁美洲、北美洲和大洋洲各个国家自独立或1800年以来至2008年银行危机的发生次数（见表2-1）。研究表明，银行危机的爆发历史贯穿了整个近现代社会。例如，在2007—2008年的次级抵押贷款危机中，美国规模最大的抵押贷款与储蓄银行华盛顿互惠银行，遭受了大规模的储户集体挤兑，在其破产倒闭前的10天内被储蓄者提取的现金总额高达167亿美元，最终导致其于2008年9月宣告破产，在当时被称为美国建国以来规模最大、影响范围最广的银行破产倒闭事件。与此同时，欠发达经济体遭受银行危机的频率也在不断升高。本节将从银行危机的定义、银行危机发生条件（亦称"触发条件"）以及银行危机表现形式三个层面，对银行危机进行阐述。

表2-1 银行危机频率和频次：1800年（或自独立）至2008年①

地区或分组	1800年（或自独立）以来处于银行危机的年数占比/%	银行危机数量②/次
非洲	12.5	1.7
亚洲	11.2	3.6
欧洲	6.3	5.9
拉丁美洲	4.4	3.6
阿根廷、巴西和墨西哥	9.2	9.0
北美洲	11.2	10.5
大洋洲	4.8	2.0
发达国家	7.2	7.2
新兴市场国家	8.3	2.8

一、银行危机的定义

学术界对银行危机的讨论可以追溯至马克思在《资本论》中所提及的"信用危机"。Sundararajan等（1991）在国际货币基金组织（IMF）出版的专著中对银行危机进行了全方位的解读，其研究结果表明，银行危机的根源在于金融市场上大量机构的负债规模显著高于其资产的市场价值，银行被迫进行投资组合的转变，同时遭受储户的集体挤兑，最终产生金融机构倒闭与政府介入的现象。在此情况下，不良贷款比重增加，同时由于外汇敞口、利率期限错配，或有负债增加，投资价值减少，金融体系流动性短缺，金融机构普遍出现偿付能力问题并发生兼并重组。银行危机引发的负面效应对实体经济产生冲击，使得产出减少，并降低了经济增长速度。Kaminsky和Reinhart（1998）提出当发生银行危机时，若政府不对特定银行或者系统性重要银行进行大规模救援，遭受严重挤兑的银行会被迫关闭，或被兼并、收购、接管。监管机构、世界金融机构也曾对银行危机的

---

① [美] 卡门·M. 莱因哈特、肯尼斯·S. 罗格夫著：《这次不一样：八百年金融危机史》，綦相、刘晓锋、刘丽娜译，机械工业出版社2012年版，第120页。
② "银行危机数量"指样本期内各地区国均银行危机的发生次数。

概念进行讨论。比如，IMF定义银行危机为：现实存在或将要发生的银行挤兑与银行破产，使得银行歇业以还清负债。另一种情况是，为了防止此类困境的发生，政府不得不出手援助，注入大规模的资金。简而言之，实际或潜在的银行运转受挫或违约，导致银行暂停自身的正常的资金运作与负债转换职能，最终迫使政治当局介入干预，以阻止该进程的进一步恶化。

从以上研究结论可以看出，银行危机的爆发过程是：一家银行的困境（Bank Distress）发展到一定程度并波及其他银行，最终引起整个银行业系统的危机（Banking Crisis）。其中，银行破产或倒闭（Bank Failures）的范围，大多仅指代单一银行或者小范围内的多家银行。银行危机则是指，大范围的银行倒闭引起金融体系崩溃，其结果是降低了社会福利，使得经济发展环境恶化，严重摧毁了公众对于金融体系的信心，以至于需要政府、央行采取一系列措施，如接管注资、注入流动性等对其进行救助。这个定义显然将几个重要现象作为银行危机的判断依据，即银行的破产倒闭是否引发储户的集体挤兑行为；同时，当银行被迫停止支付时，为了应对困境，政治当局是否介入干预。该依据表明，银行危机是否爆发，必须在事后才能得到确认。与此同时，当大范围的银行出现倒闭、破产并成为问题银行时，银行危机就初现端倪了。在上述定义中，银行指的是以商业银行为核心，剔除中央银行（Central Bank）、各种类型的保险机构以及基金公司所余下的金融中介机构。随着社会经济的进步与时代的发展，"银行"的范围进一步拓展为"广义的银行业，还包含影子银行部门（Shadow Banking System），即提供与传统商业银行业务相近服务的非银行金融机构"[①]。

二、银行危机的触发条件

银行危机在发展初期都表现出某些共同点，来自IMF的经济学家昆特（Kunt）和德特阿荷（Detragiache）基于20世纪80年代至90年代涌现的关于全球银行业脆弱性与银行危机的学术成果，归纳整理出四条银行危机的触发条件，为判断是否出现潜在的银行危机提供了依据：①银行业的逾期贷款、呆滞贷款和呆账贷款的总和占总资产的比重大于10%；②救援破

---

① 宋清华著：《银行危机论》，经济科学出版社2000年版，第376页。

产倒闭银行的各项支出总和占 GDP 的比值超过 2%；③政府接管、注资使得问题银行大量转变为国有银行；④储蓄者集体对银行进行挤兑，逼迫政府限制存款账户的使用、对存款进行担保以及让银行歇业来阻止危机的进程。他们认为一旦发生以上中的任意一种情形，即发生了银行危机。此外，陈选娟和柳永明（2014）从传统与现代银行危机的角度探讨了危机发生的条件。他们指出，传统银行危机大多发源于单一银行的挤兑，即短期内大量储户同时要求提现存款，当银行出现无法兑现的征兆时，恐慌情绪便在储户之间蔓延开来，大范围的银行挤兑随即产生，并恶化发展为系统性银行危机。银行挤兑的直接诱因是储户对特定银行或银行业整体的偿付能力丧失信心。挤兑带来的负面影响在于为了满足储户的提现要求，银行必须出售它的资产。由于银行持有的大部分资产相对来说期限较长，其抛售价格往往要低于正常时期的价格，加之银行业往往持有共同的资产组合头寸，短时间内的大量抛售会造成资产价格的螺旋式下跌，使得持有相同资产的银行也陷入破产与倒闭。

随着时代发展，影子银行业务的占比逐渐上升，现代意义上的银行危机还包括影子银行部门发生的挤兑，其表现形式为对资产的抛售与流动性的耗竭[①]。这是因为影子银行机构往往通过借入短期资金、贷出长期资金进行运作，形成了很高的杠杆率。在美国次级贷款危机中，住房抵押贷款的违约导致作为抵押品的住房抵押贷款支持证券价值暴跌，市场的压力要求金融机构承受一个更大的抵押品价值折扣（Haircut），这使得从回购市场上借款的金融机构更难借到钱了。为了筹集资金，金融机构需要及时将非流动资产变现。但抛售将加剧资产价格的下跌，并影响抵押品的价值，最终导致资金状况的恶化。发生在影子银行体系的这种流动性枯竭，与传统的储户挤兑是极为相似的。

以上研究是从现实经济状况判断是否发生银行危机，也有科研工作者从信息科学的角度出发，利用信息经济学原理分析了银行运营过程中，由于事后或者事前的信息不对称[②]引发的道德危机和逆向选择问题。前者会使得债务人在借债后冒险行事，将自己置于高风险经济环境下；后者则会

[①] 陈选娟、柳永明主编：《金融机构与风险管理》，上海人民出版社 2014 年版，第 465 – 468 页。

[②] 信息不对称，指有关交易的信息在交易各方签订合约前存在不对称分布的现象。

误导银行对风险偏好的贷款申请人进行贷款。银行的稳定性在这两种情景下都会遭受冲击,在未来遭受危机的可能性大大增加。而从银行体系内部运作,可以分析得出银行危机发生的根本原因在于:传统的银行储蓄机构和最新发展的影子金融在投放贷款和进行资产的投资组合时,无法做到两者期限的合理匹配。在金融市场平稳运行时期,银行等金融机构的流动性资产及其在货币市场中的短期借款能够满足流动性需求。然而,在发生挤兑的市场恐慌时期,期限错配可能导致金融机构折价出售资产,进而引发银行甚至金融市场整体爆发流动性危机。

三、银行危机的表现形式

Kaminsky 和 Reinhart(1996)提出银行危机爆发的几个重要迹象,其中,最值得注意的是储户的集体性挤兑现象,或即使没有发生银行挤兑,但是出现了大规模的银行倒闭、兼并收购、接管和政府援助。要认识乃至解决银行危机,就必须对银行危机的类型及其表现形式进行区分,宋清华(2000)[①] 依据不同的判断标准,将银行危机的不同类别和表现形式总结如下。

(一)银行体系危机与单个银行危机

按照危机的爆发范围,可以将银行危机分为全局、整体性银行危机和局部、个体性银行危机。前者往往指的是系统性银行危机(Systematic Banking Crisis,SBC),即银行体系遭受全局性冲击而陷入危机的泥沼,效率低下乃至运行停滞不前;后者通常仅由具有局部影响的事件引发,使得单一特定银行的运转逐渐失灵,而不会大范围波及其他银行,也不会引起连锁反应,我们对应将其称作非系统性的银行危机(None-systematic Banking Crisis,NSBC)。银行危机的诱发因素通常分为宏观因素和微观因素两类,以上因素可能分别引起系统性和非系统性银行危机。显而易见的是,宏观经济因素往往凭借压倒性的全局影响,对整个银行体系施加倾覆性冲击,没有银行能够幸免;而微观因素具有针对性和个体特殊性,因此仅有特定类别的银行会受到冲击。但我们仍然要防止由于个体银行危机的大规模爆发,而转变为系统性银行风险。此外,银行体系危机又有周期性银行

---

① 宋清华著:《银行危机论》,经济科学出版社 2000 年版,第 13-15 页。

危机和结构性银行危机之分。周期性银行危机是由周期性经济危机引起的；而后者（即结构性银行危机）往往源自经济结构转轨、经济制度变迁、政治体制改革、军事武装冲突的爆发或自然灾害的冲击。

（二）内生性银行危机与外生性银行危机

银行危机的触发因素可以分为内生性和外生性两种，对应引发的银行危机可以分为内生性和外生性银行危机。前者源自银行体系内部固有的"脆弱性"，主要表现为：银行凭借公众对银行体系的信任，吸收公众储蓄存款，将期限较短的资金汇集起来；同时，依托贷款申请人良好的信誉和信用条件，向其发放贷款，这类资金的运作期限相对储户的存款期限较长。在此背景下，银行只留存少量资金用于储备，而通过吸收短期存款、运营长期负债来实现高杠杆经营，即用少量资本金撬动规模庞大的资产进行运作。值得注意的是，该经营模式赋予了银行体系一种天然的非稳固性，即一旦储户不再相信银行体系，而集体选择将存款从银行中提现时，银行的资金链将会断裂，让银行潜在的非稳固性转化为现实中的银行危机。与此同时，外部事件冲击往往是外生性银行危机的直接触发条件，它泛指各类造成银行损失的事件。由于银行是在一定的环境下进行经营的，外在的许多因素都会对银行造成影响，轻则使银行面临困难，重则使银行陷入危机。内部因素是银行危机的根本源头，外部因素则是银行危机的重要触发条件，因此，银行危机爆发的深层次原因主要是其固有的内生性因素。

（三）银行经营危机与银行支付危机

根据危机的破坏力程度，银行危机可分为银行经营危机和支付危机。前者指的是由于银行呆账贷款、呆滞贷款以及逾期贷款的数量上升，营业额下降乃至入不敷出并发生亏折，资本风险（加权）资产率不能达到行业监管标准，导致其资产流动性降低，银行的信誉评级下降。尽管如此，在此情景下的银行仍能维持正常营业，可以按时偿还到期的债务。但是若储户无法按时行使到期债权，则会引发恐慌和集体性挤兑，产生银行支付危机，这是银行业陷入危机的预兆。如果银行自身不能及时采取自救措施，或者政府不能在紧急关头施予援助，银行极有可能破产倒闭。通常来说，若银行经营危机持续发酵，则有可能进一步发展为银行支付危机。一些负面信息例如关于银行经营不善将要倒闭的谣言，往往会在此过程中推波助澜，误导储户集体从银行提取现金，引发银行支付危机。

(四) 贫困国家银行危机与新兴发达国家银行危机

莱因哈特和罗格夫（2012）汇总了全世界重要国家和地区的样本数据，总结出贫困国家和新兴发达国家的金融体系中银行危机的特点。贫困国家的银行危机通常是由于国内政府违约所导致的。这些国家的政府往往强制要求居民将钱存入银行，并设定极低的利率上限，强制规定银行支付的利率不能超过该水平；同时通过法定存款准备金和其他工具让银行购买国债，或者为了以较低的成本获得资金，强制命令银行向其提供低息贷款，为公共债务筹措资金；政府还制造高水平的通货膨胀，放大金融抑制的税收效果。更有甚者，政府为了增加收入，停止偿还银行债务，即政府违约，进而迫使银行无法满足存款人的提现需求，造成银行违约，引发银行危机。例如，印度政府在20世纪70年代初设定银行支付的利率不能超过5%，同期的通货膨胀高达20%，这种金融抑制措施成为政府变相的征税手段，同时也让国家金融体系的脆弱性增加。新兴市场和发达国家的银行危机大多源于资产抛售引发的资产缩水与挤兑。其中的主要原因是储户一般将自己的零散资金作为短期储蓄，或可以随时支取的长期存款放入银行中；与此同时，银行的贷款期限较长，既会直接向企业放贷，也会投放至证券市场，购买期限较长或者风险较高的证券。在银行体系运转稳定的时期，银行资金链条通畅，因此它们在面对储户的提款需求时，有充足的流动性资产予以补给。然而，当银行体系陷入紊乱时，储蓄者不再对银行抱有十足的信心，会要求将存款从银行中取出。随着单个存款者的行为演化成存款者的集体性行为，银行不得不将手头的资产进行变现，那些正常时期流动性较高的资产也就可能无法再满足银行的流动性需求。在此情况下，银行被迫接二连三地抛售手头的资产，该行为使得资产价格呈螺旋式下跌甚至坠入历史低谷，这反过来又进一步降低银行偿付债务的能力，在此情景下，资产缩水便加剧了银行挤兑。

最后，我们基于 Laeven（2011）[①] 的研究，来总结近年来有关银行危机定义、起因（触发条件）与结果的讨论。Laeven 对相关的理论和实证文献内容进行了全面、详细的综述。银行危机的起因长期以来饱受争议。第一种理论将银行危机视为储户因恐慌而集体进行无理由提款，导致银行

---

① Luc Laeven, "Banking Crises: A Review". *Annual Review of Financial Economics*, 2011, 3 (1): 17-40.

流动性头寸遭受高压（Bryant，1980；Diamond 和 Dybvig，1983）。另一派学者，同样承认储户行为对银行的影响，但是他们还认为储户行为的影响作用于银行资产价值与偿还负债的能力（Jacklin 和 Bhattacharya，1988；Allen 和 Gale，1998）。可以看出，有关储户挤兑行为的讨论，曾是研究银行危机的重要切入点。而对于随后衍生出来的关于现实经济动荡是否会引发银行危机的争论，我们不妨也从储户挤兑这一角度，来理解站在对立面的学者的观点。笔者认为，两者的分歧在于是否承认储户的集体取款行为是由现实经济动荡引发的，若承认该现象的存在，则在此过程中存款者的行为犹如纽带，成为银行危机与实体经济情况的关系传导中介。

随着存款保险的普及，银行挤兑发生的次数显著下降，因此，过去流行的银行恐慌理论似乎不再适用。第二种理论认为，银行危机源于其资产的大规模亏损。这类亏损产生于宏观经济的负面冲击、市场失灵、政府管制或金融欺诈，其损失是无法挽回的，将致使银行破产。由此，学界衍生出对银行危机的宏观经济根源的讨论。Lindgren 等（1996）认为不一致的宏观经济政策、全球金融条件和汇率失调会引发银行危机。也有学者认为，政府干预的扭曲，包括干预信贷的分配或定价，飞速发展的金融自由化以及薄弱监管政策或低效的监管行为，通常是银行危机的罪魁祸首（Rochet，2008；Caprio 和 Honohan，2010；Calomiris，2010）。类似地，政府的购房补贴政策，通常会推动房地产的繁荣发展，并导致银行危机（Herring 和 Wachter，2003）。美国2007年的次贷危机和日本20世纪90年代的房地产和银行危机正是前车之鉴。金融自由化和监管放松，也一直是信贷繁荣和银行危机的常见先兆（Drees 和 Pazarbasioglu，1998；Kaminsky 和 Reinhart，1999）。这是因为，金融体系的信贷供给量能够显著影响资产价格的基本走势。由信贷量扩张所实现的国内金融自由化，会导致资产价格泡沫，但此时的银行很难觉察到他们提供资金的投资项目质量到底如何（Allen 和 Gale，2000a）。类似地，通过引入资金流所实现的资本账户自由化，会催生信贷宽松环境下的泡沫膨胀（Ranciere 等，2008）。值得注意的是，在20世纪70年代末期，许多国家开放了金融市场和资本账户，然而，他们遭受的银行危机的频率和严重程度，也是前所未有的。最近的研究指出，银行财务报表中对公允价值的会计计算具有潜在的顺周期性，这可能会放大银行贷款和经济活动的波动（Laux 和 Leuz，2010；Huizinga 和 Laeven，2009）。此外，金融欺诈也是许多大型银行倒闭的根源（Caprio 和

Honohan,2010)。由于银行的高杠杆,即使是一些小的金融欺诈事件,也会导致银行破产。著名的因金融欺诈致银行倒闭的实例发生在1994年的委内瑞拉和2003年的多米尼加共和国。此外,美国雷曼兄弟银行倒闭的一个重要原因,就是财务欺诈。正是由于银行危机具有众多的起因,导致学者对银行危机的定义难以形成共识,也就不足为奇了。Laeven(2011)通过总结发现,尽管银行危机的起源不同,但是它们都呈现出相似的趋势。总之,银行危机的起因可能源自不可持续的宏观经济政策、市场机制的暂时失灵、监管扭曲,以及公共部门对要素配置过程的干预。尽管近代的全球危机多了新的"元素",但它们在发达国家和新兴国家的表现,与之前的危机相比仍有许多共同之处(Brunnermeier,2009;Adrian和Shin,2010)。

银行危机也会造成一系列连锁反应现象,银行倒闭会对整个金融体系产生负外部性,其形式通常表现为金融市场的动荡,银行间的共同风险敞口损失,以及破产银行抛售资产的损失。银行危机的实际成本可以用产出损失、失业增加、与银行支持措施有关的财政成本,以及公共债务的增加来衡量。其中,产出损失和公共债务增加,反映了危机对产出和财政的冲击影响。Laeven和Valencia(2010)发现,自1970年以来,政府在银行危机中将纳税人支付的税收投入挽救金融部门的财政支出中,该金额占GDP的比重高达13.1%。在1997年的印度尼西亚,这一比例更高达56.8%。同时,他们估计出平均产出损失占GDP的33.7%[①],其中,爱尔兰和拉脱维亚在2008年的产出损失占潜在GDP的100%以上。此外,平均公共债务的增加占GDP的26.2%,该指标2008年在爱尔兰高达82.9%。值得注意的是,这些成本估算取决于采取的潜在政策措施,因此,从严格意义上来说不能直接进行比较。Laeven和Valencia同样指出,银行危机频繁地表现为信贷和资产价格的"繁荣—萧条周期",它们通常需要大规模的政府干预来解决,一旦没有被及时有效地解决,银行危机将通过减少流向实体经济的信贷资金流,造成巨大的社会损失。基于以上结论,他们从政策干预的角度,分析政策介入以解决银行危机的经验和教训,并在此基础上,发展出了一系列增强金融稳定性的政策建议:首先是

---

① 他们将产出损失计算为实际GDP与趋势项的偏差,将公共债务的增加计算为危机年份开始的四年期间公共债务与GDP的比率的变化量。

以更加宏观审慎的视角对银行进行监管,即更关注于经济周期、系统性风险而不是个体银行的风险;其次是通过限制政府对银行负债的显性和隐性保险,来改善市场的自律性,这些建议在金融体系日趋一体化的当代社会具有重要意义。

第二节 银行危机理论与模型

20世纪30年代经济大萧条的爆发引起了经济学家对银行危机的研究,他们纷纷提出各种理论,阐述银行危机产生的深层机理并尝试提出解决危机的方案,从而更加有效地预测与防范银行危机。在涌现出的众多理论模型与假说中,我们将代表性成果总结如下。

一、银行恐慌理论

戴蒙德(Douglas W. Diamond)和迪布维格(Philip H. Dybvig)于1983年发表了题为《银行挤兑、存款保险和流动性》的学术论文。这篇论文提出了"银行挤兑模型"(D-D模型),认为市场参与者(银行和储户)可以通过银行存款合同,获得高于其他交易市场的资源配置效率。同时,论文还解释了受制于挤兑的银行业是如何吸收存款的,以及投资者自身可观测到的风险会引发对流动性的需求。作者认为传统的提供流动性的存款合同具有多重均衡,其中一种均衡情形被打破即形成银行挤兑。根据模型分析显示,银行挤兑最值得让人警惕的结果是它会重创实体经济。作者悉心研究了引发银行挤兑的存款合同,并分析指出在政治当局能够提供存款保险的情形下,银行和储户之间可以达成更优的存款契约。尽管包含不确定性需求的存款合同能够提供流动性,但该种合同也将银行置于容易遭受挤兑的境地。这篇论文的创新点在于,首次清晰明了地解释了经济体系对于流动性的需求,以及银行如何对资金运作服务进行"转换"。而引发银行脆弱性的根源在于,在模型中,人们持有的对银行体系的不同信心水平,会导致多重均衡。该模型证明了三个关键点:首先,银行通过活期存款的形式,为民众的非同步消费投资行为提供了完善的风险共担,从而改善了竞争市场;其次,进行改进的活期存款合同可能产生不理想的均衡,即银行挤兑——所有储户都惊慌失措地立即取回提现存款;最后,银行挤兑会给实体经济带来负面影响,因为在银行恐慌爆发时,"健康"的银行也可能倒闭,这让银行的资金运作流程(将贷款回收并重新贷给具有资金需求的企业,或者兑现储户的现金需求)受到严重阻碍。除此以外,"D-D模型"(Diamond-Dybvig model)为分析用于预防和阻止银行挤兑的传统工具提供了合适的框架。这些工具包括暂停兑换、活期存款保险,后者的工作原理类似于中央银行充当最终贷款人的角色。

"D-D模型"展示了非对称信息是流动性需求的根源,这一观点在之前的文献中较少被提及。关于模型基础设定具体如下(见图2-1):该模型设定了三个时期($T=0$,1,2)和单个同质商品。在时期0所投入的每一单位产出,在时期2经过生产性技术的加工之后,可得到到期收益率为R($R>1$)单位的产出。如果产出在时期1被中断,留存的资产价值仅为初始投资值。因此,产出技术可以表示如下:

图2-1 三个时期的产出技术

[资料来源:笔者根据 Diamon 和 Dybvig(1983)整理。]

储户需要在时期1针对(0,R)和(1,0)两种选择做出决策。所有的储蓄者在时期0都是同质的。每个人都可以观测到类型1和类型2这两种不确定性风险。在时期1,每个储蓄者(经济体)都将获悉自己的类型。类型1的储蓄者仅仅关注时期1的消费,而类型2的储蓄者仅关注时期2的消费。总之,所有的储蓄者可以私自储存消费品而不需要花费任何成本。但这个储蓄是不能被公开观测到的。没有人愿意在$T=0$到$T=1$之间进行储存,因为生产技术条件决定了如果持有消费品至$T=2$更优。如果第二类储蓄者在$T=1$时期获得了消费品,那么他愿意将其储存至$T=2$期再进行消费。设C_T代表储蓄者在T时期获得的商品(用于储存或者消费),类型2的储蓄者在$T=2$时期的消费则等于他从$T=1$开始储存的消费品与他在$T=2$时期获得盈利的总和,即C_1+C_2。利用可以公开观测到的变量C_T,上述讨论可以进一步表述为每个储蓄者都具有状态独立的效用函数(State-dependent Utility Function),状态Θ指代理人在某时点掌握的外部信息状态。作者将其公式具体设定如下:

$$U(c_1,c_2;\Theta) = \begin{cases} u(c_1) & \text{如果 } j \text{ 是状态 } \Theta \text{ 下的类型 1} \\ \rho u(c_1+c_2) & \text{如果 } j \text{ 是状态 } \Theta \text{ 下的类型 2} \end{cases} \quad (2.1)$$

公式（2.1）中，u 是递增、二阶连续可导的严格凹函数。储蓄者根据他们手上掌握的信息，最大化他们的期望效用函数 $E[U(c_1,c_2;\Theta)]$。与此同时，为了完善该模型，对储蓄者在时期 0 赋予 1 单位的原始禀赋。关于模型的进一步详细推导，可以参考王学龙（2010）①的总结。

"D-D 模型"刻画了一个经济体中的单个银行，它代表了经济体的金融中介行业。如果在模型中引入众多银行，那么银行之间会产生流动性风险共担的情形，这类似于联邦共同基金市场。作者根据"D-D 模型"的推导结果，提出了意义深远的政策含义。他们认为银行挤兑对实体经济运行的直接损害主要来源于，当银行因经营不善而破产倒闭后，它们再也无法服务于实体经济，为社会生产投资活动提供足够的资金。另一位学者 Berrianke 的研究结果也支持他们的观点，并进一步指出，相较于货币供应量，银行挤兑程度是更优的经济衰退预测指标。作者在论文的结论和政策含义部分总结以下两点：一是"D-D 模型"为分析银行业运作的经济机制和制定相关的政策建议提供了有用的分析框架；二是银行挤兑问题、可兑换服务的中止和存款保险的不同影响，也得以在一个没有引入货币或风险的模型中体现出来。这说明尽管一般模型中需要引入以上因素，但是银行业的许多重要问题并不是必然与之相联系的。Chari 和 Jagannathan（1988）进一步证明了，银行挤兑可以通过均衡模型来刻画，并指出银行挤兑始于储户担心银行破产，如果人们观察到银行外取款队伍变长，他们往往会断定该银行有破产倒闭的可能，并加入挤兑提现的队伍。

二、弗里德曼的货币政策失误论

该理论的核心观点是：货币乘数和货币需求函数具有相对稳定性，流通中的货币数量会影响人民生活的物价水平和社会总产出水平，同时，货币供给与需求的失衡通常源于实施了不合理的货币政策，其结果是导致金融体系出现局部小幅度的动荡，乃至大范围剧烈的银行危机。此外，弗里德曼（Milton Friedmann）与安娜·施瓦茨（Anna Schwartz）在 1963 年一起合作出版的相关著作中，论述了央行实行的货币政策、流通中货币供给

---

① 王学龙著：《银行管制与市场约束关系研究》，冶金工业出版社 2010 年版，第 46-50 页。

量与银行危机爆发的联系。他们强调的一个重要观点是：货币存量的上升和下降会引发银行危机；危机爆发后会使得货币供给紧缩，并进一步激起银行业恐慌，即群众对货币的需求在短期内激增，超出了银行业可以满足的范围，形成供小于求的局面。此时，若中央银行仍采取紧缩的货币政策，将使局面雪上加霜。由此看出，银行危机的出现不受特定经济周期的影响，而更多地取决于中央银行采取的货币政策——银行危机倾向于在货币供给过度紧缩时爆发。值得注意的是，货币供给量的变化会受到多种因素的影响。例如，银行准备金不足。在此情况下，银行为了保证一定的准备金水平，倾向于将手头的资产抛售。这将使得金融市场上资产的供给大于需求，资产价格缩水，银行资产负债表情况恶化。银行的经营状况持续恶化又将摧毁人们对于银行体系的信心，从而激起恐慌情绪和银行挤兑，成为银行危机的导火索。由此看出，货币政策和银行固有的脆弱性共同为危机的爆发埋下了隐患。

同时，现实生活中的银行危机大多由特定的外部因素所激发，储户的恐慌情绪源自一些偶发性的状况，比如系统性重要银行的破产倒闭，这些事件会降低存款者对银行兑现能力的认可和信任。当存款者因担心自己的存款无法提现而挤兑银行时，流通中的现金与银行活期存款的比值就会下降；问题银行出于自救，则会提高准备金，该举措又进一步拉低了"存款—通货"的比值，导致流通中货币量随之大量缩水。更严重的是，货币量的缩水，挫伤了社会生产的积极性，让失业率飙升，又使得大众货币需求改变，而更愿意持有现金，这反过来造成通货紧缩，加速了危机的发生。在此情况下，中央银行若不采取干预行为或者采用了错误的政策，其结果往往是货币供给和存量下降，大众对货币需求激增，将加速银行危机的爆发。例如，美联储在1929—1933年采取了不合理的紧缩型货币政策，导致其货币供应量降低，对就业情况、国民收入和产出造成负面冲击，最终加剧了美国历史上著名的1929—1933年萧条时期的银行恐慌。货币主义学派认为，如果美联储上调货币供给，或许可以避免金融体系出现严重动荡，因此他们认为，"最终贷款人"的职责应由美国联邦储备系统（Federal Reserve System）承担，以保障基础货币供应，从根源上防范银行体系紊乱。

总结货币主义者们的观点，可以得出，银行体系固有脆弱性的根源，其来自货币当局的政策失误以及货币超发。前者导致金融风险的酝酿与累加，并使得局部性个体银行的运营困难转化为银行接连不断的破产倒闭，最终演变为全局性银行体系的剧烈动荡，即银行危机。

三、金融不稳定假说

明斯基（Hyman P. Minsky）通过对金融体系天然脆弱性理论进行归类、梳理和补充，提出了"金融不稳定假说"，其主要观点是：以商业银行为主导的信用创造体系和借款人的共有特征，造就了金融体系天生的内置脆弱性与非稳定性。根据融资者的目的，可以将借贷款模式分为以下三种。

（1）套期保值型借贷模式（Hedge Financial Mode）。这一类借贷模式的最终收入的总和不仅高于初始借债水平，且每一期的现金流收入均超过债务的本金和利息之和。

（2）投机型借贷模式（Speculative Financial Mode）。这一类借贷模式的最终收入的总和高于初始借债水平，但在项目投资周期的前段时期，每一期的现金流收入均低于债务的本金和利息之和，而到了项目投资周期的后半段，每一期的现金流收入都超过债务的本金和利息之和。

（3）庞氏借贷模式（Ponzi Financial Mode）。这一类借贷模式，除了在项目投资周期的最后一期，其收入现金流可以抵补所有的债务本金和利息以外，在之前的每一期中，其现金流收入均低于债务的本金和利息之和。该类借贷模式的维系方法是不断地吸引新的投资者加入进来，并向他们收取入伙费，然后转手作为先加入者的投资收益。这种"拆东墙，补西墙"的运作模式，为最终违约埋下了定时炸弹。这类借贷模式可以进一步划分为两种情形：一种是借债者投资项目的运转周期本身较长，而在此期间，没有现金流入作为投资收益来支付债务本息，因此只能定期通过借款来还本付息；另一种是投资项目的资金流基本上断裂，已失去流动性，投资项目不再具备偿付能力，只能通过借款负债来充裕流动性，避免破产，以求苟延残喘，这是风险最大的借贷类型。结合经济周期的视角来看，大多资金周转模式属于"套期保值型借贷模型"。当经济从过热转为下行期时，投资项目的获利空间收窄，逐渐演化成"投机型借贷模式"或"庞氏借贷模式"，违约风险增大。

宋清华（2000）[①] 总结出"金融不稳定假说"具有以下特点：①金融动荡的因素来自公司和银行机构管理层的决策失误。②公司和银行管理层都可以意识到，社会经济制度和宏观经济政策是顺势变动的，因此完全依赖于过去的经验和教训来指导当下的生产经营活动是有偏颇的。市场参与者要有健全的应对危机的计划，同时知悉该何时执行此计划以进行自救。③银行体系的脆弱性与生俱来，是引起银行危机的关键因素；对实体部门和金融体系的外生冲击，或政策失误等因素反而没有起到主导性作用。④为了将"孕育"中的银行危机扼杀在摇篮里，需要对银行资产组合进行重新规划。⑤该假说对于现实状况的认识持有悲观的态度。它认为，资本主义的本质特性决定了它无法逃脱遭受经济危机和金融危机的最终宿命。⑥某经济个体的债务水平无论是以本国货币表示，还是以外国货币表示，其体现出的表层经济现象和内在经济本质都是相同的。⑦面对国民收入总体缩水、社会生产成本增加、总利润空间急剧缩水的困境，政府必须增加财政支出，同时减税降费，实施适度的财政赤字，才能挽救社会经济于崩溃的边缘。这要求政府是一个具有强大管理能力的"大政府"。

四、银行体系关键论

诺贝尔经济学奖得主詹姆斯·托宾（James Tobin）于1981年提出银行体系关键论（Significant Banking Theory），他的主要观点是：金融危机的爆发与银行体系有着密不可分的联系，后者在危机中发挥着重要作用。其具体的作用机制是：当公司过度举债时，向其贷款的银行遭受信用违约风险的概率增大，银行为了控制风险，倾向于提高贷款利率、减少贷款的发放。公司融得的资金减少，不得不缩减生产投资规模，或抛售资产以向银行偿还债务，这往往会造成资产价值的急剧缩水。当经济滑向"过度举债—通货紧缩"的不良循环时，对于每一单位的收入，债务人愿意用于消费的份额将高于债权人。在物价持续走低的情况下，债务人不得不低价抛售资产，这进一步造成市场上资产供给大于需求，导致市场价值缩水，债务人手中持有的资产也进一步剧烈贬值，其信用违约风险加大，即会引起一系列"多米诺骨牌效应"，使得具有内生脆弱性的金融体系分崩离析。在此过程中，银行起到核心关键作用，只要银行能够继续贷款，让企业免

---

① 宋清华著：《银行危机论》，经济科学出版社2000年版，第52-54页。

受资金链断裂的后顾之忧，就有可能避免危机的发生。因此，托宾从货币供给和最终贷款人的角度，强调引发金融危机的货币因素，并对此提出了预防或阻断潜在金融危机的办法：增加货币供给，缓解危机发生的进程；设定最终贷款人，以稳定公众对于金融体系的信心。

五、"道德风险"理论

道德风险是指交易主体在订立交易合约后，存在信息占有优势的主体出于个人利益最大化的目的，主动使信息不完全方受损，同时并不需要为此负担所有成本与后果的现象。其产生的原因主要如下：一方面，签订合同的双方相互合作达成交易所支出的费用太高，使得合约条款存在遗漏。另一方面，签订合同的双方拥有对方所不了解的私人信息，私人信息持有方的行为，可以不被信息缺失的一方观测到，信息缺失者只能在信息优势方的行为已经造成消极后果时才"后知后觉"，但他也无法确定消极结果是否由对方不合适的举动导致。

发展经济学家麦金农（Mckinnon）创新性地阐述了"道德风险"概念，他在和Pill（1997）合作的论文中，论证了新兴市场中的存款担保（显性的或隐性的）与过度借债（Overborrowing）间的复杂关系。此外，有众多学者讨论了宏观经济开放条件下，金融危机爆发与"道德危机"之间的联系，其中，诺贝尔经济学奖获得者保罗·克鲁格曼的观点引起了广泛关注。他指出，当政府为银行提供免费"背书"，却不对其行为进行监管约束时，金融中介机构会极具冒险投机倾向，因为它们知道，就算自己身陷困境，也有政府为自己"兜底"，因此不需要考虑投资项目的风险水平和投资对象的信用状况。在封闭的经济条件下，国内利率水平与投资需求之间可以相互促进或者制衡，即投资需求过旺会拉高国内利率水平，而高利率水平反过来会抑制过热的投资需求。在开放的经济条件下，国内金融机构可以从境外资本市场进行融资，国际金融组织也将成为帮其"兜底"的一方，这进一步刺激了金融中介机构在国际资本市场上的投机行为。

在现实经济生活中，金融系统长期处于非稳定状态，在遭遇外生冲击时更是处于濒临崩溃的边缘。为了维护现代金融体系的稳定，一系列金融制度应运而生，其中，"最终贷款人"和"存款保险"制度更是对近代全球金融业的发展施加了深远的影响。但是，由于金融机构具有追逐高收益的天性，在这一制度安排下，金融机构难免在其投资运营活动中产生道德危机的问题。它产生的缘由包括两方面：一方面，显性保险的定价缺乏公正合理性，反而鼓励银行从事更高风险的投资。银行为了在倒闭时减少损失，给自己留有退路，会在前期购买存款保险，作为破产时可以使用的显性保险。然而，如果这种存款保险的保费不能充分根据银行各贷款组合的风险水平进行定价，就不能对银行的经营投资行为产生约束，反而会鼓励银行从事具有更高风险的投资，提升其自身破产倒闭的概率，让存款者的利益无法得到保障。另一方面，政府会在机构陷入困境时伸出援助之手，担负起最终贷款人的使命，即提供"隐性担保"。这让银行断定政府一定会在自己陷入危难之际，解救自己于"水深火热"之中，为陷入困境的银行"兜底"，在银行破产时及时介入并补偿储户损失，这样，银行在从事高风险高收益投资时更是无后顾之忧。因此，以上隐性和显性的存款担保，变相激励了机构从事高风险投机活动，让结果事与愿违。

世界银行和国际货币基金组织对65个国家（地区），在1981—1994年发生的银行危机进行实证分析，研究结果表明，设立存款保险制度会大大提高该国银行危机发生的概率。例如，20世纪80年代末，美国"储贷协会"提供存款担保，且对所有会员统一收取相同的保险费率，默认储贷协会利用"会计监督原则"（Regulatory Accounting）粉饰账面，这是变相激励储贷协会从事激进的风险投资，而不用担心被收取额外保费，或者失去储户的信任。结果是在90年代初，储贷协会危机爆发，不得不让政府接盘，收拾残局。据此，我们得出"道德风险"引发的两难困境是银行危机爆发的重要因素之一：若不存在"最终贷款人"角色和存款保险制度，就会有银行体系崩溃的风险；如若存在上述保护机制，又难免在银行机构与其客户、中央银行、政府及相关监管机构之间出现道德风险的问题。

第三节 传统银行危机防范与处置

一、传统银行危机的防范

（一）建立单元银行与大银行制度

各国政治、经济历史的发展轨迹差异，造就了不同的商业银行制度。

按照商业银行管理理论,商业银行的外部组织结构包括如下几种重要形式:单一银行制(单元银行制)、总分行制、银行持股公司制、连锁银行制和跨国银行制①。它们在银行的经营、风险防范等方面发挥着不同的影响,现总结如下。

1. 单一银行制

单一银行制(单元银行制),具体指商业银行在其日常经营管理中具备独立法人资格,而不设或少设分支机构的管理体制。美国是实行这一银行制度的典范代表,这是由美国联邦制政治体制和特殊的历史背景所决定的。美国建国初期,东部和西部经济发展失衡,而同时各州独立性极强,可以制定本州的各项法律,各州管理层为了保护本州银行的利益,防止弱小的银行被实力雄厚的银行吞并而造成金融集权,纷纷出台相关法律法规。美国在较长时期内采取了单一银行制模式,这一管理体制下商业银行的业务主要由相对独立的银行本部机构来开展,不得分设其他分支机构,各银行之间不存在互相控制的复杂关系。其目的是防范金融权力垄断、防止银行恶意兼并。

单一银行制的优点包括以下四个方面:①防止银行间恶性兼并,避免银行业务过度集中,形成金融垄断,有利于银行间公平、自由地竞争。②有利于对银行的组织架构进行精简,防止管理层冗余。当中央银行进行宏观调控时,可以实现货币政策的快速贯彻与落实,为高效地达成货币政策的目标打下稳固的基石。③有利于银行践行特色化的本土经营模式,满足当地经济发展的需要,为当地企业的发展提供对口的服务。④赋予银行广阔的自我管理和发展的空间,有利于银行审时度势紧跟时代潮流,对业务经营模式进行创新。

然而,单一银行制的缺点也是明显的,其主要表现在:①单一银行制度限制银行设立分支机构,导致银行数量众多但规模较小,其客户在当地找不到另一家银行设立的分支机构来方便他们进行工商业活动,存在低效率的情况。②在商业银行电子设备广泛普及的背景下,单一银行制银行在进行技术创新和推广的过程中,花费的单位成本较高,削弱了银行对管理工具和设备进行更新换代的动力,使得商业银行的业务扩张和创新受到阻碍。③单一银行制银行的资金实力较为单薄,在面对外界风险冲击时,往

---

① 刘国防:《我国单一银行制的实践研究》,载《湖北社会科学》2010年第4期,第79页。

往难以为继。④单一银行制将造成本地资金的内部低效循环，不利于银行的扩大发展，降低了银行参与竞争的积极性。1994年9月，美国国会通过《瑞格—尼尔跨州银行与分支机构有效性法案》，此后，商业银行能够跨州开立分支组织，单一银行制告别了美国的金融舞台。

2. 总分行制

总分行制与单一银行制恰好相反，它鼓励银行在总行之下，于当地或者本国的其他区域乃至世界各地设立若干分支机构，并从事银行业务。和单一银行制相比，总分行制具有如下显著优势：其分行遍布世界各地，方便广泛吸收储蓄资金，分散风险，增加资金实力，提高竞争力，扩大经营范围，实现规模经济；降低了银行推广现代化电子设备、更新相应的管理手段的单位成本，有利于推动服务创新、扩大经营规模；有利于总行和各支行之间进行资金调度，及时弥补资金缺口，提高资金使用周转效率；减少一国总行数量，亦有利于监管部门进行统一管理。然而，总分行制也不可避免地存在一些缺陷：总分行制下的内部组织架构复杂，可能存在管理流程烦琐冗余的缺点；此外，由于银行规模较大，总分行制容易造成金融权力集中，形成垄断市场。随着时代的发展，总分行制的缺陷也逐渐通过各种技术创新和制度改革进行弥补。实践表明，它越来越迎合新时代经济发展的需求，因而受到实业界和学术界的重视，成为当代商业银行的主要组织形式。

3. 单一银行制度的其他衍生制度

银行持股公司制（集团制），是通过单一集团设立股权公司，并由该企业收购或控制多家独立银行的管理体制。其中，根据持股公司控制的对象不同，又可以分为非银行性持股公司和银行性持股公司两大类型。持股公司制银行的优势在于能够提升银行的整体实力，从而有利于实现企业规模的扩张，增加其抗风险韧性，强化银行的竞争力，有效克服单一银行制的缺点。然而，持股公司制银行也存在一些不足：集团兼并收购进行股权控制的做法，容易形成金融集权，打破银行间的良性竞争，挫伤银行自主经营的活力，形成市场垄断的格局。

连锁银行制（联合制），具体指通过特定个人或集团进行投资，持有不少于2家银行的股权，对银行的经营进行控制的组织结构。通常情况下，此类银行机构以某一地区的大型银行为中心，若干家银行共享董事会成员构成，以银行集团为边界进行多样化的联合经营。发展连锁银行制的动机在于弥补单一银行制的缺陷，并回避对设立分支银行的种种规定。它与银行持股公司制的区别在于它不需要设立控股公司。但由于它容易受到某个人或某集团左右，且获取的资本量也不大，因此其重要性显然不如银行持股公司制。

代理银行制（往来银行制），具体指多家银行机构通过订立代理合约，委托其他银行代为办理特定经营业务的形式。通常来说，银行间互为对方代理行，这实际上正是银行为规避不能设立分支机构的法律规定而做出的灵活变通。在美国，由于已经培育了相对成熟的单一银行制体系，因此其代理银行制度也高度发达。在代理制银行的日常运作中，大小银行之间有着密切的业务往来，即大银行作为代理行接收来自小银行的各种存款，同时，小银行也可以享受大银行提供的各项服务，这些密切的代理活动，让它们之间形成了紧密的业务网络。这种关系类似于总分行制下的总行与分支行之间的关系。当然，在实行总分行制的国家也存在这种代理关系，只不过是双方银行在平等基础上双向选择的结果。

（二）建立存款保险制度

存款保险制度，指在金融体系中成立保险机构，强制或自愿地吸纳金融机构缴存保险费，筹集存款保险准备金的制度。在此背景下，如果投保人发生了风险事件，保险机构就会对投保人开展经济救助，在部分情况下，也可能由保险机构向存款者清偿部分或所有存款[①]。存款保险制度的目的在于维护储蓄者的利益，增强金融消费者对于银行业的信心，维护银行体系的稳定。它的产生源自银行与储蓄者之间的信息不对称，即各个银行对自身投资组合的配置情况了如指掌，但存款人对其详细情况不甚了解，处于信息劣势。因而储蓄者通常默认所有的银行都具有同质性，即当一家银行陷入困境，破产倒闭时，则其他银行也难以幸免于难，于是出现集体性提现的行为。

存款保险制度最早发源于20世纪30年代的美国，当时爆发了一系列银行倒闭的浪潮，银行业陷入"危急存亡之秋"，现实要求管理者大刀阔斧地对银行业体系进行永久性变革，即实行国家对银行体系稳定性的担保。弗里德曼和施瓦茨（1963）认为若及时设立存款保险制度，或许可以

---

① 中华人民共和国国务院令第660号《存款保险条例》。

规避1930—1933年的银行挤兑浪潮。虽然许多研究提出存款保险制度可能强化道德风险,但其对阻断风险传染的作用是不容置喙的。而且,众多研究表明,只要秉承审时度势、因地制宜的准则,对存款保险制度进行科学设计,它就一定可以发挥出积极的功效,降低银行危机发生的概率。同时,Campbell和Glenn(1984)以及Hawtrey(1998)指出,由于银行具有天然的内生不稳定性,如果储户的存款没有存款保险予以保护,单个银行的破产,会引发储蓄者的恐慌情绪,使得挤兑蔓延,引发银行破产的"多米诺效应",损害社会福利,影响实体经济运行,导致较高的社会成本,且该成本远远大于道德风险引发的成本。因此,存款保险制度在应对危机传染方面具有重要作用。如今,存款保险制度广泛实施的事实本身也已说明存款保险在维持银行体系稳定方面具有的重要作用。杜金向(2014)[1]认为,存款保险制度可以解决银行挤兑,预防银行业风险的关键在于其具有以下四项功能。

1. 维护金融秩序稳定,避免或化解金融危机

存款保险制度稳定了储蓄者的信心,是银行体系稳定的重要保障,可以有效防止储户对陷入困境银行的挤兑。在没有存款保险制度的前提下,一旦银行陷入财务困境或者经营失败,储蓄者就有可能出现恐慌,这种情绪会散播、蔓延开来,波及健康的银行。建立存款保险制度,则能够为商业银行系统构建牢固的安全网,其主要凭借事前预防与事后补救,减少挤兑引发的银行连锁破产,以此保证银行部门的整体稳定。

2. 保护存款人的利益

建立存款保险制度的一个首要目的,就是要为储蓄者的利益提供保障。银行业主要通过广泛搜集闲散资金,再贷给资金需求方,通过借贷利差和手续费盈利。而在这种举债经营的模式下,众多的储户是银行的债权人。在银行资金链断裂时,他们是最为直接的受害方,作为银行的债权人,他们有权利追回自己借出的钱。存款保险制度的建立正是保障了储户的该项权利。当参加存款保险制度的银行经营不善、资金链不畅时,问题银行向保险公司寻求帮助和支援,从而避免其经营状况的进一步下滑。万一不幸破产倒闭,储户的损失也能控制在一定的合理范围内。因为根据存款保险合同的赔偿条款,破产银行或被接收兼并,或将得到赔偿。通过这

---

[1] 杜金向著:《新型农村金融机构可持续发展研究》,经济日报出版社2014年版,第163页。

种方式，就会尽可能降低存款人的损失，从而在一定程度上维护了储蓄者的利益。

3. 营造公平竞争的环境

在没有存款保险制度的年代，大银行凭借其悠久的历史，吸收了社会上众多的存款，资金实力雄厚，其良好的信誉得到公众的认可，声名远扬。因此，普通民众常常首选将手头的资金存入大银行，因为他们大多数认为"银行越大，越可靠"，将钱存入大银行，比存入中小型银行和民营银行更牢靠。这种带有偏见的传统观念，使社会资金向大银行聚集，中小型银行和民营银行的经营空间显然遭受抑制而处于不利的发展境地。随着存款保险制度的建立，这种不利的局面得到了很大的改观。这是因为，存款保险制度对大银行、中小型银行和民营银行一视同仁，对其存款提供相同的保护程度，这从根本上增强了中小型银行的信用水平和竞争力，因此，储蓄者无论是将资金存入大银行、中小型银行还是民营银行，其存款的安全程度都是一样的。由此可见，存款保险制度"熨平"了各类银行在存款安全保障上的差异性，为各类型银行构建了一个相对公平的竞争环境。

4. 加强对投保银行的监管

根据存款保险机构的职权范围不同，我们将其划分为多种模式[1]，以实现对银行风险的事前监督与防范。我国目前没有设立特定的存款保险机构，但特许中国人民银行履行相关职责[2]。这要求存款保险机构定期对投保银行财务报表进行审查，及时发现投保银行的财务风险和漏洞，并对其做出风险警示，提出整改建议，甚至责令其纠正在经营过程中的不规范行为，以实现对投保银行的有效监管。

（三）建立中央银行制度

中央银行也称为货币金融当局，是当今世界绝大多数国家都实行的一种金融制度。在大多数情况下，一国央行主要是在金融市场中从事特定的业务活动，以完成宏观金融调控职能，并为本国其他金融机构提供相关服

---

[1] 通常可以划分为"付款箱模式""成本最小化模式""风险最小化模式"三种模式。
[2] 根据《存款保险条例》的规定："存款保险基金的管理工作由中国人民银行担任，……，中国人民银行具有对投保机构的核查权、与金融管理部门机构建立信息共享的权力、风险警示权、建议权、责令改正权等。"

务与制度支持。同时,在部分国家,央行还可能代表监管机关维护金融市场的稳定,规范各类金融机构的执业行为,代表国家进行国际金融合作议题,在现代金融体系中处于核心地位。中央银行的职能包括:统一发行法定货币,维护货币流通的稳定;集中办理银行票据的代收代付;监管金融机构,是金融市场的"裁判员";保管商业银行的准备金,作为商业银行的最终贷款人;货币政策的制定者和执行者。谢平等学者(2011)总结了中央银行在市场运作过程中的监管内容,从五个方面阐述了其如何为防范银行业风险提供重要保障。

1. 资本充足性监管

为了实现金融体系的稳定经营与风险控制,各国监管部门普遍对金融机构设置了最低资本要求,同时,也为各机构自有资金与资产总规模、存款总规模、负债总规模以及风险投资间的比例确定了风险警戒标准。此外,日常经营中各金融机构应充分考虑自有资本规模,不能随意扩宽业务范围,否则金融管理当局将采取对应的监管措施。值得注意的是,2010年《巴塞尔协议Ⅲ》提高了资本充足率的要求;2015年年初,全球各商业银行一级资本充足率已经由4%调整为6%[①]。

2. 流动性监管

流动性是指各类机构在公允价格下获得资金的能力。各国监管部门高度关注金融体系的流动性变化,主要形式是设立法定存款准备金率等重要金融指标,进而对金融机构的流动性进行量化监测[②]。

3. 业务范围的限制

各国对金融机构经营范围的限制也存在较大差异。如对于银行的经营业务种类与规模都有不同的规定[③]。总之,不论是采取分业经营模式还是采取综合经营模式,要根据本国金融业发展成熟度和金融监管水平来确定。

---

① 由普通股构成的核心一级资本充足率,从2%提高到4.5%。同时《巴塞尔协议Ⅲ》还要求资本防护的缓冲资金总额不得低于风险资产的2.5%,逆周期的资本缓冲要达到2.5%。据此可得,商业银行要达到安全经营,其资本充足率必须达到12%~13%。

② 目前对金融机构流动性风险的主流量化方法以2010年《巴塞尔协议Ⅲ》设定的流动性覆盖率(Liquidity Covered Ratio, LCR)和净稳定融资比率(Net Stable Funding Ratio, NSFR)为行业标准,它旨在增强单家银行以及银行体系维护流动性的能力。

③ 全球范围内,有部分国家把商业银行业务与投资银行业务分开,并禁止商业银行认购股票;也有部分国家限制银行对工商企业的直接投资,或禁止银行将商业性银行业务与非商业性银行业务混在一起。

4. 业务风险的控制

商业银行为了追求利润最大化，总是把汇集到的资金尽可能地用于高收益的贷款和投资，因而存在资产风险暴露过高的问题。大多数国家的中央银行都力图控制业务风险的聚集，其通常采取的举措是规定某家银行对单个借款者提供的贷款不能超过特定限额，从而达到分散贷款风险的目的。

5. 准备金管理

监管当局的重要职责是监督各机构的准备金是否合理计提，其计提是否基于审慎经营，并对真实的经营状况进行全面评估。对于特定银行，一旦其准备金计提被判定为不合规，监管机关应及时推动整改。

二、传统银行危机处置的典型案例

（一）案例分析一：1929—1933年美国大萧条时期的银行危机

1. 银行危机爆发的背景

20世纪20年代，美国经济发展势如破竹，股票市场一片欣欣向荣，甚至有过热之势。在此背景下，刚成立的美国联邦储备系统便遭遇两难选择：是调高利率、减少货币发放来给股市降温，还是降低利率来刺激实体经济。最终美联储选择了前者——1928年年初，美联储就准备降低货币供给量，来限制人们对于投机的过热需求，同时美联储下达命令，全国银行禁止发放用于资本市场投机的贷款，而只能为社会生产性活动提供贷款。此外，美联储还提高了利率水平。这种货币紧缩的经济局势，一直持续到1929年的前三个季度，然而，这些举措并没有消除愈渐膨胀的股市泡沫。1929年，道琼斯工业平均指数（Dow Jones Industrial Average, DJIA）飙升到有史以来的最高点——381点（见图2-2）。与此同时，提高利率的措施严重挫伤了美国工业发展的积极性，美国工业产值（U.S. Industrial Production）在1929年夏天触顶，随即急转直下。

1929年9月，英国的金融诈骗犯克拉伦斯·哈特立（Clarence Hatry）东窗事发，被捕入狱。该消息犹如巨石投湖，一石激起千层浪，引爆美国股市的抛售浪潮——同年10月28日，史称"黑色星期一"，纽交所股票价格指数猛然大幅度震荡，股民们和机构投资者开始疯狂抛售手中的股票。根据统计数据显示,当天纽交所的全部股票平均下降 50 点,50 只首要股票的平均价格遭受重创,贬值幅度将近一半,历史上著名的美国金融大危机由此开始。接着,道琼斯工业平均指数在接连两个月内跌幅近半,截至 11 月 13 日跌至 198 点的低位;美国股票市场萎靡不振的局势一直持续到 1933 年初期,根据相关股票指数的统计,1929 年 10 月之后的 28 个月间,道指 30 种工业股票的价格缩水约 92.3%;20 种与铁路交通运输相关的股票价格由平均 180 美元缩水至 28 美元。截至 1933 年 7 月,美国股票市场的总市值规模还不及 1929 年 9 月的 1/5。

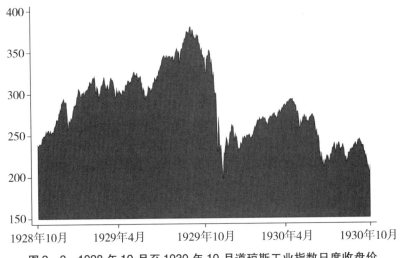

图 2-2 1928 年 10 月至 1930 年 10 月道琼斯工业指数日度收盘价

(资料来源:MeasuringWorth 数据库。)

2. 银行危机的传染与扩大

1929 年 10 月,纽约股市的股指呈断崖式下跌,标志着美国大萧条的开始。1930 年 10 月,超过 1000 家位于美国中西部州的银行爆发危机并倒闭。同年 12 月,美国范围内一共有 300 多家银行倒闭。其中,12 月 11 日的美国银行倒闭事件,更是让市场一片哗然,因为该银行是美国第二十八大银行,拥有超过两亿美元存款,它的破产成为当时美国最大的银行破产事件。不幸的是,第二次银行危机在 1931 年 2 月接踵而至,大量银行遭受储户的挤兑,倒闭的厄运在芝加哥、克利夫兰和费城传开,银行存款总规模在 7 个月内减少到 27 亿美元的低位,不到危机前总规模的 1/10。与此同时，美国境外压力因素也在持续发酵。1931年9月，英国放弃了以黄金为本位币的货币制度，向市场释放出美元将会急速贬值的信号，投资者恐慌地在市场上抛美元兑黄金。美联储为了遏制该趋势，挽救美元，紧急采取提高再贴现率等一系列应急措施，减少流通中的美元数量来稳住美元。总体来看，这些举措虽然阻碍了同期国内经济的发展，却也在较短时间内成功遏制住了黄金的外流。

次年（1932年）年底，第三次银行危机还是不期而至。美国内华达州（Nevada）、艾奥瓦州（Iowa）、路易斯安那州（Louisiana）和密歇根州（Michigan）的放贷机构接二连三地倒闭，这迫使银行机构动用银行间存款。然而，银行存款仍然填补不了危机银行的流动性资金缺口。在此背景下，银行转而求助于美联储。然而，美联储不愿承担"最终贷款人"的责任，拒绝向它们发放贷款，这使美国银行系统彻底陷入瘫痪状态。随即，美国至少有25个州宣布已经通过银监机构批准，临时停止营业。同年3月6日，小罗斯福总统（Franklin Delano Roosevelt）上台，宣布全国银行歇业。在此期间，美国的金融监管机构对银行的整体经营状况进行了评估，针对不同经营状况的银行提出了不同的营业建议：账面资产状况良好的银行可以恢复营业，没有偿还能力的银行则被关闭，对于介于二者之间的银行，则帮助它们渡过难关。

3. 结果与意义

回顾此次银行危机历程，大量银行倒闭是最显著的特征。1922年，美国的银行数目达到31000多家，为历史最高值；1929年中期，美国有25000家银行营业；到1930年，美国有超过6000家银行倒闭；1932年又有超过1000家银行倒闭。到1933年年初，银行总规模数量已下降了接近一半。截至银行歇业结束，仅有12000多家银行处于正常营业状态。值得注意的是，银行危机给美国经济造成了极其惨痛的重创，特别是对实体经济领域的负面影响更是不容小觑。从1929年伊始，在此后的24个月里，美国的货币供应量减少了约1/3。到1932年，美国的工业生产总值下滑近一半（见图2-3），与危机前的繁荣时期相比缩减了约56%。危机期间，受同期13万家企业的破产潮影响，美国社会的失业状况较为严峻，经济局势不容乐观，失业率攀升了10倍，从2.5%飙升至25%，市场中有超过了1000万人失去了工作机会，占美国劳动力人口的1/4。实际工资也出现明显缩水的趋势。此外，这场金融危机的阴霾还迅速笼罩了其他国家与地区，使得当时资本主义世界整体的工业生产总值倒退至 10 年前的水平。以上的经济事实表明，这次区域性危机已经显著恶化，并发展成为一次规模空前的世界性危机。

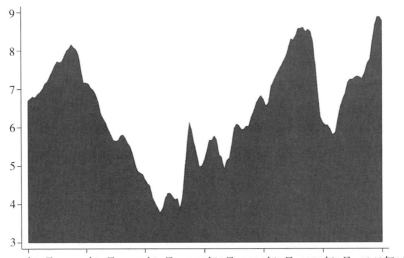

图 2-3　1928 年 1 月至 1940 年 1 月美国工业产值指数
（资料来源：美联储数据库，2012 = 100，季调工业产值指数。）

20 世纪 30 年代的银行危机给予了美联储沉痛的经验和教训，让他们深知自身在防范银行风险、阻断银行危机等方面还有许多的短板。在大萧条结束以后，美国政府痛定思痛，总结经验教训，并针对美国银行业的现行规章制度，进行了一系列大刀阔斧的改革，对后来银行业态发展产生了深远的影响，其主要包括以下两个层面：①颁布《1933 年银行法》①，终结了银行自由经营的时代，要求银行创建的申请者需要提前向财政部递交申请；将商业银行与投资银行的业务分离开来，并根据不同的机构主体及其业务范围进行有区别的分类监管；将银行普通贷款业务与股票市场运作业务分离；设定了利率的浮动范围；规定活期存款将不能在储蓄期间从银行获得利息；加强了监管当局的监管权力。②设立了联邦存款保险委员会，规定联邦储备系统的全部成员必须参加保险，其储户最高

---

①　亦称为《格拉斯 - 斯蒂格尔法案》。

可获得来自联邦政府发放的 2500 美元的存款保障,从而杜绝了银行挤兑的发生。

(二) 案例分析二:20 世纪 90 年代日本银行赤字危机

1. 银行危机爆发的背景

"二战"结束后,美国出于自身战略需求,对日本实施了非军事化政策,日本更是以朝鲜战争为契机发展经济。在 20 世纪 80 年代,日本一跃成为全球第二大经济体,其所制造出的高质量家电、汽车等产品,更是声名远扬,在国际市场上备受推崇。在此背景下,日美贸易摩擦初现端倪,美国政府希望通过本币贬值来提升本国商品的海外价格竞争力,增加产品出口量,进而改善本国国际收支失衡的窘境。随着日美贸易摩擦进入白热化阶段,日本不希望和美国针锋相对,于是与美国签署了《广场协议》(Plaza Accord)。随后,日元迅速升值,日本国内市场的购买力与总需求持续扩张。随后,日本的资产价格节节攀升,资本市场泡沫被逐渐吹大,社会陷入超级通货膨胀。1995 年以后,"两和事件"① 及 "住专丑闻"② 犹如巨石投湖,在日本金融市场激起轩然大波,日本紧接着陷入了金融危机。截至 1996 年 12 月,日本银行业出现大规模的营业额亏损,日本的 20 家大型银行中,有一半以上的银行陷入了财务困境。值得注意的是,这 20 家大型银行的总资产占全国 147 家银行总资产规模的比重超过 70%,在当时的日本银行部门中具有基础性地位,对行业整体稳定性具有极为重要的影响力。其中,有 10 家银行的损失较为严重,在 1996 年,其业务总损失规模已突破了 900 亿日元;在七大信托银行中,仅三井信托一家就亏空了超过 100 亿日元。1997 年伊始,日本便遭遇开年以来的第一个 "黑色星期五",日经指数急剧下跌。与此相对应的是,日元和美元的走势拉开了巨大差距,呈现出天壤地别的局势,同年上半年,日元兑换美元最低贬值

---

① 1995 年 9 月,日本大和银行纽约分行主管井口俊英在美国经营国债造成 11 亿美元损失,致使大和银行被美国从重处罚,并被责令关闭在美国的所有机构。在大和银行丑闻的影响尚未完全消散之际,阪和银行因参与大阪市郊的不动产投资及对房地产厂商的融资,产生了大量的不良债权而破产。

② "住专丑闻"是指日本住宅金融专门会社在房地产投机失败后,无法偿还银行贷款而陷入危机的丑闻。20 世纪 80 年代后期,日本经济的泡沫迅速膨胀,日本住宅金融专门会社也成为众多投机机构中的一员,日本住宅金融专门会社还从银行和非银行金融系统大量借款投资房地产,而这些贷款的大部分都成为呆账和不良资产。

到了 1271 的低位。赤字风暴席卷了整个日本银行体系，众多一流的金融企业被卷入其中，包括山一证券、村野证券和日本第一劝业银行。这让日本银行业的声誉遭受严重的损害。总而言之，日本银行的赤字危机对日本金融体系造成了致命的冲击，其危害程度超乎大众的想象，且银行危机的阴霾笼罩在日本上空，久久不散，日本经济从此长期处于低迷状态。

2. 银行危机爆发原因分析

20 世纪 90 年代日本银行赤字危机的爆发有其深刻的社会根源，主要包括以下三个方面。

（1）政府货币政策的失误，造成经济虚假繁荣与经济泡沫的破裂。

在日美贸易摩擦的压力下，日本当局被迫将经济从出口导向型转为内需扩张型。同时，日本央行配合实行过度宽松的货币政策，在 80 年代连续 10 次降息以维持长期低利率水平和高货币供应。以上政策导致宏观经济运行过热，资本市场价格泡沫越吹越大，产生"虚假繁荣"的景象。当日本政府察觉到资产问题后，开始连续多次上调贴现率，同时强制要求银行下调不动产贷款的增长率。一系列货币政策的出台和行政干预，导致金融市场"去杠杆"过猛，戳破了经济泡沫。

（2）银行业绩与不动产间的关联性，以及银行对不良资产的账面粉饰，为银行赤字危机埋下隐患。

20 世纪 80 年代中期至 90 年代初，银行批准的来自日本各家企业的贷款申请主要投放于不动产和资本市场运作，这使得银行业绩和不动产之间形成了较强的关联性，成为导致日后银行业经营不善接连倒闭的一颗定时炸弹。面对大量的不良债权，日本银行不得不求助于特定的资产管理公司，这一举措虽然可以粉饰账面上的不良贷款，但实际上无法从根本上消除呆、坏账。这是因为新设立的资产管理公司自身资金实力薄弱，不良贷款的购买能力主要通过向银行贷款取得，导致其不良资产反而越来越多。

（3）宏观基本面不利因素的影响，加剧了金融市场脆弱性。

从 20 世纪 90 年代开始，日本居民的消费欲望不足，购买能力下降，对应的消费者价格指数急剧下降，截至 1998 年，已降至 0.6%。对此，日本政府却迟迟未出台相关的政策提振消费能力。随着《广场协议》的签订，日本经济更是出现了颓势，加上日本金融业爆出震惊全球的"两和事件"及"住专丑闻"，日本银行业在国际金融市场的声望受到严重打击，国际信用评级普遍下滑，国际业务惨遭滑铁卢。1996 年 12 月，日本国内金融业出现大范围的亏损，日本民众对于本国的金融机构和资本市场的信心丧失，银行出现了严重的信任危机。在此背景下，恐慌情绪在金融市场上日益蔓延，日本民众既不敢投资消费，也不敢将现金存入银行。

3. 借鉴经验教训，防范与化解银行危机

首先，中国目前处于房地产市场调控的重要时期，正站在有效防范系统性金融风险的关口，我们必须高度关注金融机构与房地产市场融资及按揭抵押贷款的动态关系（尹振涛和康佳琦，2019）。通过梳理日本银行赤字危机的前因后果，可以看出日本央行实行的宽松的货币政策，让国际逐利游资以银行资产衍生品的形式大量涌入了房地产市场，炒热价格，吹起五彩斑斓、虚幻的泡沫，成为未来银行破产的导火线。当猛烈的"去杠杆"政策戳破房地产泡沫时，房地产的价格水平急速缩水，大量金融机构陷入困境，首当其冲的便是那些热衷于参与"房地产泡沫"投资的银行。其次，应该完善银行破产的相关法律法规，建立银行机构的"生前遗嘱计划"。这是因为，在日本银行业出现大批倒闭现象之初，几家小银行的破产事件已经预示出潜在的危机。日本当局却对公众隐瞒事实、封锁消息，意图通过私下进行并购重组来化解危机。这样的处置措施犹如饮鸩止渴，表面上暂时稳定了银行体系，实际上银行不良贷款引发的潜在风险并没有从根本上完全解除，反而在银行体系中激起了更为严重的道德风险。

第四节　银行业创新与金融危机

随着社会发展与现代技术的日新月异，为了顺应金融供求变化，同时规避金融监管，银行业金融创新也层出不穷，但随之而来的是大量潜在风险与危机的爆发。本小节总结回顾了过去银行业重要的金融创新及其带来的风险，并结合当下最新的时代发展趋势，对未来的银行危机进行前瞻性判断。

一、银行金融创新与金融风险

金融创新是金融业持续发展壮大的助推剂，商业银行制度的出现、中央银行体系的成熟、信用支付与信用货币的普及，都与当时的金融创新密切相关。金融创新需要人力资本、资金、技术等要素通力合作，打破旧有的桎梏重新组合，为金融业的繁荣添砖加瓦。金融创新的内容十分广泛，各种创新都有着自己的目的与要求，但总的来说，主要有三个方面，包括金融制度、金融业务以及金融工具的创新。

金融制度创新指的是与金融监管有关的法律规章制度发生的变化和革新，以及由其引起的金融经营环境与经营形式上的更新换代，包括金融组织制度和监督制度创新这两个方面，前者的典型代表是分业管理制度的确立。一直以来，商业银行和投资银行业务是否应该合并或者分离的争议，在全球各地的银行体系中不断被提及，引发广泛讨论，并形成了两种不同的主张：一是主张两者合并，成立"综合银行制度"，例如联邦德国；另一主张则要求两者分离，成立"分离银行制"，例如美国。自20世纪80年代以来，随着金融自由化趋势愈演愈烈，两者的界限逐渐消失，商业银行全能化、综合化已是大势所趋。

金融业务创新是指企业主体通过新思维、新组织方式和科学技术，发展崭新的筹资形式，以经营管理获取经营业绩的活动。其创新的对象与内容主要包括资产负债业务及表外业务创新。后者的创新完全颠覆了商业银行传统业务模型，为商业银行提高竞争能力注入了新的动力，充分挖掘出了新的利润增长点。

金融工具的创新是金融创新的主要内容，它既包括发生于欧洲货币市场内的金融工具创新，也涵盖了衍生金融市场中的创新活动[1]。前者创新的内容包括多种贷款工具，如平行贷款，远期利率协定等；后者创新的主要内容包括各类衍生金融工具，例如远期和期权等金融产品。值得注意的是，金融衍生工具具有双重效果，如果使用得当，可以起到资产保值和风险规避效果；一旦运用失误，其"四两拨千斤"的杠杆效应则会放大投资者的损失，甚至危及整个金融市场的稳定与安全。

综上所述，金融创新在分散金融风险的同时，也制造了一些新的风险点，我们将其总结如下：①金融创新加剧了金融机构的营业风险。在金融创新的背景下，各种金融工具的交叉使用，使得金融机构的主营业务范围日渐模糊，金融机构间的竞争格局也日益激化。同时，影子银行等表外业务迅速发展，且种类多样，挤占了常规存贷业务的获利空间，使得传统银行业不得不逆势而上，涉及高风险高收益业务，导致营业风险攀升。②金

---

[1] 熊良俊著：《经济转型中的金融问题》，中国金融出版社2004年版。

融创新增加了表外风险。这是因为,针对传统银行业的监管,大多基于资产负债表而由金融创新衍生出来的表外业务,恰好逃出了旧有的监管体系,让从事高风险业务的活动更加隐蔽,难以监管。随着表外业务势如破竹的发展,其背后潜藏的风险也越滚越大。③金融创新增加了全球跨境跨市场间的风险联动。金融创新推动了金融全球化进程,大型跨国银行公司如雨后春笋般遍布全球,随之而来的是跨市场、跨国的金融合作水平的大大提高,全球金融机构、金融市场之间已经形成了错综复杂的紧密关联网络,因此,任何一方出现信用违约风险,都可能导致"牵一发而动全身"的效果,甚至威胁到整个金融体系的安全,即出现所谓的"对手风险"。

二、"影子银行"与金融风险

"影子银行"(Shadow Banking System)这一重要的经济形式定义,是由 2007 年美国太平洋投资管理公司执行董事 Paul McCulley(保罗·麦考利)正式提出的。目前,关于影子银行的概念,国外学术界、实业界并没有达成一致意见。金融稳定理事会(Financial Stability Board,FSB)(2011)对"影子银行"进行了明确的定义,即并不处于传统的银行监管体系内,但可能触发系统性风险事件,或存在监管套利问题的金融部门。2014 年,国务院办公厅印发《关于加强影子银行监管有关问题的通知》,对影子银行概念进行了界定,并指明了下一步的监管方向。具体而言,影子银行包括三大类型:第一,没有金融牌照、暂未受到任何金融监管的金融中介部门,例如各类网络金融公司、第三方理财机构等;第二,没有金融牌照,但已部分监管的金融中介部门,例如融资性担保公司、小额贷款公司等主体;第三,拥有金融牌照,但依然监管不足或存在规避监管的业务,例如各类货币市场基金、资产证券化、部分理财业务等形式。

中国影子银行的发展受到个人、企业、地方融资平台的供需驱动,已经形成了较大规模,发展期间几乎不受任何监管约束①。因此,中国影子银行存在着潜在的风险,有报告②显示,影子银行的风险主要源于以下三个途径。

---

① 影子银行系统没有存款准备金约束与资本充足率限制,也没有存款保险制度的保护。
② 上海财经大学现代金融研究中心、上海财经大学金融学院编:《2014 中国金融发展报告》,上海财经大学出版社 2014 年版,第 200 页。

第一,投资者对影子银行过度信任,视"刚性"兑付与政府"兜底"为理所当然。理财产品的主要风险点在于如果发生投资损失,银行是否有义务提供相应的补偿。虽然大部分理财产品都是非保本的,但是投资者并不相信合同上所谓的风险自负的条款,风险意识薄弱。此外,我国商业银行以国有控股银行为主,投资者对信用机构存在"信任过度"的倾向。当违约发生时,出于社会稳定与金融机构声誉的考虑,发行方很难不承担理财产品违约的责任,最终将导致表外风险转变为表内损失。

第二,信息披露和风险提示不到位,致使高杠杆逐渐形成,造成整个金融系统缺乏稳定性。部分金融机构在出售财务产品时,很难做到彻底的信息披露和风险提示,而且它的运作也逃离了传统的监管要求。例如,影子银行就逃离了《巴塞尔协议Ⅲ》要求的8%资本充足率的监管要求。同时,一些理财产品会夸大收益率,通过虚高的理财产品收益拉高财务杠杆,使得整个金融系统缺乏稳定性,风险水平因此大大增加。

第三,"借新还旧"的运作模式,为资金链断裂埋下隐患。理财产品的按期清偿可能要通过不断发行新产品来筹集资金。此时,一旦筹集资金的投资收益不能与到期清偿的要求相匹配,或新产品的发行受阻致使资金净流入显著低于需要清偿的资金规模,相关理财产品就可能无法按期清偿本息。如果爆发了严重的挤兑,相关金融机构就可能出现资金流断裂或不畅的局面,最终将触发大规模的流动性风险与违约风险事件。

三、未来的银行危机

2020年年初以来,新冠肺炎疫情在全球蔓延,美国、欧盟和中国等多个主要经济体都受到了疫情冲击,各国央行诉诸宽松的货币政策,这使得国际金融市场发生剧烈震荡,全球经济运作模式发生了翻天覆地的变化。在未来,全球实体经济、金融需求将进一步萎缩,经济从疫情时期恢复到危机前的正常水平进程缓慢。与此同时,作为典型顺周期的银行业,还未彻底摆脱2008年国际金融危机的阴影,而这场疫情对于银行部门也是一次重要的现实挑战。《疫情大流行对全球银行业的影响与应对——中国银行全球银行业展望报告(2020年第三季度)》[1](以下简称《报告》)

---

[1] 中国银行研究院全球银行业研究课题组:《疫情大流行对全球银行业的影响与应对——中国银行全球银行业展望报告(2020年第三季度)》,载《国际金融》2020年第7期,第67页。

指出："全球银行业经营压力骤增、业务增长放缓、利差收窄、资产质量有所下降、损失拨备大幅增加、赚得的利润总量下降"，与其相关的表现，如下所述。

（一）全球利率平均水平下降，银行业融资成本上升

在疫情冲击的背景下，各国央行推动实施了大规模货币量化宽松政策，期望通过收缩利差水平以应对疫情冲击。例如，2020年美联储启用大量货币政策工具，开启无限量量化宽松，回归零利率政策。日本、欧洲延续了负利率的政策，英国基准利率已下调至0.1%的水平，其他主要央行也普遍执行了降息政策[①]。《报告》指出，全球利率中枢下移，将抬升银行的市场融资成本。

（二）金融市场持续大幅震荡，交易业务风险损失将持续上升

2020年伊始，受疫情的负面冲击，全球大众对未来经济形势普遍持悲观预期，金融市场流动性短缺初现端倪，各国掀起了金融刺激政策的浪潮，股票、债券、外汇等金融市场大幅下挫，大宗商品市场也在劫难逃，部分商品价格出现暴跌，黄金等避险资产价格则持续上扬。中国大陆和香港地区的股票市场自2020年年初以来接连受到疫情的负面冲击，1月23日到2月3日，上证综合指数和香港恒生指数震荡下行，分别下跌7.7%和5.6%；2020年3月，在新冠肺炎疫情持续蔓延的背景下，美国、巴西、加拿大等数十个国家的股票市场多次触发熔断机制；欧洲股市集体暴跌，三大欧洲股指（德国DAX指数、法国CAC40指数、英国富时100指数）一度出现跌幅超过10%的剧烈震荡。全球资本市场中避险高涨，系统性金融风险事件频发。与此同时，全球重要国家（地区）的国债收益率也出现了明显的下滑，金融市场的剧烈震动波及了银行业，对其交易业务造成显著的负面影响。《报告》指出："2020年第一季度，全球前10大银行交易及汇兑收入总额达191.69亿美元，同比下降1.9%。其中，富国银行、三菱日联、建设银行、摩根大通的同比降幅分别为185%、70%、

[①] 中国2020年5月，一年期贷款市场报价利率为3.85%，比开年之际减少了30个基点；2020年第一季度金融机构贷款加权平均利率为5.08%，比开年之际减少了32个基点；上海同业拆借利率、同业拆借加权平均利率、质押式回购加权平均利率等主要市场利率均保持低位。

40%和22%"①(见表2-2)。预计在未来,全球银行业的交易业务风险损失将会持续上升。

表2-2 全球前10大银行交易及汇兑净收入

银行名称	2020年第一季度/亿美元	2019年第一季度/亿美元	2020年第一季度同步增速/%
花旗银行	56.9	29.3	94.0
汇丰控股	35.5	32.6	9.0
摩根大通	31.7	40.9	-22.0
美国银行	23.2	27.9	-17.0
工商银行	20.5	6.0	244.0
中国银行	13.0	16.3	-20.0
农业银行	12.6	12.7	-1.0
建设银行	8.6	14.2	-40.0
三菱日联	0.8	2.5	-70.0
富国银行	-11.0	13.0	-185.0
合计	191.7	195.5	-1.9

(资料来源:《报告》,表2。)

(三) 新冠肺炎疫情冲击实体经济,银行信贷资产质量下滑,呆坏账拨备成本激增

在新冠肺炎疫情的冲击下,我国实体部门的可持续经营面临着严重挑战,疫情对市场供需的负外部性影响持续显现。从需求端看,疫情导致市场需求疲软,2020年1—2月和3月,全国社会消费品零售总额同比分别下降20.5%和15.8%,商品零售总额分别下降17.6%和12%,企业订单数量受到明显冲击,收入大幅下降。从供给端上看,疫情期间的交通管制导致企业人力资源短缺、物流运输和供应链严重受阻,企业难以如期开工复产,订单履约困难。同时,企业在生产停顿期间仍需承担租金、水电费

---

① 中国银行研究院全球银行业研究课题组:《疫情大流行对全球银行业的影响与应对——中国银行全球银行业展望报告(2020年第三季度)》,载《国际金融》2020年第7期,第68页。

用、员工工资等刚性支出,复工后也要承担疫情防控所带来的额外支出,而原材料、劳动力等运营成本的上涨,更是进一步挤压了企业的利润空间。因此,在此期间,企业普遍出现了收入增长放缓甚至亏损的情况。据国家统计局统计,2020年1—2月,我国工业企业营业收入累计同比下滑17.7%,利润总额的累计降幅更是达到了38.3%的水平。由此可见,随着宏观经济下行,我国企业资金链高度承压,实体部门的坏账风险急剧攀升。

在实体企业债务保障压力加大的背景下,市场信用风险和流动性风险都显著增大,致使我国银行信贷资产质量加速恶化。疫情期间,银行业呆坏账比率呈现上升趋势——截至2020年第一季度,中国银行业不良贷款率达到近5年来的峰值,上升至1.91%。其拨备覆盖率显著回调至183.20%。该现象在资本和流动性储备不足的中小金融机构中尤为明显,例如,中国的农村商业银行和城市商业银行的不良贷款率分别上升至4.09%和2.45%,远远超出了行业的平均水准(见表2-3)。此外,农村商业银行的次级贷款、可疑贷款的余额已经逼近大型商业银行的规模,其中隐含的经营风险尤需警惕防范。

表2-3 中国银行业2020年第一季度各类型银行主要经营指标

	大型银行	股份制银行	城市商业银行	民营商业银行	农村商业银行	外资银行
不良贷款余额/亿元	9553	5052	4519	63	6831	103
不良贷款率/%	1.39	1.64	2.45	1.14	4.09	0.71
资产利润率/%	1.02	0.99	0.81	1.00	0.98	0.86
拨备覆盖率/%	231.70	199.89	149.89	348.53	121.76	299.33
资本充足率/%	16.14	13.44	12.65	14.44	12.81	18.43
流动性比率/%	55.37	59.36	65.27	67.68	64.65	74.81
净利润/亿元	3083	1315	766	24	737	76
净息差/%	2.04	2.09	2.00	3.88	2.44	1.70

(资料来源:《报告》,表1。)

此外，在数字金融、人工智能、区块链等技术迅猛发展的科技变革时代，疫情在局部领域给银行业带来了新的业务机遇，银行业回归稳健发展的有利因素逐渐显露。首先，各国政府普遍通过高强度的宏观刺激政策提振经济，例如扩张公共支出、发放公共补贴、降息以补充流动性，鼓励金融中介支撑私人经济部门，执行相对宽松的信贷政策，为银行充分发挥资金融通职能营造积极的条件。其次，疫情冲击使得线下实体经济消费萎缩，而线上产业逆势增长，例如线上教育、居家医疗保健（线上问诊看病）和金融需求（线上理财、信贷和保险）等新兴行业的消费需求攀升。值得注意的是，线上渠道在银行进行业务拓展的过程中发挥了日益重要的影响，对金融线下服务呈现出较强的替代趋势。最后，金融科研的创新与运用，加速了疫情期间银行业业务模式的转型升级。《报告》显示，在2020年的战略计划中，国际大型银行普遍扩大了金融科技相关项目的投资规模，包括以直销银行、虚拟银行牌照等形式扩充客户规模，提升数字化渠道业务完成比例，完善电子化支付业务，构建科学的风险预警系统，培育处置突发性风险事件的防控能力。[1]

疫情是对银行业风险防控、服务运营等应急能力的新一轮考验，在此背景下，银行业正经历着史无前例的"威胁"和"机遇"并存的局面。这要求银行一方面要充分发挥金融稳定器作用，创新服务方式，及时为实体经济注入流动性，为复工复产创造良好的金融环境。另一方面，银行要抓住机遇，发掘出过去被掩盖的自身存在的深层次问题和风险，借此深入思考经营、业务、服务、产品的价值所在，重新规划发展战略，接轨新的产业和商业模式，以迎合社会消费理念和金融服务需求；同时，面对疫情带来的持续挑战，银行业部门要建立长效应对机制，"危"中寻"机"，将成为银行业渡过难关的要诀。

◆思考讨论题◆

1. 请结合现实生活中的具体的案例，分析银行危机的触发条件。
2. 请论述主流银行危机理论模型的核心观点和发展脉络。
3. 传统银行危机的防范措施有哪些？试结合一个具体案例分析采取

---

[1] 中国银行研究院全球银行业研究课题组：《疫情大流行对全球银行业的影响与应对——中国银行全球银行业展望报告（2020年第三季度）》，载《国际金融》2020年第7期，第68页。

防范措施的动机和效果。

4. 试从三个不同的角度分析银行金融创新的表现形式。

5. 试结合当下全球宏观经济金融形势，分析未来银行危机的表现形式。

第三章　货币危机

第一节　货币危机概述

一、货币危机的定义

货币危机的定义有广义与狭义之分。广义的货币危机，是指一国货币的汇率在短时间内出现一定程度的剧烈变动。狭义的货币危机则与限制汇率波动的经济体相关，主要指市场对一国维护其汇率水平的能力产生怀疑，并大量抛售其货币，最终使得该国限制汇率波动的制度出现崩溃，外汇市场出现剧烈波动的事件。由于货币危机往往与经济体长期的国际收支赤字相关，因而也称为"国际收支危机"。

关于多大程度的货币贬值幅度才可定义为货币危机，不同学者给出了各自的标准。其中，Frankel 和 Rose（1996）将货币危机定义为一国货币在当年内出现超过 25% 的贬值，且贬值幅度与上一年相比高出 10%；Esquivel 和 Larrain（1998）则基于更小的时间跨度对货币危机的标准进行阐述，一国的实际汇率在 3 个月内累计贬值幅度超过 15% 即存在货币危机；也有学者从汇率、利率以及外汇储备等多个角度综合评判货币危机的发生与否，其中，Eichengreen 等（1996）构建了汇率、利率和外汇储备的加权组合，并认为当其均值水平超过两倍标准差时，经济体中存在货币危机。此外，Glick 和 Hutchison（2001）等同样对货币危机的标准进行了阐述。

二、货币危机的触发条件

货币危机的触发条件主要为大规模的投机性攻击，这一类攻击可能由经济条件变化所导致，也可能纯粹由心理预期变动而引发。

（一）经济条件变化引发的投机性攻击

第一代货币危机模型表明，固定汇率制下，政府持续性的信贷扩张是引发投机性攻击的主要原因。若政府尝试通过信贷扩张的手段弥补财政赤字，国内居民将把部分持有的现金转换为国内外的其他金融资产；而国内居民提供的大量本国货币，将成为促使货币贬值的压力。为维持固定汇率制，政府将被迫出售部分外汇储备以维持币值稳定。在此背景下，政府持续性的信贷扩张政策将逐步消耗政府所持有的外汇储备。一旦外汇储备消耗完毕，政府将无法通过释放外汇储备缓解本币贬值压力，此时外汇市场中的大量本国货币供给，将引发固定汇率制的崩溃以及本币的贬值。而预期到这一结果的投机者将会迅速做出反应，并在固定汇率制崩溃前大量购买外汇以避免持有资产出现贬值。市场中大量投机者共同出售本币购入外汇的行为将形成对固定汇率制的冲击，使得政府的外汇储备在短时间内迅速下降至零，引发固定汇率制的崩溃。这一类投机攻击的成功与否，主要取决于政府的信贷扩张规模以及外汇储备量。

（二）心理预期变动导致的投机性攻击

除经济条件因素变化外，市场心理预期变动同样可能引发针对本国货币的投机性攻击，这将导致外汇储备充裕且未采用扩张性政策的国家同样可能面临货币危机的威胁。当市场普遍存在本币贬值预期时，认为本币价值被高估的投机者将借入本币兑换外币，从而造成对本币的贬值压力，并在本币出现贬值后买入本币归还。大量投机者同时进行这一操作将形成对于本币汇率的投机攻击，从而引发金融恐慌以及资本外逃，使得政府所持有的外汇储备被迅速消耗。在受到攻击的过程中，政府可通过提高本币利率的手段提升对本币的需求，与投机攻击进行对抗。然而，当政府认为维持固定汇率制的成本高于放弃固定汇率制时，政府将顺应市场预期，允许本币汇价的自由浮动。这一类投机攻击的成功与否，主要取决于投机者的资本规模、市场情绪的脆弱程度以及政府的对抗是否坚决等因素。

三、货币危机的表现形式

（一）汇率制度的调整或汇率的急剧上升

货币危机的冲击往往会直接导致一国的货币面临较高的贬值压力，从而使得该国的固定汇率制崩溃或外汇汇率急剧上升。以亚洲金融危机为例，1997年内，受到攻击的泰铢被迫放弃了固定汇率制，而同样遭遇冲击的韩元则面临汇率的急剧贬值，韩元兑美元汇率一度由913.7∶1下跌至2067∶1。

（二）利率在短期内急剧上升

在承受货币贬值压力的同时，受货币危机冲击的国家往往采取提升利率或降低货币供给等手段维护汇率稳定，这可能使得该国的利率水平在短期内飙升。在2014年俄罗斯卢布危机期间，为扭转汇率的下跌趋势，俄罗斯央行在一周内连续两次上调基准利率，由9.5%调整至17%。

（三）企业的大规模倒闭

本币的贬值还将使得以本币计价的外债规模显著扩大，给该国的企业与金融机构造成沉重的负担，并引发大规模的企业倒闭。在1992年欧洲货币危机、1998年亚洲金融危机等时点，受冲击的欧洲与东南亚各国均出现了金融机构与企业的大规模倒闭、失业率攀升的现象。其中，1992年前后，英国、法国等发达国家的失业率一度超过10%，而1998年亚洲金融危机期间，菲律宾与印度尼西亚等国也分别出现了13%与9%的失业率。

第二节 货币危机理论与模型

一、第一代货币危机模型

在20世纪70年代以前，学界对于货币危机的探讨相对较少，其中，部分理论认为是经济基本面的恶化导致了货币危机，而另一种理论则认为过度投机是引发货币危机的主要原因。然而，以往的理论均无法对货币危机的突发性和产生时间做出解释。在20世纪70年代，众多拉美国家纷纷出现金融危机，其中，20世纪70年代至80年代的墨西哥货币危机以及阿根廷货币危机均引起了学界对于货币危机理论的重视。在这一背景下，Krugman（1979）构建了一个货币危机模型，对货币危机的形成原因以及突发性等问题展开讨论，指出政府过度的信贷扩张将导致货币危机。在Krugman（1979）的基础上，Flood 和 Garber（1984）等对货币危机产生的时点等问题展开了进一步的简化与分析,由此形成了第一代货币危机模型。

(一) Krugman 的第一代货币危机模型

在 Krugman (1979) 之前,Salant 和 Henderson (1978) 已对黄金市场中的投机攻击进行了深入阐述。在 1978 年的工作中,Salant 和 Henderson 指出,当私营部门具有完美预期时,黄金的固定价格机制将无法长期存在。在全球的黄金供给恒定,而对黄金的消费需求持续上升的情形下,若黄金价格始终保持不变,世界的黄金储备将无法满足持续增加的黄金需求。因此,黄金的固定价格机制终将被放弃,黄金价格将出现上升。预期到这一点的投机者,可在某一时刻收购政府的全部黄金以在固定价格机制崩溃后获利。在这一模型中,黄金固定价格机制的崩溃将由投机者的购买行为内生决定;投机者的购买将使得政府的黄金储备在短时间迅速下降至零;此外,当黄金的市场价格与政府规定的价格之间出现偏离时,投机者将发起投机攻击。在此基础上,Krugman (1979) 以外汇储备类比黄金库存,将这一模型应用于分析货币市场的投机攻击中,由此构建了第一代货币危机模型。模型显示,如果一个固定汇率制国家长期过度扩张信贷,该国的外汇储备将持续下降,并最终引发固定汇率制的崩溃。而预期到这一点的投机者将在某一时刻购买政府的所有外汇储备,这将加速政府外汇储备的流失,使得政府最终放弃固定汇率制。

Krugman (1979) 的模型对仅生产一种可交易商品的国家进行分析,且该商品价格由世界市场决定并满足购买力平价。商品价格与工资具有完全弹性,且国家始终处于充分就业的状态;商品的世界价格设定为 1,国内价格为 P;购买力平价下名义汇率与国内商品价格相等。

在投资市场中,假定本国投资者仅可对本国货币与外国货币进行投资,而外国投资者不持有本币。两类货币的名义利率均为 0。此时本国居民的总财富 W 主要由本国货币 M 与外国货币 F 构成:

$$W = M/P + F \tag{3.1}$$

假定居民持有的本国货币在其私人财富中的比例受预期通胀率 π 影响,表示为 $L(\pi)$,则有:

$$M/P = L(\pi) \cdot W \quad L' < 0 \tag{3.2}$$

固定汇率制下,该国的名义汇率保持恒定,国内的商品价格固定为

P，此时预期通胀率为0，本国货币在其居民财富中的比例为常数L。

下面，我们将对本国居民的预算约束展开讨论。设国民收入为Y，税收为T，定义居民新增储蓄S为居民收入中高于支出的部分，C为居民消费水平：

$$S = Y - T - C(Y - T, W), \quad C_1', C_2' > 0 \qquad (3.3)$$

居民财富的增加仅能通过储蓄实现，则有：

$$\Delta W = \Delta M/P + \Delta F = S \qquad (3.4)$$

与此同时，政府也面临预算约束。设政府支出为G，政府可通过发行新货币或兑换其外汇储备R以弥补其赤字，则有：

$$G - T = \Delta M/P - \Delta R \qquad (3.5)$$

而在固定汇率下，$L(\pi)$为常数L，根据公式（3.2），此时有：

$$\Delta M/P = L\Delta W = LS, \quad \Delta F = (1 - L)S \qquad (3.6)$$

将公式（3.6）代入政府的预算约束，可得：

$$\Delta R = -(G - T) + LS \qquad (3.7)$$

此时，若政府持续发行本国货币，居民的总财富上升，新增储蓄S大于0，居民持有的本币比例将高于其愿意持有的规模。因此，居民将在外汇市场中以本币兑换外币以维持其资产比例。而政府为维护其固定汇率制，将释放外汇储备购买本币以保持币值稳定，同时政府的外汇储备将出现下降。

联立公式（3.3）、（3.4）与（3.7），可得经济体的动态方程：

$$\Delta W = Y - T - C(Y - T, W) \qquad (3.8)$$

$$\Delta R = -(G - T) + L\Delta W \qquad (3.9)$$

若政府进行持续性的信贷扩张，这一经济体将无法达到稳态，$\Delta W = \Delta R = 0$仅在$G = T$时得以实现。当政府进行持续性的信贷扩张时，财富的积累速度受消费上升影响逐渐变慢，而政府的信贷扩张则处于恒定水平，这最终将导致政府的外汇储备出现持续下降，并使得固定汇率制崩溃。

在固定汇率制崩溃，汇率开始自由浮动后，经济体将出现通货膨胀。联立公式（3.1）与（3.2），可得：

$$M/P = FL(\pi)/[1 - L(\pi)] \qquad (3.10)$$

固定汇率制下，P与L均保持恒定，此时，国内货币供给的上升将使得居民购买政府的外汇储备以调整自身的资产组合比例。而在浮动汇率制下，政府的外汇储备已消耗完毕，居民对外币的需求难以被满足，这将导致汇率出现显著上涨，本币贬值，国内商品价格 P 上升，而本国居民的外币持有量 F 保持不变。而 P 的上升可能引发市场对于通胀的预期，并导致 L 的下降。根据公式（3.10），此时居民持有本国货币的价值将出现缩水，居民总财富 W 减少。而预期到这一结果的理性的投资者将在政府外汇储备消耗完毕前尽可能地向政府购买外汇以避免潜在的资产损失。当理性投资者达到一定规模后，其购买行为将形成对于本国货币的攻击，从而导致货币危机。

Krugman（1979）对货币危机发生的时点也进行了分析。若允许汇率浮动，国内价格水平 P 将出现跃升，此时投机者可通过购买政府外汇以避免损失。因此，危机的发生取决于允许汇率浮动后国内价格水平是否发生变化。结果表明，最初的外汇储备越高，货币危机发生的时点越迟。

上述分析建立于投资者对于政府外汇储备的完美预期基础上。然而，即使投资者无法确定政府持有或愿意动用的外汇储备数量，货币危机同样也会发生。假定政府持有一级储备 R_1 与二级储备 R_2，并可选择在 R_1 消耗完毕后是否继续投入 R_2 以维护本国的汇率。当 R_1 即将耗尽时，投机者将大量收购政府持有的外汇。若政府决定不投入 R_2 并放弃固定汇率制，将出现货币危机。而当政府决定继续投入 R_2 时，投资者可将持有的外币以固定汇率重新转换为本币。在不考虑交易成本的前提下，投机者可在此过程中无风险地获得潜在收益。因此，即使政府持有多级外汇储备，针对货币的投机攻击同样存在，此时投机攻击与资本流入将交替产生，直至政府愿意动用的外汇储备消耗殆尽而放弃固定汇率制。

（二）Flood 和 Garber 的影子浮动汇率模型

Krugman（1979）的模型为非线性模型，难以计算出固定汇率制崩溃时点的显式解。对此，Flood 和 Garber（1984）基于线性模型对 Krugman（1979）的第一代货币危机模型进行了简化与改进，其主要工作包括提出影子浮动汇率这一概念，以及解释货币危机爆发前的汇率远期贴水现象等。

Flood 和 Garber（1984）的模型主要对小国的中央银行进行讨论。模型假设国内居民具有完美预期，政府持有一定外汇以保证固定汇率制。当政府持有外汇为零时，该国将转变为浮动汇率制国家。模型中，小国的中央银行将货币与外币挂钩，因而将大国的价格水平与利率水平视为给定。

模型方程为：

$$M_t^d/P_t = \alpha - \beta i_t, \quad \beta > 0 \tag{3.11}$$

$$M_t^s = R_t + D_t \tag{3.12}$$

$$\dot{D}_t = \mu \tag{3.13}$$

$$P_t = P_t^* \cdot S_t \tag{3.14}$$

$$i_t = i_t^* + \frac{\dot{S}_t}{S_t} \tag{3.15}$$

其中，M_t^d、P_t、i_t、M_t^s、R_t、D_t、S_t 分别为本国的货币需求、价格水平、利率水平、货币供给、央行外汇储备、央行的国内信贷以及当期汇率，而 P_t^* 与 i_t^* 则分别代表大国的价格水平与利率水平。

公式（3.11）为货币需求的均衡条件，公式（3.12）为货币供给的约束条件，公式（3.13）则表明国内信贷增速始终保持在 μ，公式（3.14）与（3.15）则分别为购买力平价与无抛补利率平价的约束条件。假定 $P_t^* = 1$，$i_t^* = 0$。货币供需平衡时，联立公式（3.11）、（3.14）与（3.15），可得：

$$M_t^s = \alpha S_t - \beta \dot{S}_t \tag{3.16}$$

固定汇率制度下 $\dot{S}_t = 0$，此时的 $S_t = \bar{S}$，$\bar{S}$ 即为该国的固定汇率。$\dot{S}_t = 0$ 时，货币供给 M_t^s 为常数 $\alpha\bar{S}$。根据公式（3.12），货币供给保持不变时，国内信贷与外汇储备之和保持恒定，国内信贷的增加将必然导致外汇储备的减少，并引发固定汇率制的崩溃。

为计算货币危机发生的时间，Flood 和 Garber（1984）对"影子浮动汇率"这一概念进行了定义。影子浮动汇率指当固定汇率制在该时点崩溃时，由市场供求决定的浮动汇率，用 $\tilde{S}_t$ 表示。固定汇率崩溃时，国家的外汇储备为 0。根据公式（3.16）计算微分方程，可得此时的影子浮动汇率满足：

$$\tilde{S}_t = \beta\mu/\alpha^2 + D_t/\alpha \tag{3.17}$$

由于居民存在完美预期，若投资者认为固定汇率制的崩溃将在 T 时刻出现，且 $\tilde{S}_t > \bar{S}$，则购买政府外汇将获得 $R_t(\tilde{S}_t - \bar{S})$ 的利润，这将使得投机者将在 T 时刻前尽可能地购入外汇。而若投资者认为在 T 时刻固定汇率

制崩溃后有 $\tilde{S}_t < \bar{S}$，此时进行投机攻击的收益将小于零，从而不会出现针对本币的攻击。因此，投机者的行为将使得货币危机在 $\tilde{S}_t = \bar{S}$ 时产生，由此可对固定汇率制的崩溃时点进行推算。

对公式（3.13）进行积分，有：

$$D_t = D_0 + \mu t \tag{3.18}$$

将其代入影子浮动汇率的公式（3.17），有：

$$t = (\alpha \bar{S} - D_0)\mu - \beta/\alpha = R_0/\mu + \beta/\alpha \tag{3.19}$$

这一结果表明，初始时点中充裕的外汇储备将有效推迟货币危机发生的时点，而较低的国内信贷扩张速度同样可以延缓货币危机的发生。然而，只要政府采取持续扩张的政策，固定汇率的崩溃就不可避免。

在此基础上，为了更好地解释货币危机前的汇率远期贴水现象，Flood 和 Garber（1984）还引入了不确定性对上述模型进行改进，并建立了货币危机模型的离散时间版本。调整后的模型如下：

$$M_t^d/P_t = \alpha - \beta i_t, \quad \beta > 0 \tag{3.20}$$

$$M_t^s = R_t + D_t \tag{3.21}$$

$$\dot{D}_t = D_{t-1} + u_t, \quad E_{t-1}[u_t] = \mu > 0 \tag{3.22}$$

$$P_t = P_t^* \cdot S_t \tag{3.23}$$

$$i_t = i_t^* + E_t[(S_{t+1} - S_t)/S_t] \tag{3.24}$$

与连续模型一致，假定 $P_t^* = 1$，$i_t^* = 0$。货币供需平衡时有：

$$(\alpha + \beta)S_t - \beta \cdot E_t[S_{t+1}] = R_t + D_t \tag{3.25}$$

将 $R_t = 0$ 代入以计算影子浮动汇率，其表达式与连续时间模型一致：

$$\tilde{S}_t = \beta\mu/\alpha^2 + D_t/\alpha \tag{3.26}$$

假定固定汇率制的崩溃概率为 π_t，此时预期的远期汇率 $E_t[S_{t+1}]$ 满足：

$$E_t[S_{t+1}] = (1 - \pi_t)\bar{S} + \pi_t \tilde{S}_{t+1} \tag{3.27}$$

固定汇率制崩溃时，$\tilde{S}_{t+1} > \bar{S}$；当 $\pi_t > 0$ 时，有 $E_t[S_{t+1}] > \bar{S}$。这一结果表明存在不确定性的情形下，固定汇率制崩溃的可能性将导致汇率的远期贴水。

（三）基本模型的拓展

除 Flood 和 Garber（1984）等的经典文献外，不少学者也从多个层面对第一代货币危机模型进行了扩展。

1. 爬行钉住汇率制下的货币危机

该基本模型主要对固定汇率制下可能出现的货币危机展开讨论,而这一分析同样可以扩展至爬行钉住汇率制。爬行钉住汇率制下,官方汇率将持续进行确定性的调整。而对这一制度发动攻击的条件与固定汇率制一致:当影子汇率高于官方汇率时,投机者将对该国货币发动攻击。受到攻击后,爬行钉住汇率制将不得不设定更高的贬值幅度,或者转变为浮动汇率制。相关文献中,Cumby 和 Wijnbergen(1989)对 Flood 和 Garber(1984)的随机离散模型进行扩展,并基于 1979—1980 年间阿根廷的金融状况,计算出各时点内爬行汇率制崩溃的概率。Goldberg(1994)对 1980—1986 年间墨西哥的汇率市场进行讨论,发现降低汇率调整时的幅度、增加汇率调整的频率将有效减少投机者对货币的攻击。

2. 多种制度选择下的货币危机

该基本模型假定一国的固定汇率制崩溃后将转变为浮动汇率制,但政府仍存在汇率双轨制、爬行钉住汇率制等多种选择。实际情形中,部分政府往往选择在固定汇率制崩溃后采用一段时间的浮动汇率制,并在最后以新的汇率重新启动固定汇率制。Obstfeld(1984)针对货币贬值预期对危机发生时点的影响进行了研究,发现危机重新出现的时点将受到预期贬值幅度和汇率重新固定前采用浮动汇率制的时长影响。当浮动汇率制的持续时间极短时,投机者可能认为重新固定的汇率水平难以长期维持,因而立即发动攻击;当浮动汇率制时长适中时,将使汇率单调下降至新的水平并保持恒定;而浮动汇率制的持续时间较长,则会使浮动汇率过度贬值,随后逐渐回落至新的汇率水准。因此,中央银行回归固定汇率制的速度将对资本的流向产生不一致的影响。

3. 黏性价格条件下的货币危机

该基本模型中,本国债券与外国债券之间存在完全替代的关系,且固定汇率制崩溃后商品价格可以立即调整。而事实上,黏性价格以及债券间的不完全替代关系均可能对固定汇率制的崩溃速度产生影响。Agenor 等(1992)通过放宽购买力平价约束,引入黏性价格条件,对货币危机的发生时点展开讨论,他们发现,价格的灵活性将显著加快危机形成的速度。而 Blackburn(1988)的研究则表明,资本的高流动性同样可能加速危机的形成。

4. 其他方面的扩展

此外，还有学者分别从自我实现与多重均衡、资本管制以及真实变量和汇率的相互影响等角度，对第一代货币危机模型进行了扩展。在自我实现与多重均衡的角度下，Flood 和 Garber（1984）对黄金本位制的分析表明：若政府不进行国内信贷扩张，则固定汇率制不会受到冲击，而一旦投机者的行动使得黄金本位制崩溃，此时政府不得不采用信贷扩张的手段来对危机进行干预，从而证明投机攻击的合理性。Wyplosz（1986）以及 Dellas 和 Stockman（1993）通过对基本模型中资本完全流动的假定进行限制，构建了资本管制约束下的投机攻击模型。Flood 和 Hodrick（1986）则对真实变量和汇率之间存在双向影响的情形展开讨论，对假定真实变量内生于汇率的基础模型进行了扩展。

（四）第一代货币危机模型总结

第一代货币危机模型主要体现了以下几点启示：首先，货币危机产生的根本原因在于政府的政策措施失当。模型中，政府扩张国内信贷规模的政策使得影子浮动汇率持续上升并与政府所设定的固定汇率水平出现偏离，从而引发针对本币的大规模投机性攻击，最终导致该国固定汇率制的崩溃。此时，如果政府能够有效控制其财政赤字水平，避免通过持续扩张信贷的手段来解决财政问题，则可以有效避免货币危机的产生。其次，危机的爆发可以预见但不可避免。政府可以根据国家的信贷规模、外汇储备以及信贷扩张速度等变量，对其出现的时点进行推算，但只要国家的信贷规模持续扩张，货币危机的爆发则不可避免。最后，第一代货币危机模型认为货币危机的危害性相对较小。模型中的货币危机主要来源于经济制度中固定汇率与影子汇率间的较大差异，这促使实际汇率回归其应有的水平，而不会对危机后的经济造成严重影响。这一模型也成功地解释了20世纪墨西哥、阿根廷等国的货币危机。

然而，这一模型还存在许多不足，其中较为明显的一点在于：该模型的假设条件过强，对政府行为进行了过度简化。首先，在第一代模型中，假定政府采取的政策措施较为固定，在任意外部环境下，它都将通过信贷扩张的手段弥补赤字，直至国际收支失衡。而在实际情形中，政府在制定决策时会同时考虑政策的内外影响，并可能根据国际收支情形对信贷政策进行调整。其次，模型假定政府在持有外汇储备时将始终坚持固定汇率制。然而事实上，固定汇率制存在维护成本，理性的政府应当基于对维护和放弃固定汇率制的具体损益权衡来进行决策。最后，模型假定政府仅能通过出售外汇来维护固定汇率；而现实生活中，政府还可通过提高利率、控制货币供给规模等手段影响汇率，这在模型中均未得到体现。

二、第二代货币危机模型

第一代货币危机理论认为，政府扩张性的政策是引发危机的主要原因，然而这一观点无法很好地解释发生在 20 世纪 90 年代的几次货币危机。在 1992 年的欧洲货币危机中，发生危机的国家既不需要通过信贷扩张增加财政收入，也不曾因为外汇储备耗尽而放弃固定汇率制，其中部分国家的经济基本面甚至十分正常。而在 1994 年的墨西哥比索危机中，中国香港的经济政策相对保守，且持有充足的外汇储备，但港币的汇价同样遭遇严重冲击。以上事实表明：政府在坚持或放弃固定汇率制的权衡中，不能仅考虑信贷规模以及外汇储备等因素；第一代货币危机模型对经济现实的解释力度较弱，这也促使学界对货币危机的成因展开进一步的探索。Obstfeld（1996）指出，第一代货币危机模型无法有效解释欧洲货币危机，其原因主要在于该模型并未考虑到市场对政府的影响——模型中政府的行为是外生给定的。事实上，政府可以根据维护或放弃固定汇率制的具体利弊做出决策，而无须在外汇储备耗尽时才进行汇率制度的调整。不少学者从政府决策的角度对货币危机展开讨论，并最终形成了第二代货币危机模型。和第一代货币危机模型相比，第二代货币危机模型同样认为货币危机主要来源于政策的不一致性。而两者的区别在于：第一代货币危机模型认为危机主要源于事前的政策不一致性，固定汇率制和信贷扩张政策的矛盾最终将引发货币贬值；第二代货币危机模型则认为是货币危机本身引发了对政策的不一致预期，从而使得危机表现出自我实现的特征①，即危机主要源于事后对政策预期的不一致性。

第二代货币危机模型主要有两个特点。其一，模型通常存在两个或多个均衡，这一特点是第二代货币危机模型能够存在自我实现现象的基础。其二，模型往往假定政府在维持或放弃固定汇率制中进行权衡，使该国可能面临的损失最小化，且政府的选择将受到市场预期的影响。市场对货币

---

① 自我实现，指市场的贬值预期将导致货币贬值的现象。

价值的预期将通过影响政府维护固定汇率制的成本，引起汇率制度的变动。如市场预期货币将出现贬值时，利率以及工资等变量的上升将增加政府维持固定汇率制的成本，从而使得政府更倾向于放弃固定汇率制。

在第二代货币危机模型中，最具有代表性的成果为 Obstfeld（1996）的总需求贬值模型。这一模型通过引入政府决策，有效地刻画了市场中危机的自我实现特征。随后，不少学者在 Obstfeld（1996）的基础上从多个方面进行了深入扩展。在此，我们将主要介绍 Obstfeld（1996）的工作。

（一）Obstfeld 的总需求贬值模型

这一模型引入了实体经济中的总需求冲击，模型中购买力平价条件依然成立，国外价格水平固定为 1，此时汇率对数 e 与国内价格水平的对数 p 相等。国内产出对数 y_t 为：

$$y_t = \alpha(e_t - w_t) - u_t, \quad \alpha > 0 \tag{3.28}$$

其中 w 为名义工资的对数，u 代表均值为 0 且无序列相关的扰动项。

工人预期的实际工资保持不变，则名义工资 w 满足：

$$w_t = E_{t-1} e_t \tag{3.29}$$

政府主要关注产出扭曲与价格扭曲给经济体造成的冲击，设定政府在 t 期的损失函数为：

$$l_t = \frac{\theta}{2}(e_t - e_{t-1})^2 + \frac{1}{2}(y_t - y^*)^2 \tag{3.30}$$

其中，y^* 为政府的产量目标，θ 为大于 0 的参数，表示为通胀率偏离于 0 时的相对权重。等式右边的第一、二项分别代表价格扭曲以及产出扭曲对于政府的影响。政府将设定汇率 e 以最小化损失 l_t，计算一阶条件可得政府的反应函数，有：

$$e_t - e_{t-1} = \lambda\left(\frac{u_t}{\alpha}\right) + \lambda(w_t - e_{t-1}) + \lambda\left(\frac{y^*}{\alpha}\right), \quad \lambda = \frac{\alpha^2}{\theta + \alpha^2} \tag{3.31}$$

公式（3.31）表明，政府将通过汇率抵销部分产出冲击 u。工人与企业将根据政府的行为调整工资，联立公式（3.31）与（3.29），有：

$$w_t = e_{t-1} + \lambda E_{t-1}\frac{u_t}{\alpha} + \lambda(w_t - e_{t-1}) + \lambda\frac{y^*}{\alpha} \tag{3.32}$$

将 $E_{t-1}u_t = 0$ 代入并化简，有：

$$w_t = e_{t-1} + \frac{\lambda}{1-\lambda} \cdot \frac{y^*}{\alpha} \tag{3.33}$$

联立公式（3.33）与（3.31），可得均衡的通货膨胀率：

$$e_t - e_{t-1} = \lambda u_t + \frac{\lambda}{1-\lambda} \cdot \frac{y^*}{\alpha} \tag{3.34}$$

仅当 $\lambda = 0$，即 $\theta = +\infty$ 时，政府将维持通货膨胀率不变。然而，$\theta = +\infty$ 意味着政府仅关注价格波动而不关心产出波动，与实际情形不符。因此，在调整汇率不存在的额外成本时，政府将允许通货膨胀率与汇率进行变动。

而实际情形中，政府进行汇率调整可能将面临额外的固定成本。假定这一成本为 c，此时政府面临的损失函数为：

$$l_t = \frac{\theta}{2}(e_t - e_{t-1})^2 + \frac{1}{2}(y_t - y^*)^2 + c \cdot Z \tag{3.35}$$

其中 Z 为示性函数，在 $e_t = e_{t-1}$ 时取 0，而在 $e_t \neq e_{t-1}$ 时取 1。

设预先设定的期望通胀率为 π，π 满足 $\pi_t = w_t - e_t = E_{t-1}e_t - e_{t-1}$。此时，当政府继续保持汇率固定时，面临的损失函数为：

$$l_t^F = \frac{1}{2}(\alpha \pi_t + u_t + y^*)^2 \tag{3.36}$$

而当政府决定重新调整汇率时，面临的损失函数为：

$$l_t^R = \frac{1}{2}(1-\lambda)(\alpha \pi_t + u_t + y^*)^2 + c \tag{3.37}$$

当 $l_t^F > l_t^R$，即 $\frac{\lambda}{2}(\alpha \pi_t + u_t + y^*)^2 > c$ 时，该国将放弃固定汇率制。当这一约束取等号时，u 将存在两个解 $\overline{u}$ 与 $\underline{u}$，且 $\underline{u} < \overline{u}$，此时政府将处于即将放弃固定汇率制的临界状态。假定当 $u_t > \overline{u}$ 时，政府将放弃固定汇率制，临界时的预期通胀率由 $\overline{u}$ 决定：$\pi = \delta(\overline{u})$。若预期通胀率高于 $\delta(\overline{u})$，政府维持固定汇率制会面临更高的损失，因而将允许汇率自由浮动。政府的损失函数最小化将使得 $\overline{u}$ 满足：

$$\sqrt{\lambda}[\alpha \delta(\overline{u}) + \overline{u} + y^*] = \sqrt{2c} \tag{3.38}$$

根据这一约束以及其他参数设定，Obstfeld（1994）计算出模型存在两个均衡状态，而市场对于均衡的概率预期将决定经济体最终将达到哪一个均衡。当市场的预期贬值率较低时，金融体系可正常运转；而当市场的预期贬值率较高时，工人可能索要较高的工资，这将削弱本国在国际贸易中的竞争力，同时加剧国内失业。而这一后果将进一步强化企业与工人对政府贬值的预期，从而形成循环，最终使得政府放弃固定汇率制。

(二) Obstfeld 的利率模型

除总需求贬值模型外,Obstfeld (1994) 还构造了一个利率模型,此时市场贬值的预期将通过影响利率对政府在汇率制度中的选择进行干预。模型假定政府仅关心通货膨胀率以及税收的扭曲,政府的损失函数如下:

$$l_t = \frac{1}{2}\tau^2 + \frac{\chi}{2}\delta^2 + c \cdot Z \tag{3.39}$$

其中 Z 为示性函数,在 $\delta \neq 0$ 时取 1,在 $\delta = 0$ 时取 0。τ 为税率,δ 为通货膨胀率,χ 为通胀扭曲与税收扭曲间的相对权重,c 为放弃固定汇率制所带来的失信成本。此时,政府将通过调整 τ 与 δ 使得损失函数最小化。结果显示,模型中同样可能存在多重均衡。

基于数值模拟,Obstfeld (1994) 对钉住汇率以及相机抉择时的损失进行比较,结果表明,在不考虑失信成本时,相机抉择的损失始终低于钉住汇率,且损失的差值随着利率的上升而上升。当两类政策间的损失差值高于 c 时,政府将允许货币贬值以降低损失。然而,模型中存在多重均衡,这可能导致同一个 c 值对应两种或以上的情形:债券市场投资者不希望贬值,贬值不发生;市场预期货币贬值率为 δ,债券市场因而形成更高的利率,此时高利率将显著加剧政府维持钉住汇率制的成本,政府将实施货币贬值,从而实现市场预期。

(三) 其他模型

Drazen 和 Masson (1994) 在政府的目标函数中加入了政府类型的不确定性,并分析了该不确定性与经济形势间的相互影响。其结果表明,当经济形势较为乐观时,政府倾向于采用固定汇率制,而在经济体出现高失业的时段内,政府更可能通过货币贬值的手段进行调整。此外,该模型还显示,当经济体存在高失业时,政府将采取力度较大的政策(如大幅度提升本国利率)以维护汇率,但是,这将降低政府在未来保持固定汇率制的可信度,欧洲货币危机期间的利率变动也支持这一观点。Ozkan 和 Sutherland (1995) 构建了带有资本管制的利率平价模型,对延长固定汇率制持续时间的政策措施展开讨论,发现对经济体实施资本管制、提升汇率调整的成本以及延长债务期限等手段均有助于维持固定汇率制。

此外,Morris 和 Shin (1998) 证明多重均衡可被某些不确定性因素打破,此时货币遭遇投机攻击成为必然。在市场参与人所获得的经济形势信息存在不确定性的情形下,各参与人之间的信息差异将导致投机者无法对固定汇率制是否会崩溃达成共识,市场中其他参与人的概率信念将影响每一位理性投资者的决策。而政府可观测到真实的经济形势以及对货币进行攻击的投机者占总参与人数的比例,当政府认为在当前的经济形势与货币遭受攻击的强度下固定汇率制的成本更高时,政府将放弃固定汇率制。因此,Morris 和 Shin(1998)指出,均衡除受经济形势影响以外,还依赖于经济体中的游资规模以及投机成本。

(四)第二代货币危机模型总结

第二代货币危机理论基于第一代模型的提出,其关注的重点开始转向政府在不同市场条件下的决策,此时市场中存在多种均衡,本币的贬值与否将取决于市场主体对于本币币值的预期,这可能使得货币危机出现自我实现的现象。第二代货币危机主要强调了公众预期在货币危机中的重要作用,市场参与人的信念将使得经济体的发展方向与其预期一致。当市场认为汇率将出现贬值时,债权人要求的利率水平以及工人要求的工资水平都将显著上升,此时维护固定汇率制将使政府面临更大的损失。因此,政府将顺应公众预期进行贬值,从而印证了市场的原有预期。

然而,第二代货币危机也同样存在以下问题:首先,第二代货币危机模型无法准确计算出投机攻击的开始时间。有学者指出,在墨西哥发生危机前,墨西哥比索已处于多重均衡区,此时投机者的卖空使得政府不得不放弃固定汇率制。然而,真正的冲击却在一年后才出现,这与第二代模型的结论并不完全符合,第二代的货币危机理论模型难以对危机的起始点做出合理的解释。其次,该模型仅指出经济体存在多个自我实现的均衡点,但无法解释自我实现预期的形成过程,这将导致该模型在政策建议方面的作用相对受限。

三、第三代货币危机模型

尽管第一、二代货币危机模型较好地解释了 20 世纪 90 年代前的不少危机事件,然而,1997 年的亚洲金融风暴与以往的货币危机相比,呈现出显著的差异,其中不少现象难以被前两代货币危机模型所解释。首先,当时出现危机的韩国、印度尼西亚等国基本不存在财政赤字问题,无须通过信贷扩张或货币贬值等手段为政府部门筹措资金,因此,第一代货币危机模型并不适用。其次，出现危机的国家尽管增长率有所下滑，但其失业率仍十分平稳，不需要通过放弃固定汇率制刺激经济，由此可得出第二代货币危机模型同样不适用；此外，不少国家的房地产与股票价格均出现了先涨后跌的情形，这一现象也无法在以往的货币模型中得以体现。最后，在亚洲金融危机爆发的同时，不少学者发现，与之相伴的还有过度借贷、大规模的外资流动以及金融机构普遍较低的资本充足率等现象，这表明金融中介可能在亚洲金融危机中发挥重要作用，但以往的货币危机模型均未对金融中介的作用予以关注。因此，已有的货币危机模型有待进一步改进。针对这一问题，不少学者开始跳出以往的宏观经济分析框架，转而基于微观视角对危机中的金融中介、资产价格变动等因素展开讨论。

尽管第三代货币危机模型尚不存在一个统一的分析框架，但这一类模型普遍从不同角度对银行业的过度扩张，以及资产价格泡沫化如何演变为货币危机进行阐述。其中，具有代表性的有道德风险危机模型、金融恐慌模型以及资产负债表模型等。

（一）道德风险危机模型

亚洲金融危机后，不少学者从道德风险的角度对货币危机的起因进行了阐述。这类模型主要认为，对金融机构的隐性或显性担保将导致资本市场出现过度借贷，引发货币危机。Krugman（1998）认为，政府对金融机构的过度担保以及疏于监管，将使得大量的风险性贷款流向房地产与证券市场，从而催生资产泡沫。然而泡沫无法长久地支撑资产价格，泡沫的破裂将暴露金融机构所存在的风险，使其为降低风险而缩减贷款规模。而贷款规模的萎缩将进一步引发资产价格的下跌，货币危机由此产生。Corsetti、Pesenti 和 Roubini（1999）则指出，道德风险可能提高国内银行的不良贷款率，从而引发整体市场的危机。在此模型中，Corsetti、Pesenti 和 Roubini（1999）假定政府将为金融机构与企业提供担保，且政府的偏好使其必然对危机中的金融机构与企业进行援助。政府的担保将为国内资产的收益提供保险，此时，境外的投资者愿意以较低的利率向国内的企业与项目发放借款，资本充足率低且缺乏监管的国内银行也倾向于采取更激进的投资策略。这将导致国内市场过度借贷，同时也致使经济体面临较高规模的外债。当国内的资产泡沫破灭时，一方面，境外债权人的撤资将使得企业出现经营困难的状况，另一方面，银行的高风险投资策略也将使其资产负债表急剧恶化，不良贷款率迅速增加。这将导致政府不得不通过财政赤字以及铸币税等手段为金融机构与企业提供援助，从而引发国际市场对该国政府的扩张性政策预期。这一预期将导致对本币的大范围投机性攻击，并引发货币危机。

Mckinnon 和 Pill（1996）对亚洲市场、墨西哥以及智利的过度借贷现象展开分析，结果显示，东亚市场未对银行的外汇头寸进行套期交易，而这将加剧危机对东亚市场的冲击。当货币出现贬值时，暴露的外汇头寸将放大经济体所存在的过度借贷现象，并使得国内银行遭受严重亏损。因此，Mckinnon 和 Pill（1996）认为应当对金融机构的外汇头寸进行有效监管，以规避潜在的货币危机。Dooley（2000）则在第一代货币危机模型中加入了道德风险的影响，其结果较好地解释了 90 年代初期新兴经济体的高速发展与随后的金融危机以及政府担保之间的密切关联。Burnside、Eichenbaum 和 Rebelo（2000）基于针对韩国与泰国的研究结果也表明：政府对经营不善的银行进行担保是引发亚洲金融危机的主要因素。政府对金融机构的过度担保，使市场认为未来该国的财政赤字会显著上升。一旦银行危机爆发，经济遭遇冲击，政府将难以通过减少支出或提高税收的手段对赤字进行弥补，而仅能通过铸币税等手段进行融资，并因此引发未来的高通胀问题。这一预期将导致公众将本币兑换为外币以避免资产贬值，从而大量消耗该国的外汇储备，最终引发货币危机。

（二）金融恐慌模型

金融恐慌模型则认为东南亚货币危机的形成与银行挤兑较为类似。Diamond 和 Dybvig（1983）的银行挤兑模型指出，银行的挤兑现象有着自我实现的特征。正常状态下，银行所持有的流动性足以应付其储户的需求，此时银行运转正常，存款人的本息均可正常支付，系统处于较好的均衡状态。而当大部分存款人开始提取存款时，银行不得不支付额外成本以将部分长期投资转换为短期流动性，这一举措可能给银行造成高额亏损，甚至引发银行破产。而在银行破产的情形下，提前支取存款的存款人将承受更小程度的损失。因此，一旦认为其他存款人将提前提取存款，理性的存款人会尽快支取其存款以降低其潜在损失，这最终将使得银行破产，所有存款者均出现亏损，系统处于较差的均衡状态。

基于这一视角，Radelet 等（1998）对 1994—1997 年间 22 个新兴市

场中的货币危机进行分析,发现货币危机的发生与否与实际汇率、经常账户等宏观变量的关联相对较小,而与短期外债和外汇储备之比存在紧密关联。因此,货币危机的产生可能只是源于短期的流动性紧缺。假定单个外国债权人无法解决债务国的流动性问题,此时国际贸易冲击、国内经济形势等因素均可能对投资者信心造成冲击。而当观测到有投资者开始撤出资金时,理性的投资者会尝试在其他投资者之前收回借款,这将会导致大规模的资金撤离。自我实现的恐慌情绪将使得境外资本在短时间内撤出境内市场,导致该国出现流动性危机以及货币贬值等问题。此外,Chang 和 Velasco(2001)基于 Diamond 和 Dybvig(1983)的银行挤兑模型,对东南亚货币危机展开了讨论,也同样认为这一危机主要是由自我实现的恐慌导致的。通过建立一个仅允许有限资本进入市场的开放国家模型,Chang 和 Velasco(2001)指出缺乏流动性的银行将引发货币危机,而在这一过程中,金融自由化以及资本流入均发挥着重要作用。

(三)资产负债表模型

道德风险危机模型以及金融恐慌模型均难以从根本上对亚洲金融危机做出合理解释。Krugman(1999)指出,以上模型将银行等金融中介作为引发货币危机的关键因素,但并未把实体经济中企业的资产负债问题纳入考量,而后者才是银行业出现不良贷款的根本原因,因此,对货币危机的研究应当从资产负债表问题展开分析。对此,Krugman(1999)提出基于资产负债表的货币危机模型,对货币危机的起因进行了深入的挖掘。资产负债表模型假定一个开放经济体生产单一商品,资本仅存在一期,每一期用于生产的资本等于上一期的投资额,生成函数为柯布—道格拉斯函数:

$$Y_t = G(K,L) = K_t^\alpha L_t^{1-\alpha} \quad (3.40)$$

其中 Y_t 为该经济体的产出水平,K_t 与 L_t 分别为资本和劳动力投入。消费和投资分别为 C 和 I,进口在投资与消费中的比例均为 μ,以本币计价的国外商品价格为 p,p 即为实际汇率。以国外商品计价的国内商品出口量为 X,则国内商品市场出清条件为:

$$Y = (1-\mu)C + (1-\mu)I + pX = (1-\mu)(1-\alpha)Y + (1-\mu)I + pX \quad (3.41)$$

此时 p 满足:

$$p = \frac{Y_t[1-(1-\mu)(1-\alpha)] - (1-\mu)I_t}{X} \quad (3.42)$$

假定国内企业的财务杠杆率存在限制,单个企业的可通过借贷获得的资产小于其财富水平的 λ 倍:

$$I_t \leq (1 + \lambda)W_t \tag{3.43}$$

则仅当在国内投资的收益不低于外国时,国内企业才可能获得投资,因此有:

$$(1 + r_t)\left(\frac{p_t}{p_{t-1}}\right) \geq 1 + r^* \tag{3.44}$$

设 D、F 分别为企业的国内债务与国外债务,则有:

$$W_t = \alpha Y_t - D - pF \tag{3.45}$$

与公式(3.42)联立求导,可得:

$$\frac{dW_t}{dI_t} = \frac{(1 - \mu)F}{X} \tag{3.46}$$

设公式(3.43)取等号时的投资水平为 I_f,则有:

$$\frac{dI_f}{dI_t} = \frac{(1 - \mu)(1 + \lambda)F}{X} \tag{3.47}$$

当 $\frac{dI_f}{dI_t} > 1$ 时,投资均衡点不唯一,模型将存在多重均衡。在较高的预期投资水平下,杠杆率不起约束作用,此时的投资均衡点将处于较高水平。而低投资预期将使得贷款人对国内企业的财富水平产生怀疑并缩减投资规模,导致真实汇率上升,国内货币贬值。而这将提升企业外债的本币价值,致使企业的资产负债状况出现恶化,并进一步强化了贷款人的悲观预期,甚至引发新一轮贬值。在这一恶性循环下,投资均衡点将持续处于较低水平。企业杠杆率较高(较高的 λ)、国家进口倾向较低(较低的 μ)以及规模高于出口额的国外债务(较高的 F/X)均可能导致经济体中存在多重均衡。

与道德风险危机模型和金融恐慌模型不同,资产负债表模型主要表明,投资信心可通过影响资本流动对汇率造成冲击,这一冲击将通过资产负债表向实体经济进行扩散,并最终演变为自我实现的货币危机。对此,Krugman(1999)根据模型的各个环节给出了相应的政策建议:首先,在开放经济的情形下,应当控制企业借贷外债的行为,避免个体借贷冲击汇率市场;其次,在危机期间,政府可向银行提供紧急授信等手段提振市场的投资信心,避免自我实现使危机进一步蔓延;与此同时,政府还可对资本流动进行管制,从而有效弱化投资信心给汇率市场造成的冲击。

(四)其他模型

此外,第三代货币危机模型中的羊群行为模型以及外资诱导模型等同样为亚洲金融危机中不同市场的接连崩溃提供了解释。

"羊群行为"指个体选择根据其他参与人的行动采取类似行为的现象,这一现象将使得市场中各参与人的行为高度一致,此时市场中的小规模冲击可能会引发群体行为的显著变动。其中,部分参与人可能会选择忽视私人信息,而仅根据公共信息进行决策。这一现象可能使得市场中的扰动引发大规模的资本流出,从而给一国货币的贬值造成巨大压力。

Chari 和 Jagannathan(1988)指出,银行的挤兑过程中可能存在羊群行为。若每个存款者仅能观测到自身信息以及其他存款者的行为,尚未采取行动的存款者将根据其他存款者的行动做出决策。此时,存款者之间的羊群行为可能将促使银行发生挤兑。基于这一视角,Banerjee(1992)认为宏观经济中之所以会存在多种均衡,原因在于投资者在信息不完备或不对称的情形下选择根据其他投资者的行动来进行决策,从而导致了金融市场中的羊群行为,并指出在这一情形下,即使是理性的投资者,也会出现羊群行为。

在此基础上,Krugman(1998)指出,在风险高发区域中的投资往往由资本的代理人进行管理,此时可能存在委托代理问题。当大量资本流入某新兴市场时,尽管资金管理者对该市场的预期与流入的资本可能并不一致,但为避免出现其他投资者收益显著高于自身的情况,资金管理者同样将选择进入该市场。此时,即使资金管理者遭受了高额损失,由于众多投资者同样出现了这一问题,委托人也不会进行处罚。在这一情形下,单个机构或企业的撤资将引发大规模的资本流出,市场中过量的本币供给可能引发货币危机。

Krugman(1998)的模型建立在不同投资者依次做出决策的基础上,而 Calvo 和 Mendoza(2000)则在此基础上进行进一步扩展。在他们的模型中,不同的投资者同时进行决策,而此时,金融市场中依然会出现羊群行为。若收集信息的成本较为高昂,则投资者将仅根据公共信息进行决策,这导致不同投资者的最终决策较为一致。在羊群行为因素的驱动下,经济体所面临的不利冲击将使得金融市场从不存在投机攻击的均衡点,向存在投机攻击的均衡点进行转移。

还有不少模型也对亚洲金融危机期间的汇率变化进行了解释。其中，Calvo（2000）的外资诱导模型认为大规模的外资流入将对一国的经济形势与金融体系造成冲击，导致宏观经济出现实际汇率上升、银行业的不良贷款过高、放贷过度等问题。在国际市场中存在信息冲击时，投机者将通过大量撤资发动攻击，从而引发货币贬值与货币危机。这一模型主要强调外资如何通过银行业的过度借贷，加剧国内金融市场的脆弱性。而 Kaminsky 和 Reinhart（1999）则提出了孪生危机模型，他们认为银行业危机与货币危机往往接连发生，外部冲击将首先导致货币危机，而货币危机将使国内出现信用收缩、企业破产等现象，从而引发银行业危机。

（五）第三代货币危机模型总结

与之前两代模型不同，第三代货币危机模型开始脱离以往的货币政策、汇率制度等宏观分析框架，转而关注金融中介在货币危机中的作用。模型表明，金融机构可能成为全球金融危机的根源，第三代货币危机模型也据此对货币危机防控提出了不同的建议。

道德风险模型指出，政府隐性或显性的担保将导致金融机构的过度借贷现象，这将成为引发危机的主要原因。因此，政府在进行担保时应当慎重，且有必要对金融机构的借贷规模进行有效监管，这一理论也能够解释亚洲金融危机中的部分银行不良贷款率飙升的现象。金融恐慌模型则认为，货币危机主要来源于一国基本面的恶化，此时市场情绪的悲观预期导致大量资本外流，最终引发货币贬值与流动性危机等问题。这一观点也突出了国际资本流动在危机触发层面的重要作用。资产负债表模型主要关注实体企业的资产负债表在货币危机中的作用，并指出，控制外币债务规模、通过紧急贷款与资本管制限制资本外逃以及降低企业杠杆率等手段，可有效降低经济体风险。此外，危机传染模型与羊群行为模型体现了不同市场或机构间的联动在危机传染中的作用，为货币危机的预警提供了参考。

（六）第一、二、三代货币危机模型的对比与分析

通过对三代货币危机模型进行比较，可以发现，不同的货币危机模型的理论背景均有所差异，这也导致了各模型对于货币危机形成原因的解释存在不同。

纵观不同理论产生的时代背景，第一代货币危机模型主要关注20世纪80年代中期拉美国家的货币危机，这一类国家普遍通过钉住汇率制来解决通货膨胀问题，且未能对国家的财政赤字规模进行有效控制。当以上经济体尝试通过信贷扩张的手段解决其财政赤字问题时，货币危机即出现。因此，这一模型主要强调宏观政策的不一致性在货币危机形成中的作用。第二代货币危机模型则形成于1992年的欧洲货币危机之后。与频繁进行赤字货币化的拉美国家不同，以上经济体的经济基本面以及政策选择均不存在明显的问题。然而，在东德和西德合并后，德国利率出现明显上升，这给欧洲各国的经济增长造成了巨大压力。因此，市场开始认为各国将出于维持本国经济发展的考虑而停止对于汇率的限制。这一预期最终引发了欧洲货币危机。因此，第二代货币危机模型认为是自我实现的预期导致了货币危机的产生。第三代货币危机模型则主要对于亚洲金融危机期间各经济体的表现展开论述，在此之前，亚洲各国的赤字水平、信贷规模以及失业率均处于正常水平，旧有的模型不再适用，而银行等金融中介在危机中的作用十分突出。因此，第三代货币危机模型开始脱离以往财政政策、货币政策的宏观分析框架，转而对基于微观视角对金融中介在危机中的作用进行了讨论。

综上所述，不同的经济运行背景与宏观政策侧重点使得三代理论对危机的成因做出不同的解释。第一代货币危机模型认为，货币危机来源于固定汇率制与信贷扩张之间所固有的不一致性，这使得宏观经济难以借助这一政策组合同时达到内外均衡；第二代货币危机模型则认为，即使政策的目标一致，市场的悲观预期同样可能引发投机攻击与货币危机；第三代货币危机模型则基于微观视角，得出货币危机爆发的主要原因来自政府担保引发的过度借贷、私人对于挤兑的恐慌以及货币贬值导致的企业外债加重。三代货币危机模型从不同角度切入，对不同经济环境下的货币危机成因展开讨论，因而是相互补充的。

四、第四代货币危机模型

第一代到第三代货币危机模型都是在重大危机爆发的背景下形成的，而且都主要关注固定汇率制所面临的冲击。这表明：一方面，目前货币危机相关的理论可能难以满足现实中风险防控的需要，因此，有必要从金融领域外对货币危机问题进行进一步的思考；另一方面，随着布雷顿森林体系的崩溃，不少国家放弃了固定汇率制转而采取多样化的汇率制度，在此背景下，旧有的基于固定汇率制的货币危机模型，已难以对其他的汇率制度下的货币危机做出合理解释。有鉴于此，Krugman（2003）认为，货币危机问题只是金融危机中的一部分，对货币危机的深入研究应当建立在更为广义的金融危机基础之上。因此，Krugman（2003）将视角移向实体经济，对实体经济的资产部分展开探讨，并形成了开放经济以及封闭经济条件下的第四代货币危机模型。然而，与前三代货币危机模型相比，第四代货币危机模型的相关研究工作十分匮乏，仍有待进一步完善。

（一）开放经济下的第四代货币危机模型

这一模型主要对一个存在两期的经济体展开讨论。假定经济体中总资源为 K，在 N 个投资者中平均分配。在 0 期内，希望生产的投资者需要向贷款人借贷 B 单位（以商品计数）的资本作为启动资金，实际贷款利率外生给定为 r。在 1 期中，进行了借贷的投资者可根据生产函数 F 进行生产。假定投资者间可以相互转让资源，则资源价格 q 满足：

$$q = F'(\frac{K}{n}) \quad (3.48)$$

其中 $n < N$，为进行生产的投资人数目。此时进行贷款的投资者获得的经济利润 EP 为：

$$EP = S(q)/(1+r) - B \quad (3.49)$$

其中 $S(q)$ 为该投资者在 1 期中扣除资源使用成本之后得到的"剩余"。$S(q)$ 关于 q 递减，根据公式（3.48）可得，投资的盈利程度与生产人数 n 呈负相关。如果资本市场是完美的，此时市场中存在唯一的均衡，n 可能为 0 至 N 中的任意值。而当市场存在监管问题时，假定贷款人无法获知投资者对贷款的使用方式，在投资者未正常偿还借款的情形下，贷款人仅能通过没收投资者在 1 期市场中出售的资源来减少自身损失。此时，为避免损失，贷款人愿意提供的贷款应当满足：

$$B \leq (qK/N)/(1+r) \quad (3.50)$$

公式（3.50）的成立将保证在投资者未正常偿还贷款的情形下，贷款人同样可以通过没收资源以避免亏损。

而若公式（3.50）成立，此时只要投资者可借贷资金投入生产，则该投资必定能够获利。而根据公式（3.48），q 是 n 的增函数，这将使得模型中可能存在多重均衡：当投资者人数 n 足够多时，较高的 q 将使贷款人

可没收资源的价值 $(qK/N)/(1+r)$ 处于较高水平,贷款人的风险降低,此时投资者更可能获得贷款人的贷款;而在投资人数 n 较少时,贷款人无法在投资者未进行偿还的情形下收回成本,因而拒绝进行贷款。因此,均衡结果将为 N 个投资者同时都进行投资或同时都不进行投资,此时模型中可能存在自我实现的危机。

(二)封闭经济下的第四代货币危机模型

为更好地刻画第四代模型引发危机的过程,Krugman(2003)还将上述模型应用于封闭经济环境下,以更好地关注国内资本市场在货币危机中的作用。上文中的资产价格 q 将在封闭经济中被解释为托宾 q 值,并决定国内资本市场的投资规模,从而决定经济的整体产出水平 $y(q)$。当 $y = y(q)$ 时,商品市场出清。与此同时,$q = q(y, i)$ 是产出 y 的增函数以及利率 i 的减函数。中央银行将根据产出水平对利率进行调整,则有 $i = i(y)$。货币市场均衡将由 $i = i(y)$ 以及 $q = q(y, i)$ 共同决定。

此时,经济体的均衡将同时取决于商品市场均衡以及货币市场均衡。然而,在这两个约束中,资产价格和产出之间的关系均为非线性的,模型可能存在多个均衡点。如图 3-1 所示,商品市场中,过高或过低的投资水平下投资的变动对产出的影响都不明显,此时商品市场中 $y = y(q)$(曲线 GG)的斜率将出现由低升高再降低的现象,并表现为商品市场均衡曲线的反 S 型。而货币市场均衡曲线的走势则与货币政策对产出变化的反应密切相关。货币政策能够或不能根据产出变化及时进行调整将分别导致产出与投资水平间的负相关与正相关,并表现为货币均衡曲线(曲线 AA)

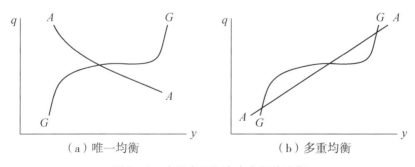

(a)唯一均衡　　　　　　　(b)多重均衡

图 3-1　产品市场和资本市场的均衡

(资料来源:刘安国、李仁贵:《当代货币危机理论的演进与保罗·克鲁格曼的贡献》,载《经济评论》,2016 年第 3 期。)

不同的倾斜方向。而在货币市场不能根据产出变化进行调整的情形下，货币均衡曲线将向右上方倾斜，此时模型中存在多个均衡点。这一结果也表明，货币政策难以充分响应实体经济中的产出变化时，经济体中可能存在多重均衡以及自我实现的危机。

（三）第四代货币危机模型的扩展

与前三代货币危机模型相比，第四代货币危机模型主要从制度层面对货币危机的成因展开探讨。在 Krugman（2003）的基础之上，部分学者开始就治理模式、政治制度、文化传统、社会因素等变量对于危机的影响进行分析。其中，Thurner 等（2012）构建了基于代理人的危机模型，并对同时存在的噪声交易者以及基金公司的市场展开研究，重点分析了金融杠杆以及保证金交易对于市场稳定性的影响。Liu 和 Lindholm（2006）则基于1992年芬兰的货币危机进行分析，并基于危机预测效果对不同的宏观经济指标进行筛选。结果显示，当前账户余额与 GDP 之比、净外债规模与 GDP 之比、外汇储备与进口额之比、汇率与购买力平价的偏离程度以及经济增长率等变量均对货币危机有着较好的预测能力。

第三节　货币危机防范与处置

一、货币危机的防范

（一）适量的外汇储备规模

第一、第二和第三代货币危机模型均体现出外汇储备在货币危机防控中的重要作用。其中，第一代货币危机模型认为充裕的外汇储备将有效推迟货币危机到来的时点；第二代货币危机模型中，充足的外汇储备将有利于市场形成低货币贬值率的预期，确保金融市场的正常运转；而在第三代货币危机模型中，充足的外汇储备将帮助当局扩大金融机构救助的规模与力度，并有效降低外资撤出对资本市场的冲击。然而，过高的外汇储备也将导致经济体面临更高的储备成本以及汇率利率风险。

因此，各国应当根据本国进出口量、债务余额以及干预市场的需求等设定适当的外汇储备规模，在降低外汇储备成本与风险的同时，保证政府持有充足的筹码对潜在的投机性攻击进行干预，避免货币危机冲击资本市场。

（二）夯实政治经济基础

货币的价值与发行国的综合国力密切相关，从根本上提高发行国的竞争力、保持经济体的持续快速增长将为货币价值的稳定提供重要保障，防范货币危机同样可从经济体内部入手。

首先，经济体可调整产业结构，实现出口产品多元化并提高劳动生产率，在防止单个产品的价格下跌对经济体的外汇收入造成剧烈冲击的同时，有效提升本国企业在国际贸易中的竞争力，从而为国家的外汇收入提供保障。其次，货币发行国还可以通过扩大内需的手段，在维持经济增长的前提下减少对于境外市场的依赖，避免因国际市场的动荡引发本国外汇市场的大幅波动。最后，经济体应当确保其政局与社会稳定，维护境外资本的投资信心，稳定投机者的市场预期，以免资本外逃或投机攻击给本国货币造成巨大的贬值压力。

（三）建立和本国经济相适应的汇率制度

在多数情形下，货币危机主要源自固定汇率制或钉住汇率制造成的影子浮动汇率与实际汇率的不一致性。对此，许多学者均建议完全放弃钉住汇率制，让本币价格由市场供求决定。与固定汇率制或钉住汇率制相比，允许汇率自由浮动的确有利于避免货币危机的产生，但浮动汇率制可能导致实际汇率持续出现大幅波动，并对严重依赖进出口贸易的经济体造成剧烈冲击。对于部分国内市场规模较小、贸易开放度较高的国家而言，货币的持续升值将迅速形成大规模的经常项目逆差，大规模的外债可能会削弱投资者的信心并导致资本外流，此时的经济体同样将暴露在货币危机之中。

因此，普适且完美的汇率制度可能并不存在。各国应当根据自身的实际情况，建立与本国经济相适应的汇率制度，并尽可能减少货币危机冲击本国资本市场的可能性。

二、货币危机处置的典型案例

（一）案例分析一：1998年亚洲金融危机

1997—1998年亚洲金融危机是由国际收支失衡引发的危机。这一危机起源于泰国,并随着时间的推移不断蔓延至东南亚其他地区乃至整个亚洲,对亚洲各国的金融稳定造成严重冲击。在本次危机中,印度尼西亚、韩国以及泰国均遭遇重挫,中国香港、老挝、马来西亚以及菲律宾市场同样出现明显衰退。与以往的危机相比,亚洲金融危机在影响程度、波及范围等方面均史无前例。

1. 亚洲金融危机的爆发过程

亚洲金融危机大致分为东盟国家货币危机、中国香港市场股市危机、韩国市场金融危机以及东南亚市场金融危机四个阶段。

(1) 第一阶段:东盟国家的货币危机。

在第一阶段中,亚洲金融危机主要对泰国等东盟国家造成冲击。1997年5月,市场中的泰铢供给持续上升,泰国的外汇市场受到攻击。对此,泰国尝试投入约40亿美元进行干预,但最终未能维护泰铢的固定汇率。1997年7月2日,泰国政府宣布实行浮动汇率制。当日,泰铢兑美元价格下跌20%。这一消息对众多东南亚外汇市场造成了冲击。7月11日,菲律宾同样宣布采取浮动汇率制,当日,菲律宾比索跌幅超10%。与此同时,印度尼西亚以及马来西亚的货币币值同样出现大幅暴跌。

在8月初美国与国际货币基金组织(IMF)的援助计划下,东南亚货币的币值开始上行,危机的形势逐步好转。但在8月11日至21日期间,多国货币重新遭遇冲击,其中,马来西亚林吉特、泰铢以及韩元兑美元的比价均出现新低,印度尼西亚中央银行被迫允许印尼盾的自由浮动。除外汇市场外,这一危机同样引发了东南亚股票市场的剧震。8月28日,东南亚的汇市股市双双下跌,其中菲律宾、印度尼西亚以及马来西亚的股票市场跌幅分别为9.28%、4.52%以及4.22%。截至1997年9月初,泰国、菲律宾以及马来西亚的股票市场分别达到38%、38%以及35%的累计跌幅。最终,在东南亚与国际社会的合作下,东南亚金融市场在当年10月末开始恢复正常。

(2) 第二阶段:中国香港市场的股市危机。

东南亚金融市场的剧烈波动导致中国香港市场中出现大规模的外资撤回。对此,香港当局提高了港币利率以维护港币汇率,而这也使得港元的隔夜拆借利率出现暴涨,大量资金从香港股市流向汇市。1997年9月4日,受资金流出影响,港股市值在当日内蒸发293亿美元。在之后的两个月内,香港股市持续下跌,并于10月24日内跌破万点。这一消息引发了全球市场的集体下行,当日,全球主要股票市场均遭遇重挫。

(3) 第三阶段:韩国市场的金融危机。

早在中国香港市场出现剧烈波动时,韩国市场就已经受到剧烈的冲击。1997年9月25日,韩元兑美元比价处于韩国外汇市场创立以来的历史最低点,达913.7∶1。而这一比价在10月28日香港暴跌的时点内再创新低,一度达到984∶1。当日韩国股票市场同样出现暴跌,跌幅达6.63%。随着1997年11月起亚洲金融风暴的中心逐步转向韩国,韩国市场的震荡进一步加剧。11月17日,韩元兑美元比价跌破千元大关,达到1008.6∶1,当日韩国主要股指下跌4.3%。然而,韩元的贬值仍未结束,在接下来一个月内,韩元再次经历了接近100%的跌幅,成为亚洲金融危机中贬值幅度最大的货币。

韩国市场遭遇冲击的主要原因在于其庞大的外债。1997年10月底,韩国共持有1100亿美元外债,且近六成将在一年内到期。然而,韩国的外汇储蓄规模在11月底则仅为305亿美元,这一差距使得韩国难以同时兼顾债务以及汇率。不仅如此,在11月25日,标普下调了韩国的信用评级,韩国的筹资难度进一步上升。在此困境下,韩国政府不得不向IMF申请援助,IMF则于12月3日向韩国提供550亿美元的信贷。然而,IMF的信贷进一步加剧了投资者对韩国政府的怀疑。出于对韩国债务状况与偿债能力的担忧,不少投资者开始抛售韩国资产,这进一步加剧了韩元的暴跌。12月中旬,韩元兑美元比价一度跌至1890∶1,而随着12月23日韩国政府表示无法偿还其即将到期的美元债务,市场中对美元的需求进一步上升,韩元兑美元比价再次下跌,达2067∶1。这一轮下跌在12月25日IMF提前向韩国进行援助后才逐渐平息。

在韩国市场遭遇冲击的同时,日本以及东南亚各国的汇市与股市同样出现共振。其中,日元兑美元比价一度创下5年以来新低,而尚未恢复的东南亚汇市再受冲击,泰铢以及菲律宾比索等均出现显著下跌。在韩元跌破千元大关后,日本、印度、新加坡、菲律宾等国股市同样遭遇重挫,其中,日经股指一度暴跌5.1%。

(4) 第四阶段:东南亚市场的金融危机。

此后,金融风暴再次席卷东南亚地区,其中印度尼西亚成为本次危机的中心。在1997年11月前东南亚与中国香港遭受危机时,印尼盾已下跌近50%,在获得IMF的援助后,印尼盾的汇率才逐渐趋于平稳。然而,在1998年年初，印尼盾兑美元比价再次出现剧烈下跌。1998年1月6日，印尼盾兑美元比率一度达7310∶1，与1997年12月相比下跌近八成。受印尼盾暴跌影响，其他东南亚国家的汇市与股市亦出现集体下行，泰铢、马来西亚林吉特以及菲律宾比索均遭遇重挫。而印度尼西亚的债务状况则进一步加剧了印尼盾的贬值。1998年1月21日，受部分短期债务到期的影响，印尼盾的汇价在单日内下跌近15%，达12000∶1。次日，印尼盾的汇价更是一度达到了15000∶1。在国际社会以及IMF的援助下，印尼盾的汇价最终稳定在12000∶1左右。

为处理债务危机问题，韩国与13家国际债券银行约定，其到期的240亿美元债务的偿付期限可延长1～3年，并于1月31日对信贷问题较为严重的30家金融机构进行关停或调查。东南亚等国同样通过上调存款利率上限以及发行债券等方式筹集资金，以应对债务和补充外汇储备。在各国的共同整顿下，亚洲金融市场开始逐步恢复稳定。

2. 亚洲金融危机的影响

（1）亚洲金融危机对亚洲各国的影响。

亚洲金融危机给亚太地区各国造成了严重的负面冲击，而这一影响在资本市场、宏观经济、社会治安以及政策实施等各个层面均有所显现。

这一危机使得亚洲各国的货币纷纷出现大幅贬值，并带动股票市场的暴跌，致使大量财富蒸发。而货币贬值则进一步加剧了各国的外债负担，东南亚高负债国家与地区所承担的以美元、欧元以及日元等国际货币进行计价的外债负担明显加重。这也引发了国际各界对东南亚的担忧。危机后，东南亚国家普遍面临国际信用评级下降、国际融资渠道受阻等问题，这也进一步导致其国内市场出现利率上升、信贷缩水等现象，大量企业与机构破产倒闭。

除金融层面外，东南亚市场的生产活动也出现明显萎缩。东南亚的生产严重依赖进口原材料，货币贬值使进口的成本显著上升，造成原材料短缺，对其制造业造成严重影响。与此同时，国内居民的财富缩水和收入下降进一步抑制了国内的需求水平，供需端的叠加冲击加剧了工厂的减产与停工，各国的产出与就业均遭遇明显的冲击。其中，印度尼西亚在1998年的失业率达9%，当年的GDP增长率达-15%，而亚洲范围内发展较好的日本、中国香港等经济体同样一度达到了3.5%以上的失业率。

亚洲各国经济的倒退引起社会的剧烈动荡。由于金融危机期间失业率高企、物价上涨等问题凸显，其中印度尼西亚在1998年的通货膨胀率甚至达到77.6%，居民日常生活受到严重影响。这也使得泰国、印度尼西亚与韩国均出现了大规模的游行示威活动，其中印度尼西亚甚至爆发了大规模的暴乱，其社会稳定遭遇严重冲击。

此外，受害国的经济政策主权往往受到干预。IMF与国际社会对于东南亚国家的援助通常存在附加条件，如开放国内市场、提高市场化程度等。这可能对各国相对不发达的民族工业形成巨大压力。

(2) 亚洲金融危机对世界经济的影响。

尽管亚洲金融危机已在1998年年初开始有所减缓，东南亚各国经济逐步复苏，但这一区域性危机仍然给世界经济的增长造成了显著的负面冲击。世界银行、IMF以及经合组织均估计，1998年内全球的GDP增长率与1997年相比将出现下滑。数据显示，亚洲地区在1998年的GDP增长与1997年相比下降2.3%，仅为4.4%，其中东盟十国受影响更为严重，1998年的GDP增速为1.7%。

这一危机同样导致了世界贸易增速的急剧放缓。1997年，世界贸易总量增速达9.4%，而这一数据在1998与1999年内下降至6.4%与6.1%，国际贸易增速出现明显下滑。

(3) 亚洲金融危机对我国的影响。

亚洲金融危机中，我国香港市场所受影响十分显著。1998年内，香港的失业率一度达3.5%，当年的GDP增速仅为0.9%。香港股市同样在危机中遭遇重挫，其主要股指一度跌破万点，致使大量财富蒸发。尽管我国大陆市场未受到金融危机的直接冲击，但我国与亚洲经济的高度关联同样使得金融危机对我国的经济形势产生影响。与1997年相比，1998年内我国的GDP增长率、出口规模出现显著下滑，消费疲软、失业率上升等现象也随之而来。

3. 亚洲金融危机的产生原因

亚洲金融危机的导火索为国际资本在1997年5月对亚洲外汇市场的攻击，这一攻击导致了泰国固定汇率制的崩溃，引发了国际市场中的连锁反应，并最终导致对亚洲金融市场的剧烈冲击。而国际资本的攻击之所以能够成功，原因在于当时的亚洲市场存在显著的过度失衡问题。这一问题主要体现在国际收支失衡、货币供求失衡、资金借贷失衡以及投入产出失衡四个方面。

(1) 国际收支失衡。

在 20 世纪末，亚洲经济快速发展，吸引大量外资流入。1994—1995 年，泰国、印度尼西亚以及韩国等亚洲国家的 GDP 增长率均超过 7.5%，远高于世界平均水平的 3.2%。经济的高速增长带动资本回报率的大幅提升，使得大量国际资本流向亚洲市场。在 1996 年危机爆发前，泰国、印度尼西亚以及菲律宾的外债与 GDP 之比分别为 54.0%、51.8% 以及 54.6%，且大部分均为短期外债。

与此同时，经济的高涨也导致亚洲各国的经常项目收支出现明显恶化。亚洲经济的繁荣一方面使得各国进口额明显上升，而另一方面也导致亚洲国家的出口增长规模出现大幅缩减。当时亚洲国家大多采用钉住美元的浮动汇率制，汇率的自由浮动受到明显限制。尽管经济繁荣带动了亚洲工资以及物价的普遍上涨，但各国的汇率仍十分平稳，本币的价值被显著高估。这在促进亚洲各国进口产业发展的同时，也对各国的出口造成负面影响。此外，亚洲国家产品竞争力不强、生产成本上升过快等因素同样限制了其出口规模，从而进一步加剧了亚洲国家经常项目的失衡。

综上所述，从国际收支的角度看，亚洲经济增长所带来的大量外资流入以及经常账户失衡问题导致亚洲各国的国际收支出现严重失衡。被高估的本币价值以及庞大的外债规模，为国际资本提供了一个合适的攻击目标。

(2) 货币供求失衡。

除国际收支失衡外，亚洲市场同样存在货币供求失衡的问题，这导致亚洲经济出现大量泡沫。货币供求失衡的问题在日本尤为突出。日本在 20 世纪 80 年代内的低利率以及放松银根的政策使得日本的货币供应量持续飙升，带动了房地产以及股票等资产价格出现同步上涨。在日本股市处于最高位的 1989 年，日本股市的资本总额达日本当年 GDP 的 2.24 倍，更多的资本由长期投资向短期投机流动，经济体中的泡沫进一步加剧。

除日本外，泰国、印度尼西亚以及马来西亚等经济体同样面临这一问题。在 1990 年至 1994 年，以上国家股市市值与 GDP 的比值均出现超过 140% 的增幅，其中马来西亚 1994 年的股市市值甚至达到当年 GDP 的 2.75 倍。这也为危机时泡沫破灭、大量资本外逃、货币贬值埋下了严重的隐患。

（3）资金借贷失衡。

在亚洲经济快速发展的背景下，各国纷纷放宽贷款限制，这引发了过度借贷现象，使得风险迅速积聚。与此同时，各国政府的过度担保也进一步加剧了金融机构的道德风险问题。

在亚洲各经济体中，国有银行均与政府有着密切联系。这使得政府愿意为濒临破产的银行提供援助。在政府的担保下，银行可能进行过度借贷，亚洲各银行的道德风险问题由此产生。与此同时，亚洲国家的金融监管效率相对较低，难以对各金融机构的过度借贷进行有效监督，这进一步加剧了银行业的道德风险问题，使得亚洲银行的不良贷款率高企，金融风险不断积聚。

除国内银行外，国际银行同样在资金借贷层面发挥着重要作用。在经济较为繁荣的时段内，国际银行过度提供贷款，加剧了金融系统中的泡沫。而当经济体处于危机状态时，国际银行将撤回资金，导致危机进一步加剧。在经济高速增长的时段内，亚洲各国均持有大量短期外债。一旦危机爆发，大量外资撤回，亚洲企业将遭遇重挫，致使各国的不良贷款率进一步上升。危机发生前，泰国、韩国、印度尼西亚等国均有着接近17%的不良贷款率，这也是以上国家受亚洲金融危机影响更为显著的重要原因。

（4）投入产出失衡。

20世纪90年代末，东盟各国的年均GDP增长率均接近于8%，然而不少经济学家指出，该时段内亚洲的全要素生产率未出现显著提升，这一增长主要源于劳动力与资本的增长。这也与亚洲各国新增资本产出比率的增长逐渐下滑的现象相一致。亚洲基于高储蓄的增长方式，无法长久地维持每年8%的GDP增速，一旦增速放缓，高储蓄伴随的过度投资以及泡沫化等问题将逐渐暴露，导致金融系统遭遇危机。

综上所述，亚洲金融危机的原因主要在于高投入的经济增长中存在大量泡沫，当泡沫破灭时，大量资本流出金融与房地产市场，导致企业经营现金流遭受冲击，引发企业破产与银行坏账，形成银行危机与债务危机。同时，资本的流出还将引起货币贬值，并在国际资本的攻击下发展为货币危机，最终对亚洲各国的整体经济造成严重影响。

4. 亚洲金融危机的启示

亚洲金融危机暴露出亚洲金融业存在的众多问题，这给世界各国的货币危机防控带来了启示。

（1）应当加强对于金融机构的监管。亚洲金融危机前夕，受道德风险等因素影响，东南亚地区的金融机构普遍存在着过度借贷的问题。部分受政府担保的银行盲目追求扩张，忽视了资产质量以及资本构成等可能严重影响金融稳定的因素。而政府对金融机构的监管也十分宽松，较低的资本充足率要求使其未能对过度借贷等问题做出及时的反应。这使得东南亚金融市场具有较高的脆弱性，并最终成为引发亚洲金融危机的重要因素。因此，在货币危机的防控中，政府应当对银行的借贷规模予以监控，通过强化银行的内控体系建设，设定恰当的资本充足率与不良贷款率要求，来防止金融机构过度借贷现象的出现。与此同时，当局还应当对信贷的流向进行监管，避免过量资金向证券业与房地产业集聚，通过形成大规模的资产泡沫影响金融体系的稳定性。

（2）根据经济形势逐步推进资本市场开放，避免自由化进程过快加剧经济体的风险。亚洲金融危机期间，东南亚各国的过度开放导致了国际短期资本的大量流入，这在加剧亚洲金融系统脆弱性的同时，也为国际游资的投机性攻击扫清了障碍。因此，在政府推进资本项目开放时应当循序渐进，应在保证境外资本流入规模不会对国内金融系统造成剧烈冲击的前提下逐步推行自由化，避免资本市场的自由化程度与国家的经济实力不相匹配，导致国内市场的动荡。

（3）政府应当强调对于外资的合理运用，避免因过度依赖外资而加剧金融系统的脆弱性。20世纪90年代，东南亚各国为追求经济的高速发展采取了各项吸引外资的措施，并放松了国际资本在本国进行投资的限制。这在促进东南亚国家高速发展的同时，也显著削弱了其金融体系的稳定性。危机爆发前夕，东南亚各国普遍承担着高额的短期外债。一旦危机爆发，国际资本对东南亚的信心受损，大规模的资本流出将导致各国的不良贷款率进一步上升。因此，各国在引进外资的同时应当对外资的运用进行监管，从控制外债规模、调整外债偿付结构以及合理引导外资流向等层面入手，有效降低外资的高流动性对本国金融稳定的影响。

（4）亚洲金融危机期间，我国在维护香港金融稳定中的成功经验也为各国的货币危机防控提供了重要参考。金融风暴冲击香港之际，时任国务院总理朱镕基在承诺人民币不贬值的同时，还明确表示只要香港政府有请求，中央政府将不惜一切代价维护港币汇率稳定，保护香港的汇率制度。该表态显著增强了香港市场的信心，香港市场也逐渐趋于稳定并开始回升。这充分体现出在货币危机治理中有效调控市场情绪的重要性。货币危机的自我实现特征将大大凸显公众信心在危机治理中的作用,因此,在进行危机干预时,应当充分认识到公众预期对危机的潜在影响,并及时出台防范危机和稳定公众信心的救援政策,包括:持有充足的外汇储备,出台保护存款人利益的相关法律法规,及时筹集救助资金对危机中经营不善的企业进行救助。通过以上措施,可以稳定市场预期,避免市场悲观情绪加剧危机对本国的冲击。

(二)案例分析二:2014年俄罗斯货币危机

2014年6月以来,国际油价开始持续下行,与此同时,美国发起了对俄罗斯的经济制裁。这引起了投资者对于俄罗斯外汇市场的担忧,不少投资者开始抛售俄罗斯资产,从而导致俄罗斯卢布的大幅贬值,最终引发了2014年的俄罗斯货币危机。这一危机对俄罗斯的外汇市场与股票市场均造成了显著冲击。在2014年内,卢布兑美元比价累计下跌54%,而俄罗斯RTS指数(即俄罗斯交易系统指数)更是在2014年12月的前两周内下跌30%。除了引发金融市场的剧烈震荡外,这一危机还导致了俄罗斯的高通胀率以及经济衰退等问题。

1. 俄罗斯货币危机的爆发过程

俄罗斯货币危机主要经历了三个阶段,分别为2014年3月至2014年7月的欧美发起制裁阶段、2014年6月至2014年12月的国际油价下跌阶段以及2014年12月的卢布危机爆发阶段。

(1)欧美发起制裁。

2014年3月,克里米亚全民公投决定脱离乌克兰并申请入俄,俄罗斯军队入驻克里米亚军事单位。美国以及部分西方国家认为俄罗斯此举属于干涉乌克兰内政,因而对其发起制裁。当月内,美国与欧盟对部分俄罗斯或亲俄罗斯官员采取了冻结资产以及禁止入境等措施,同时对部分俄罗斯银行进行制裁。在随后的一个月内,欧美的制裁范围进一步扩大,制裁名单人数不断攀升,出口限制也日益严格。

在2014年7月前后,受马航坠机事件影响,欧美开展了对俄罗斯的第二轮制裁。当月内,美国对俄罗斯金融、能源、国防等领域的实体进行资产冻结,并限制其进入美国的资本市场。欧洲也进一步扩大了对俄罗斯的制裁范围与力度。同时,欧盟还宣布将限制俄罗斯进入欧盟市场,以及对向俄罗斯的资源出口进行限制。

（2）国际油价下跌。

除政治因素外，国际油价的下行同样对俄罗斯的资本市场造成了冲击。2014年，北美页岩油发展迅猛，全球最大产油国沙特希望通过大量增产打击原油价格，迫使页岩油停产。而当时全球经济增长面临下行压力，各国对石油进口的需求相对较弱。这导致国际原油市场的供需严重不匹配，原油价格持续下行。自2014年6月以来，国际油价出现持续性下跌，其中美国轻质原油以及布伦特原油分别由最初的104美元/桶与112美元/桶下调至2014年12月的54美元/桶与59美元/桶。

（3）卢布危机爆发。

受政治因素以及油价下行的影响，俄罗斯卢布持续承压，并在2014年内出现持续下跌。对此，俄罗斯央行累计投入710亿美元外汇进行干预，但难以扭转卢布的跌势，俄罗斯卢布兑美元的汇率由2014年3月18日的36.24∶1调整至12月9日的54.05∶1。为稳定卢布汇率，俄罗斯央行于12月11日宣布上调基准利率一个百分点，并于12日宣布将通过限制外汇掉期的每日最大成交金额来抑制过度投机。然而，这一举措未能抑制俄罗斯卢布的下跌趋势，12月15日，卢布兑美元汇率已下滑至64.45∶1。为应对本次暴跌，俄罗斯央行于16日再度加息，将基准利率由10.5%调整至17%。这一措施反而加剧了市场的恐慌情绪，当日，卢布兑美元的盘中汇率一度上升至80.10∶1，与前日相比下跌达19%，卢布汇率濒临崩溃，俄罗斯货币危机爆发。为稳定卢布汇率，12月17日，俄罗斯将美元兑卢布期货的保证金比率调整至12%，以抑制过度投机；12月23日，俄罗斯政府宣布将引进由外汇担保品支持的外汇贷款，为资本规模超过1000亿卢布的银行提供援助；同日，俄罗斯政府还要求境内的五大国有出口企业抛售外汇存款，使其在2015年3月后将持有外汇量控制在2014年10月初的规模，这一要求使卢布兑美元汇率在12月23日内回升至54.84∶1。截至2014年年底，俄罗斯卢布汇价已由最低点回升近31%。

2. 俄罗斯货币危机的影响

（1）俄罗斯货币危机对俄罗斯的影响。

俄罗斯货币危机对俄罗斯的金融、经济、社会等方面均造成了严重的影响。

在金融层面，2014年内，俄罗斯卢布接近50%的贬值幅度导致俄罗斯的银行与企业面临较为严重的债务违约风险。截至2015年1月1日，俄罗斯的外债余额为5995亿美元，其中，显性外债余额中企业债以及商业银行债分别为3765亿美元与1711亿美元。相比之下，同期俄罗斯的外汇储备仅为3855亿美元，其规模显著低于外债。较高的债务规模也引发了国际市场对俄罗斯信用的悲观预期，2014年，世界评级机构普遍下调俄罗斯的信用评级，俄罗斯企业的融资难度显著上升。与此同时，俄罗斯的货币贬值还严重影响了国际市场对卢布的信心，导致大量资本的流出。仅在2014年第四季度内，俄罗斯资本外流已达729亿美元，俄罗斯国内的融资规模进一步萎缩。除此之外，俄罗斯的股市同样受到卢布贬值的冲击。在2014年12月内，俄罗斯RTS指数一度暴跌30%，居民财富出现严重缩水。

除资本市场外，俄罗斯的经济增长以及物价水平同样受到货币危机的影响。与2013年内俄罗斯1.76%的GDP增长相比，2014与2015年，俄罗斯的经济增长出现明显下滑，GDP年增长率分别为0.74%与－1.97%。货币贬值还引发了俄罗斯的高通胀问题。俄罗斯近八成的民用商品依赖于进口，此时卢布的大幅贬值导致俄罗斯出现输入性通胀，各类商品的销售价格出现显著上升。俄罗斯联邦统计署数据表明，2014年12月内，俄罗斯的肉类、鸡蛋、牛奶、蔬菜等商品均出现了接近30%的价格涨幅，其中，牛肉价格一度飙升近六成，居民日常生活遭遇冲击。

此外，俄罗斯货币危机也对俄罗斯国家战略的实施造成了冲击。以往卢布的币值不稳定导致俄罗斯市场存在较为严重的"美元化"倾向，这也促使俄罗斯持续推行"去美元化"，以巩固本国在国际金融体系中的地位。然而，此次俄罗斯卢布的暴跌影响了国内民众对于卢布的信心，"去美元化"的成果受到了显著冲击。与此同时，卢布的暴跌也使得国际市场对卢布的信心不足，对卢布的国际化进程造成严重阻碍。

（2）俄罗斯卢布危机对中国的影响。

作为我国重要的贸易伙伴，俄罗斯的货币贬值对我国的冲击主要体现在贸易层面。首先，俄罗斯货币贬值影响俄方的购买力，并在贸易中反映为俄罗斯的订单减少以及俄方拖欠货款等问题。其次，我国对俄罗斯的出口产业也遭遇了冲击。俄罗斯货币贬值提升了该国产业在国际贸易中的竞争力。不仅如此，在卢布贬值后，俄罗斯还提升了进口产品售价以弥补汇率损失,这将进一步削弱我国商品在俄罗斯市场中的价格优势,并对我国的商品出口造成负面影响。此外,卢布币值的不稳定也加剧了我国在俄企业所面临的汇率风险。俄罗斯联邦政府规定,在俄境内美元的兑换与提现均需要提前预约。而为尽快回收货款,中方企业普遍使用卢布进行结算。此时,卢布币值的剧烈波动加剧了我国企业所面临的汇率风险。

3. 俄罗斯货币危机的产生原因

此次俄罗斯卢布的大幅贬值,既有国际油价下跌、欧美经济制裁以及美国退出量化宽松的外部因素,也存在俄罗斯经济结构相对单一、金融体系脆弱以及货币发行量过高的内部因素。

(1)国际油价下跌。

作为资源出口型国家,俄罗斯的经济发展对原油出口的依赖极为严重。而在2014年,美国页岩油的发展以及沙特原油的增产使得国际市场中的原油供给显著增加,同时全球经济的疲软则在一定程度上抑制了各国对于原油的需求。在供求两端的持续作用下,国际油价在2014年下半年内下跌近50%。在石油价格的暴跌下,俄罗斯难以通过增加产量来获得额外的外汇收入,这直接导致俄罗斯外汇收入的锐减,并对俄罗斯的财政状况与经济增长造成冲击,最终体现为卢布的大幅贬值。

(2)欧美经济制裁。

除油价外,欧美的经济制裁同样是引发俄罗斯货币危机的重要因素。欧美国家禁止部分俄罗斯企业进行债务展期,并限制其在欧美市场中的融资渠道。一方面,俄罗斯企业将不得不在公开市场中用卢布兑换美元以偿还债务,这将形成卢布的贬值压力。另一方面,这一制裁措施也使得俄罗斯政府动用部分外汇储备以支撑本国经济,导致俄罗斯的国际收支失衡现象进一步加剧。

(3)美国退出量化宽松。

2014年10月30日,美国宣布将退出量化宽松政策,这导致大量资本由俄罗斯向美国进行转移,加剧了俄罗斯卢布的下行压力。2008年金融危机爆发时,美国开始实施量化宽松政策,释放大量美元以促进经济恢复。此时,俄罗斯等新兴市场普遍以较低成本向美国举债,导致各新兴市场的外债规模均处于较高水平。而美国退出量化宽松的举措导致市场逐渐形成美元走强的预期,这使得世界各国的资产开始向美国进行转移。对于俄罗斯等外债规模较大的新兴国家而言,资本的撤出将进一步引起本国货币的贬值压力,而本币的贬值又将显著提升以本币计价的外债规模,致使持有外债的俄罗斯企业面临巨大压力。

(4)经济结构单一。

除外部因素外,俄罗斯以出口资源为主的经济结构也使其更易遭遇货币危机。石油与天然气的销售在俄罗斯的财政收入以及出口额中均处于主导地位。据统计,2013年,俄罗斯将近50%的财政收入与近七成的出口额均源自能源出口,其中石油的出口额约占其中的72%。对原油出口的过度依赖导致俄罗斯对国际原油价格极为敏感,且难以有效分散原油的下行风险。这也显著加剧了2014年的油价暴跌对俄罗斯经济的影响,导致了俄罗斯财政收入与国际收支的巨额缺口。除能源出口外,俄罗斯经济主要依托军工、航天等行业进行发展,而这一类产业难以成为推动其经济增长的长久支柱。因此,俄罗斯以能源出口为主的经济结构决定了其难以对油价下行风险做出有效应对,导致其经济下行与卢布贬值不可避免。

(5)金融体系脆弱。

俄罗斯金融体系的自由化与市场化也是导致此次货币危机的重要原因。亚洲金融危机后,俄罗斯开始推行金融市场改革,并于2006年内使卢布成为可自由兑换货币。在这一基础上,俄罗斯还于2014年11月10日取消汇率走廊限制措施,允许卢布汇率自由浮动。过度开放的资本环境加剧了外部冲击对于俄罗斯资本市场的影响,在经济持续低迷、欧美制裁以及全球油价下滑等外部冲击的影响下,俄罗斯的经济前景极为不明朗,大量资本开始撤出俄罗斯。2014年内,俄罗斯流出的资本规模约为1200亿美元,这也严重阻碍了俄罗斯企业的融资进程,国家的生产活动遭遇显著冲击。

(6)货币发行量过高。

俄罗斯央行发行大量货币也是导致卢布出现贬值的原因之一。由于俄罗斯财政收入与原油出口关联过于密切,国际原油价格的暴跌导致俄罗斯财政收入的急剧下滑,政府的预算赤字问题开始显现。因此,俄罗斯不得不通过增发货币以弥补其赤字,而这将形成俄罗斯卢布的贬值压力。除直接发行货币外,俄罗斯政府的部分政策同样达到了发行货币的效果。2014年12月,俄罗斯国有的石油公司通过债务进行融资,融资额达6250亿卢布。而俄罗斯央行则迅速将这一债券列为可抵押品,其他银行可以此为抵押向央行换取贷款。这一举措相当于俄罗斯央行直接发行货币向企业提供贷款，从而进一步加剧了卢布的贬值。

4. 俄罗斯货币危机的启示

俄罗斯的货币危机在给俄罗斯造成剧烈冲击的同时，也给其他经济体敲响了警钟；而俄罗斯在危机预警与干预中的措施，也给其他国家的货币危机治理带来了新的启示。

首先，在维护金融市场稳定时应当重视不同来源的潜在冲击。随着世界各国的关系日趋复杂，地缘政治因素、其他国家经济政策调整以及国际能源与大宗商品市场的波动，均可能引发一国金融市场的动荡。此次的俄罗斯货币危机即为欧美经济制裁、国际油价下跌以及美国退出量化宽松等因素叠加所产生的危机。因此，金融监管方应当树立风险意识，对不同领域的潜在风险源进行定时排查与关注，从而及时识别潜在危机，有效降低可能的损失。

其次，这一危机也充分表明维持适当外汇储备的必要性。尽管部分金融理论认为一国外汇储备只需维持在3个月的进出口总额附近即可，但这次的俄罗斯卢布危机则较为直观地显示了外汇储备在抵御外汇市场波动中的重要作用。因此，从维护国家金融安全的角度看，保持充裕的外汇规模对于维持外汇市场乃至整个金融市场的秩序十分必要。

再次，应当慎重而合理地使用利率杠杆，避免这一工具对经济体造成负面影响。在卢布贬值的干预措施中，俄罗斯政府一度将基准利率调整至17%。这一措施不仅未能有效平息卢布的跌幅，反而加剧了市场的恐慌。不仅如此，在当时俄罗斯经济十分疲软的状态下，俄罗斯的加息政策将显著抑制企业融资与居民消费，对俄罗斯经济的恢复造成阻碍。因此，在采用利率工具对金融市场进行调控时，应当充分考虑到政策的其他影响并选择合适的力度，从而有效降低政策对国民经济的负面影响。

最后，对于允许汇率自由浮动等对市场存在较大影响的政策，政府应当慎重选择出台时点。在美欧经济制裁、油价下行等多重负面因素叠加的环境下，俄罗斯央行仍然选择从2014年11月10日起取消汇率走廊限制，这也使得12月内卢布的频繁暴跌成为可能。因此，政府在出台政策时应当考虑当时的国际环境，避免失当的政策加剧本国所面临的金融风险。

◆思考讨论题◆

1. 经济条件变化与心理预期变动均可能引发针对汇率的投机性攻击，

请举例说明。

2. 储蓄意愿的变动在第一代、第二代、第三代货币危机模型中将如何影响货币危机发生的可能性?

3. 以亚洲金融危机为例,有哪些政策工具可以有效缓解危机影响?

4. 在经济全球化的背景下,如何防范境外的货币危机冲击境内市场?

5. 我国现阶段是否有发生货币危机的可能?为什么?

第四章 债务危机

第一节 债务危机概述

一、债务危机的定义

债务危机是指大规模的债务违约,债务人难以按照借款合约按期还本付息,进而引发的金融动荡。按照债务发行对象,债务危机可以分为国内债务危机与外债危机。其中,国内债务危机由本国管辖范围内的债务违约引发。外债危机是指对国际债务的违约[①]。按照借款主体的不同,债务危机还可以分为政府债务危机、企业债务危机、个人债务危机等形式。其中,政府债务危机的规模及影响范围相对较大,对宏观经济与金融市场的稳定能够形成巨大的破坏力,受到了学术界的广泛关注。

政府债务(公共债务)是指一国政府(公共部门)对国内或国外债权人负有偿还义务的债务,"政府"具体包括中央政府(联邦政府)、州政府与各级地方政府、政府提供贷款担保的其他公共机构。从资金来源分类的角度看,政府债务总额(公共债务总额)一般由国内债务和外债组成。其中,国内政府债务是指政府在本国管辖区域内发行的所有债务,可以用本币或外币计价。外债的债权人可能是来自境外的公共部门、企业、个人等私人经济部门,外债条款一般适用于债权人所在国家(地区)的法律。当存在来自多个国家的债权人时,该债务合约将适用于国际法。根据

---

① 根据中国《外债统计监测暂行规定》,外债主要包括以下类型:①国际金融组织提供的贷款;②其他国家政府或公共部门对中国发放的贷款;③境外金融机构或中资金融机构境外分支机构对国内发放的贷款;④买方信贷;⑤境外非金融企业提供的贷款,包括跨国母(子)公司间的债务(非应付账款);⑥中国在境外市场中发行的外币计价债券;⑦国际融资性租赁;⑧90天以上的进口项下的延期付款等贸易融资形式;⑨补偿贸易中以现汇偿还的债务;⑩其他形式的对外债务。

世界银行的定义,政府债务可以从两个维度的标准进行分类。第一,政府债务按照偿还义务履行的确定性来划分,包括直接负债和或有负债两类。其中,直接负债是指受法律保护且在一切情况下均存在的债务,或有负债则可能由某些特殊事项触发偿还义务,因而公共部门的债务偿还具有一定的不确定性。例如,由于银行体系和国有企业债务的发行通常由政府提供担保,因此,在特定条件下,银行债务与国企债务也可能引发政府的连带偿还责任,对财政风险水平存在显著影响。第二,政府债务还存在显性债务和隐性债务两种形式。其中,显性债务是指根据法律或合同条款明确的公共负债,而隐性债务则包括受社会压力影响,政府负有道义责任而引致的潜在债务。①

传统的财政管理体系下,政府债务仅包括直接显性负债。然而,或有负债与隐性负债在特定的条件下也可能构成政府支出。当各类政府债务叠加,财政当局难以履行偿还义务时,就会爆发政府债务危机。政府债务危机主要有外债危机与国内债务危机两种类型。其中,外债危机是指一国公共部门对来自境外的债权人出现债务违约的情况,即一国在另一国的法律管辖权下发行债务而不能履行偿付义务,这里所指的债务通常为外币借款。在发生外债违约后,一般会进行债务重组或债务条款修改,大多数情况下重组后债权人的权益会遭受损失。国内债务危机是指对本国管辖权范围内发行债务的违约,实践中,大部分国内债务是以本币计价并由本国公民持有的。由于国内债务往往不涉及强大的国际债权人,因此相关研究与数据记录均相对较为有限。例如,1980—2008 年间,阿根廷一度发生三次大规模的债务危机。具体而言,1982 年、2001 年的两次债务违约由于涉及国际债权人,因而对国际金融市场形成了较为显著的冲击,引起了学术界和各国的关注;而 1989 年的国内债务违约则较少有文献对此进行分析。根据巴罗的李嘉图债务模型,国内政府债务并不会对经济产生实质性的影响,发行债务时民众会通过增加储蓄来应对未来债务偿还引致的税收增加。然而,这一理论忽视了政府国内债务导致的代际利益分配以及债务违约的可能性。由于政府掌握着货币的发行权,当政府出现偿付困难时,可以通过增发货币来偿还本币债务。而货币过度增发又可能引发通货膨胀、本币贬值等现象。事实上,各种类型的政府债务及其偿付均可能对宏观经

---

① 刘尚希:《财政风险:一个分析框架》,载《经济研究》2003 年第 5 期,第 23 – 31 页。

济产生深刻的影响。

在财政状况极度恶化的背景下，政府还可能发生连续违约。连续违约是指政府在5～50年期间发生多次债务违约，连续违约可能涉及全部违约（完全拒绝偿付）或部分违约（通过债务重组，以更为优惠的形式还本付息，一般包括利率折让或者债务展期等形式）。在大多数情况下，政府债务的偿还主要取决于一国财政当局的偿还意愿。根据 Reinhart 和 Rogoff（2010）的测算，超过一半的新兴市场国家在发生债务违约时，外债负担率（外债占GDP比重）均不超过60%，财政风险和债务负担似乎并未处于较高水平。究其原因，这是因为在政府债务危机或国家破产背景下，债权人的权利是较为有限的。即使一国政府具备偿还债务本息的经济能力，违约国家仍可能出于国家利益的考虑，在综合政治、经济多重因素后进行复杂的成本—收益分析，以做出是否偿还主权债务的决策。例如，苏联曾在1918年拒绝偿还沙俄皇室发行的主权债务。但债务违约也严重影响了苏联在全球金融市场中的信用等级。此外，在国际贸易与海外投资网络中，债务危机国普遍处于不利地位。因此，1987年，俄罗斯为返回国际债务市场，对未清偿的历史债务进行了部分偿付。

除政府债务外，企业和个人的大规模债务违约，也可能对宏观经济造成显著的负面冲击。例如，2008年美国次贷危机的爆发就是由私营部门的大规模债务违约引发的典型危机。在房地产泡沫破裂后，个人住房贷款违约潮席卷了美国的金融市场。受资产证券化的复合影响，信用风险在金融机构间迅速扩散，并进一步引发了银行业危机，导致金融市场的剧烈震荡。与此同时，美国次贷危机的爆发也伴随着经常项目的大额赤字与高额主权债务。在危机爆发前，美国面临长期贸易赤字与大规模的海外资金流入，资本流入带动了贷款规模和各项资产价格的迅猛上涨。可见，危机的爆发有深刻的经济结构根源。

总的来看，政府债务与私人经济部门的大规模债务违约均可能导致债务危机，对金融稳定与经济增长形成负面影响。值得注意的是，相较于私人部门债务，政府债务的利率定价、资金透明度及监管制度相对滞后。世界多国的历史经验也表明，政府债务危机与系统性金融风险间存在显著关联。与此相对应的是，企业和个人债务违约普遍具有较为成熟的处置机制（主要包括担保物权的行使、企业破产制度、企业兼并、企业债转股、诉讼清偿债务等形式），其债务违约规模及破坏性相对有限。鉴于政府债违约与危机的复杂性,下面我们将主要从公共债务的角度,来探讨债务危机的触发条件及其表现形式。

二、债务危机的触发条件

20世纪90年代初,欧共体确立了统一的财政纪律框架,这一标准也被当作债务风险的重要警戒指标。1993年正式生效的欧盟《马斯特里赫特条约》(Treaty of Maastricht)(以下简称《马约》)规定,成员国年度财政赤字占同年度 GDP 比重(赤字率)不得高于3%,公共债务总额占同年度 GDP 比例(债务率)不得突破60%。为了保证单一货币与共同货币政策的有效实施,欧盟对成员国的财政政策进行严密监督,要求各成员国在一定年限内达到预算基本平衡的政策目标。而即将加入欧盟的观察国,也需要在特定时间段内遵守财政纪律。当个别成员国的赤字率可能或已经超过3%时,欧盟将向其发出警告。如果该成员国难以完成整改要求,欧盟可能会实施超额赤字惩罚程序(Excessive Deficit Procedure,EDP)。若某一成员国的赤字率连续3年突破3%,将承担其 GDP 总额0.2%~0.5%的罚款。在1997年开始执行《稳定与增长公约》(Stability and Growth Pact)后,欧盟明确了成员国突破财政纪律警戒线的豁免条款。此后,欧盟在3%与60%的财政红线框架内,多次调整了财政规则及其处罚机制。2005年3月,欧盟财长特别理事会对欧盟财政纪律达成初步修改协议,保持了两大财政警戒标准。同时进一步规定,当成员国发生违规时,需考虑多种因素进行具体分析后再做出惩罚裁决。此外,由于东西德统一可能加剧政府的财政负担,而法国的科研和国防开支占比较高,欧盟因此暂时放宽了德国、法国的赤字率限额标准。这一差别化的财政规则遭到了部分国家的强烈反对,认为此举将动摇民众对于欧元与欧盟经济的信心。

事实上,欧盟提出的财政规则是服务于货币单一化的要求,而不是出于维护经济稳定与控制财政风险的考虑。欧盟通过建立欧元区实现了区域货币一体化,为了保证欧元的币值稳定,必然要求各成员国统一协调财政政策,约束其政府开支与债务规模。但各成员国所处的经济周期、国际贸易结构与收支规模均存在系统性的差异,各国应对经济衰退、处置金融风险的能力大相径庭。因此,虽然欧盟的财政规则在制订初期执行效果较好,但此后也出现了个别成员国反复突破警戒线的现象。此外,3%的赤字率和60%的债务率是各国政府基于经济现实和政治博弈而产生的财政风险标准,并非经过科学分析设置的危机临界指标。然而,不可否认的是,这一警戒标准仍然对世界各国的财政管理实践产生了重要的影响,3%和60%的赤字与债务红线被视为防范债务危机的重要制度要求。

从全球债务违约的危机史来看,在不同时期,各国债务危机的触发条件也是截然不同的。根据《世界经济展望》统计,2000年以来,美国和日本的公共债务负担率远远高于60%的欧盟警戒线,甚至一度突破100%,但两国政府均未发生债务违约。与此同时,1982年墨西哥债务危机爆发时,债务负担率仅达到47%;2001年阿根廷债务违约时,债务负担率仅略高于50%。可见,世界各国的债务负担率与债务危机间并不存在简单的线性关系。为了考察不同国家的债务危机触发条件,美国学者卡门·M. 莱因哈特和肯尼斯·S. 罗格夫建立了全球800年政府债务数据库,并在其著作《这次不一样:八百年金融危机史》中统计了各国发生外债重组或违约时的外债负担率(见表4-1)。由表4-1可以发现,1970—2008年间,有超过50%的发展中国家在外债负担率低于60%的条件下发生了外债违约。其中,甚至有约20%的外债违约发生于外债负担率还未超过40%的情况下。这意味着发展中国家的资本流入可能具有高度的顺周期特征,在经济萧条、财政收入锐减的阶段,跨境贷款资金的流入较为有限,这将显著加剧发展中国家财政状况的脆弱性。由于相对滞后的信用体系,新兴市场国家更容易在较低的债务负担率下出现兑付危机,发生债务违约。不可否认的是,受制于数据可得性与新兴经济体较低的财政透明度,对发展中国家的债务负担率的计算大多忽略了国内政府债务与或有政府债务部分。事实上,对于大部分陷入危机的发展中国家来说,其财政风险已经处于较高水平。

表4-1　1970—2008年发展中国家债务违约的触发条件　　(单位:%)

外债重组或违约当年末的外债负担率	国家比例
<40	19.4
41～60	32.3
61～80	16.1
81～100	16.1
>100	16.1

[资料来源:卡门·M. 莱因哈特、肯尼斯·S. 罗格夫(2012),p.19。]

除债务负担率指标外,信用评级也是重要的债务危机预警标准。其中,机构投资者评级(Institudion Investor Review,IIR)是影响力较大的主权评级体系,该体系主要通过在全球大型银行与证券公司中开展调查,对各国的信用状况进行打分。得分范围为 0~100 分,分数越高,表明政府债务违约的可能性越小。从主权债务信用评级得分与债务负担率的变化来看,世界各国两类指标的趋势基本保持一致。以上指标对于分析公共债务风险,建立科学的预警机制具有重要的参考价值。

三、债务危机的表现形式

当一国政府对其债权人发生债务违约时,该国家(地区)将爆发债务危机。美国学者卡门·M. 莱因哈特和肯尼斯·S. 罗格夫搜集了全球 66 个国家(地区)超过 200 年的政府债务数据,发现 1800—2008 年全球的外债违约往往是集聚发生的,历史上共有 5 次外债危机潮。其中,第一次债务违约潮由拿破仑战争驱动,1803—1815 年,法国、奥地利、普鲁士、西班牙、英国等多个国家间爆发了大规模战争。为了支付高昂的军事开支,应对国内的资产阶级革命,欧洲国家普遍发行了大量政府债务,多个国家出现了外债违约。第二次和第三次债务危机潮分别发生于 19 世纪 30 年代至 40 年代以及 80 年代。第四次外债违约峰值出现在 20 世纪 30 年代,并一直延续到 50 年代,这次债务危机的爆发伴随着蔓延欧美的大萧条与"二战"。到 1947 年,GDP 占全球 40% 的国家(地区)都发生了债务危机。20 世纪 80 年代至 90 年代,新兴市场国家的外债违约构成了最后一次危机。其中,亚洲国家(地区)虽然发生了较多次债务违约,但持续时间较短,且大部分都通过债务重组得到了迅速解决;而拉丁美洲国家(地区)的债务违约规模较大,对世界主要经济体的金融稳定形成了显著的冲击。

除外债危机以外,国内政府债务违约也对宏观经济的稳定造成重大威胁。根据联合国的统计,21 世纪以来,世界各国国内政府债务在公共债务总额中的平均占比超过了 50%。虽然大部分情况下,政府可以通过增发货币来偿还本币债务,但恶性通货膨胀导致的经济动荡对政府形成了一定的约束。世界范围内,国内政府债务违约仍时有发生,主要违约形式有暂停偿还、强制调低票面利率、削减本金、债券展期等。在近代,中国也曾发生过大规模的债务危机,民国政府曾在 20 世纪 30 年代实施了以延期偿还、调低利率为主要形式的公债整理计划。

从各国的金融市场表现来看,债务危机与银行危机、通货膨胀间往往存在相关性。一方面,当储户挤兑或资产价格波动引发多家银行或金融机构破产时,政府为防控系统性金融风险会投入大量资金来接管或救助相关机构,进而导致财政风险上升。此外,在银行危机的背景下,信贷收缩将拖累经济增长,财政收入萎缩会使得债务偿付更加困难。同时,银行危机还具有高度传染性,投资者的避险情绪将导致政府债券市场的收缩,这将增加世界各国的借款成本,使得主权债务展期的难度上升。另一方面,由于政府可能通过增发货币来解决本币债务的偿付危机,因此债务危机还将与通货膨胀存在正向联动关系。但在债务规模较小、期限较短的情况下,通货膨胀带来的经济损失可能远远高于债务违约,此时,政府将放弃以通胀来解决债务偿付的可能性。

爆发债务危机前后,债务违约国一般会经历投资规模锐减的过程。为了筹措还本付息的资金,债务国将不得不动用大量外汇储备,或压缩进口以实现国际贸易的盈余。在违约后,债务国的资信等级会出现显著下降,将很难再从国际借贷市场中获得资金。同时,海外投资者对该国的经济前景更可能持悲观预期,将撤回或缩减投资,这不仅抑制了社会投资,也加重了政府的债务负担。投资萎缩将对产出水平形成负面影响,甚至引发经济停滞或倒退。因偿债而实施的财政紧缩,还可能导致基础设施建设、社会福利水平的下降。此外,外债危机还可能引发国际金融体系的混乱,信用风险可能沿跨境借贷渠道传导。对于将贷款集中于少数债务违约国的银行来说,债权人的利益将面临巨大损失,因此,债务违约还可能引发金融机构的破产。

第二节　债务危机理论与模型

一、债务—通货紧缩理论

债务—通货紧缩理论(Debt-Deflation Theory of Depression)由美国经济学家欧文·费雪提出。费雪最早于1932年在其著作《繁荣与萧条》中介绍了该理论的基本思想。此后,费雪进一步在《大萧条的债务—通货紧缩理论》（1933）一文中系统论证了债务—通货紧缩理论，该理论试图解释美国20世纪30年代初大萧条爆发的内在经济根源①。

费雪提出，当经济处于繁荣高涨阶段时，企业为追求高额利润，可能存在"过度负债"（Over-Indebtedness）倾向，高额负债将加剧宏观经济的脆弱性。当经济萧条时，企业的收入与利润萎缩，为筹措资金及时偿还债务，企业会降价销售并抛售资产，最终将引发整个社会的物价水平下跌。当价格水平下降时，受通货紧缩预期影响，民众将倾向于保有手中的货币，推迟商品购买，这将显著降低货币流通速度，同时导致社会经济交易量的大幅萎缩。大规模的通货紧缩将改变企业的收益预期，使各经济部门的资产负债表状况迅速恶化，加剧失业与经济下行。此外，企业财务稳健性的缺失，还将引发更大规模的资产抛售与资产贬值，最终陷入债务违约与通货紧缩的恶性循环（见图4-1）。虽然费雪坚持货币数量论，认为在长期货币政策不能对产出水平产生影响（货币中性原则）。然而，在短期为了打破债务—通货紧缩的困境，费雪提出最佳的对策是通过货币政策刺激来主动制造通货膨胀，改善企业财务状况，帮助经济走出恶性循环。

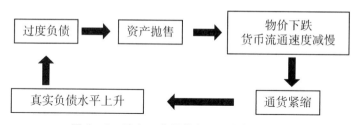

图4-1 欧文·费雪债务—通货紧缩理论

[资料来源：笔者根据Fisher（1933）整理。]

20世纪90年代的日本经济危机，被认为是债务—通货紧缩的典型案例。1985年日美《广场协议》签订后，日本央行实施了积极的货币信贷政策，释放流动性以应对日元升值压力。此后，信贷规模迅速膨胀，企业过度负债、过度投资的现象较为普遍。1989年后日本央行逐渐收缩流动性，引发了各类金融资产价格的暴跌。资产泡沫破裂导致私人部门的资产

---

① Assous M. *Irving Fisher's debt deflation analysis*: *From the Purchasing Power of Money* (1911) *to the Debt-deflation Theory of the Great Depression* (1933). European Journal of the History of Economic Thought, 2013, 20（2）: 305-322.

负债表急剧恶化，社会需求下滑，使得日本经济落入了"高额债务—恶性通货紧缩"的恶性循环。

从理论产生的经济历史根源来看，20世纪20年代，美国资本市场预期持续向好，资产价格迅速攀升，信贷规模不断扩张。大萧条股市崩盘前，美联储曾提高利率以紧缩流动性，打击市场的投机行为。在延续数年的牛市后，1929年10月美国股市突发崩盘，10月29日道琼斯指数的巨大跌幅一度逼近22%，当月共有260亿美元在股市中化为乌有。此外，20世纪30年代初，美国的房地产价格也出现同步下跌。资产价格的下滑使得私人部门财富与企业资产净值严重缩水，债务负担率显著上升。实体经济基本面恶化，导致了贷款的大规模违约与银行倒闭。在此背景下，消费与投资支出锐减，1933年美国GDP总量比危机前下降了近30%[①]。

虽然债务—通货紧缩理论在一定程度上反映了大萧条爆发前美国经济存在的结构性失衡，然而，在20世纪上半叶，该理论并未受到学术界的广泛认可，也并未对政府的经济管理实践产生明显的影响。究其原因，这是由于美国历届政府在1929—1933年大萧条及此后的数十年中，一度执行了以财政刺激和政府干预为主的经济政策。与此同时，凯恩斯主义在理论界也占据了主流地位。根据凯恩斯主义的观点，在发生经济危机时，宽松的货币政策可能导致经济体陷入流动性陷阱，因此货币政策难以对产出水平造成显著影响。凯恩斯理论主张通过财政政策，而非货币政策来减缓经济波动，这一政策主张与强调货币政策刺激的债务—通货紧缩理论背道而驰。此外，早期的债务—通货紧缩理论在作用机制等方面仍有待进一步完善。例如，债务—通货紧缩理论建立在资产价格大幅下跌对借入方造成负面冲击的基础上，大规模的通货紧缩在美国历史上较少有发生，因此该理论的适用性有较大的局限。此外，从社会整体角度上看，借入方的损失可以由借出方的收益来抵销，因此大部分学者认为债务—通货紧缩机制对总产出不会发生显著的影响。此后，Tobin（1993）和King（1994）的研究回应了这一质疑，指出通常情况下，借出方的财富水平较高，边际消费倾向相对较低，因而债务人持有资产价值的下跌，将对经济增长发挥更为显著的影响。同时，如果企业无法清偿负债而破产，借出方的财务状况也

---

① 刘哲希、韩少华、陈彦斌：《"债务—通缩"理论的发展与启示》，载《财经问题研究》2016年第6期，第7页。

将受到明显的冲击。20 世纪 70 年代以后，货币主义学派兴起，债务—通货紧缩理论重新受到了关注。当前，使货币政策与财政政策相匹配以应对经济萧条的思想，也深刻影响了世界各国的经济管理实践。

二、资产价格下降理论

在债务—通货紧缩理论的基础上，20 世纪 90 年代资产价格下降理论逐步成熟，该理论主要对资产价格波动引发宏观经济震荡的机制进行拓展。一方面，当经济主体面临沉重的债务负担时，将大规模低价抛售资产，资产萎缩将引发资产负债率的上升；另一方面，在经济下行阶段，企业、个人集体变现资产将导致资产价格的下跌，使得债务人财富水平有所下降。由于债务负担进一步加重，最终社会将陷入债务危机的陷阱中。

此后，学界出现了大量的实证研究，对该理论的适用性进行了验证。相关实证研究与历史经验表明，系统性金融危机的爆发往往是由资产价格下跌、债务负担率上升触发导致的。以美国次贷危机为例，Adrian 和 Shin（2010）、Mian 和 Sufi（2014）、Gertler 和 Gilchrist（2018）等研究指出，危机爆发前美国经历了较长时间的房地产价格上涨与信贷扩张。金融去管制、资产证券化浪潮催生了大量的次级贷款，此外，房地产价格的上涨也支撑了信贷的过度膨胀。在危机爆发的前 5 年间，贷款规模的上升显著推高了美国家庭的债务资产比与债务收入比。其中，家庭资产包括房产、金融资产的市场价值。根据 Gertler 和 Gilchrist（2018）的测算，美国房价在 2006 年达到历史峰值，此后开始逐步下跌，2007—2009 年间美国房地产价格累计下跌接近 30%。2008 年以后，美国家庭债务资产比与债务收入比两项指标的反向变动，反映了同期资产价格的剧烈变化。受房地产、股市震荡影响，美国家庭持有的资产价值迅速缩水，引发了债务资产比的直线上升，且该比例在 2009 年金融危机持续发酵后达到了峰值。与此同时，资产价格的下跌不仅加重了债务人的债务负担，也影响了社会的有效需求，对经济增长与金融市场的稳定造成了负面影响。从理论变迁的角度看，资产价格下降理论拓展了费雪的债务—通货紧缩的驱动机制，从几个关键的经济变量入手，探讨了金融危机与系统性风险爆发的重要因素，对经济现实也具有较强的解释力。

三、综合性国际债务理论

20世纪80年代,在拉丁美洲新兴市场国家爆发债务危机的背景下,综合性国际债务理论将经济周期与全球债务风险相联系,在产品生命周期理论与创新理论的基础上,对经济周期各阶段的国际债务展开分析。

这一理论框架内,国际债务周期主要由三个阶段组成:第一阶段为国际借贷扩张阶段,受益于宏观经济的迅猛增长,以发达国家为主的"中心国家"为追求高额收益,向国外大规模投资,致使新兴市场等"边缘国家"的外债规模扩大。在第二阶段,由于发展中国家在全球贸易体系中处于相对不利的经济地位,"边缘国家"很难从产业转移与海外投资中获得足够的收益。外债累积将导致债务国的债务负担率显著上升,直至逐渐失去偿债能力,进而爆发债务危机;最终,债权国与债务国不得不就债务豁免、清偿等问题进行协商并达成一致。债务国虽然能够暂时从国际金融市场中继续借贷,维持资金链条的正常运转,但债务违约将限制其未来的融资规模。在第三阶段,国际资金借贷市场将面临萎缩,直至新一轮的经济繁荣周期到来。

具体而言,国际债务与经济周期是由技术创新、新兴市场、新兴产品部门的产生以及社会结构的基本创新所驱动的。通常情况下,由于以发达国家为主体的"中心国家"具备雄厚的资金积累和人才储备,潜在的市场规模也相对较大,因此,科技创新通常发源于经济较为发达的国家(地区)。在经济周期的起始阶段,资金将迅速流向产生技术创新的新兴产业部门。此后,通过生产技术的逐步改进,先导产品的制造工艺日益成熟,并逐渐形成标准化的生产流程与模式。消费者对于相关产品的接受程度也日益提高,产品逐步大众化。受科技创新的影响,"中心国家"将获得高额收益,并开始对外进行投资与贷款。在此背景下,劳动力资源相对充裕的"边缘地区"(以发展中国家为主)通过国际分工与贸易形式开始融入新的经济周期。然而,此时"中心国家"的市场仍在逐步扩张,而"边缘国家"的人力资本积累和技术水平仍相对滞后,不健全的基础设施也不利于新兴产品的生产销售,因此,相关产业仍然主要分布在"中心国家"。在这一阶段,发达国家对原材料等初级产品的需求将迅速增加,进而拉动"边缘国家"的出口规模,日益增长的出口收益将保证"边缘国家"的偿债能力。但总的来看,"边缘国家"的资金流入仍较为有限。随着"中心国家"相关产业的科技创新能力日益枯竭,企业利润率将显著下滑。与此同时,先导产业的生产标准化程度较高,使"边缘国家"能够承接发达国家的产业转移,其广阔的市场潜力、低廉的生产成本也促使资金以直接投资或贷款等形式流向发展中国家。虽然"边缘国家"已经充分地融入了先导部门的国际分工体系,但此时该产业的利润空间已较小。此外,发展中国家的固有经济结构可能与国际转移产业联系较弱,在贸易、技术、资金等方面均高度依赖于"中心国家",因此"边缘国家"很难从中获得较高的收益。最后,当周期性先导产业完成了国际产业转移,就标志着相关领域的创新能力已基本耗竭,"中心国家"的经济增长动力缺失可能导致增长停滞,使社会总需求下降。而"边缘国家"的出口收入下滑,将导致债务负担过重。由于先导产业高度依赖来源于"中心国家"的技术引进与外商投资,"中心国家"增长停滞将引发资金链条的断裂,发展中国家的债务风险急剧膨胀,最终将导致全球性债务危机的爆发。只有出现了新的产业增长点与大规模的技术进步,国际债务才能重新开始下一轮周期。

综合性国际债务理论对发展中国家和发达国家在国际贸易体系与借贷市场上的差异性地位进行了分析,并重点讨论了新兴经济体的外债风险,对发展中国家结合国际产业转移的周期特征,正确评估自身的债务承担能力具有重要的启示意义。然而,这一理论忽视了发达国家可能面临的债务风险管理问题,对发达经济体的债务危机较少涉及。现阶段,国际金融市场中发达经济体的债务风险状况普遍不容乐观。美国、日本、希腊等国家的债务负担率显著高于同期的新兴市场国家。这是因为发达国家在国际金融体系中占据着更为有利的地位,能够凭借其经济实力以及对市场规则的主导权对世界各国发行外债,而发展中国家并不具备这样的能力。事实上,欧债危机与美国次贷危机的经济事实表明,发达经济体的债务危机往往具备更强的风险溢出能力,可能对世界经济与金融市场的稳定造成更为显著的影响。

四、马克思的模型

马克思认为,信用制度能够加速资本集中,也是社会实现资本积累的重要途径。据马克思的资本理论,在资本循环与积累($G-W \cdots P \cdots W'-G'$)的过程中,仅依靠生产销售、剥削剩余价值的积累速度是相对较慢的,资本规模也较为有限。资本的循环增值,其实质是以货币资本为起始点,经过生产销售回到货币资本形式，并实现增值的运动过程。其中，G 代表货币；W 表示各类生产资料等商品；P 为商品的生产制造过程；W' 表示包括剩余价值的产成品；G' 为 W' 销售后取得的货币；"－"代表流转与销售阶段；"…"代表生产阶段。现实经济中，资本以货币资本（G）为最初形式，通过购买劳动力和原材料等要素商品，经过生产过程（P），生产制造出包含利润的产成品（W'），最终获得比预付货币资本（G）更高的货币收入（G'）。为了提高资本积累的速度和规模，企业家往往会通过股份制、兼并、重组、借贷等方式来实现资本集中。在资本集中的过程中，竞争和信用制度是其主要的途径。在市场竞争中，企业通过兼并实现从小资本向大资本的转变。与此同时，信用制度也在资本集中发挥了重要作用。在马克思所处的资本主义自由竞争时代，社会信用制度主要包括银行贷款、基金、证券市场、保险等，相关制度能够帮助资本家在短期内大规模融资，加快资本循环流动的速度。

马克思对银行借贷资本与信用扩张进行了较为充分的讨论。作为重要的金融中介，银行对货币资产进行管理。银行家将市场中的闲散货币集中起来，提供给拥有投资机会、需要资本的企业主，并从中获得利差收益。以银行借贷和商业信用为主的现代信用制度，有利于社会实现资源的优化配置，增加了企业的可支配资金额度。此外，马克思也注意到，信用主体已不再局限于传统的商业信用与银行信用，个人信用、家庭信用和政府信用也逐渐成为市场中重要的信用形式。

在对各类型信用制度进行细致分析的基础上，马克思还考察了由信用扩张引发的资本主义经济危机。马克思提出，现代信用制度虽然有助于实现扩大再生产，但也致使危机爆发的潜在因素加速积累，加剧了经济系统的不稳定性。社会信用的扩张与收缩能够直接影响各经济主体的投资消费规模与决策模式，进而引发经济的周期性波动。在马克思看来，信用的过度扩张可能引发市场过热：一方面，银行的过度借贷，将导致企业持有大量闲置资本，资本家可能无视社会有效需求水平而开展大规模的投资计划。另一方面，商业信用制度下的产品赊销难以反映市场的真实需求水平。由于市场信号失灵，生产将盲目扩张，"$W'-G'$" 这一"惊险的跳跃"可能很难实现，终将发生生产过剩危机。在马克思看来，只有在物质与价值形式上均实现总供给等于总需求时，社会再生产才能顺利开展。然而，在现代资本主义社会，受垄断资本主义经济规律的影响，社会生产有无限扩大的趋势，总供给亦迅猛增长；而总需求受到收入水平的限制，相对落后于总供给的增长。此外，信用扩张背景下爆发的生产过剩危机，可能极大地损害企业的财务稳健性，导致银行贷款难以清偿。此时，社会信贷规模的急剧收缩可能造成货币流通与信用制度的混乱。在当前金融体系规模不断扩大、金融深化程度日益提高的背景下，高杠杆借贷导致的信用风险更容易带来系统性风险的爆发。

此外，马克思还注意到了信用制度、过度借贷引发的投机行为。1856—1857年，欧洲曾爆发严重的金融危机与工商业危机。马克思指出，此次金融危机是由法国大股份银行的投机活动与信贷扩张所导致的。当时，法国大股份银行从事了大规模的高利贷活动，其公司章程允许银行发行超过原始资本9倍的债券。而银行募集的资金主要投向金融市场以获得投机利润，而并未进行生产投资。马克思敏锐地发现，金融体系的过度信贷扩张可能对实体经济造成破坏，金融危机与工业危机可能相随出现。

更为重要的是，借贷资本与信用制度将加剧社会的收入不平等，抑制社会的总需求水平。法国学者托马斯·皮凯蒂曾在其著作《21世纪资本论》中，对世界主要经济体的资本、劳动要素收益的变化趋势进行了分析，发现近年来资本要素的收益水平（利息、利润、股息、租金等资本性收入）显著高于经济增长率，且差异水平日益放大。根据皮凯蒂（2014）的测算，1975—2010年，美国、英国、法国等8个主要发达国家的资本收入占国民收入比重大概为15%～25%；至2000—2010年间，该比重已在30%左右徘徊。这表明，持有资本的群体可以通过资本而非劳动来实现增值，从而获得高于整体产出的收益。财富分化与资本集中将导致社会收入差距日益拉大，并对需求水平与经济增长造成负面影响，威胁经济金融体系的稳定。

五、凯恩斯－明斯基模型

在近代古典经济学体系下，公共债务被视为行政效率低下、资源浪费的标志。在有效的市场环境中，必须对公共部门的财政规模加以限制，以努力实现年度平衡预算。然而，20世纪的"凯恩斯革命"以后，大规模的宏观调控与公共债务已在学术界被广泛接受。约翰·梅纳德·凯恩斯开创了一系列讨论财政政策与货币政策的理论框架，在世界范围内对政府经济职能、宏观调控体系的构建产生了深远的影响。凯恩斯理论认为，宏观经济存在着周期性的循环运动。当经济处于繁荣阶段时，投资者可能对投资收益存在过度乐观的预期，因此社会投资不断累积。但受资源稀缺性影响，该阶段下各生产要素的价格逐渐上涨，企业将面临日益增加的生产成本，同时生产要素的边际收益将递减。当经济步入下行与萧条时期后，投资信心下滑，金融体系的顺周期性将导致信贷难以支撑日益下滑的实体经济，社会可能面临就业萎缩、商品积压的困境。凯恩斯在1933年发表的《实现繁荣的方法》中提出，为了平抑经济波动，仅依靠货币政策无法有效刺激经济，应实施以财政支出为主的刺激策略来拉动经济增长。在经济下行阶段，社会经济活动萎缩，财政收入锐减，此时大规模的基础设施建设与投资计划只能通过公共债务的形式筹措资金，这就必然导致公共财政难以在年度内保持平衡。然而，随着经济复苏，政府的财政收入将逐步回升，逆周期的财政调控也要求公共部门在此阶段缩减支出规模，以抑制经济过热。因此，在这一理论框架内，财政预算将在经济周期中实现平衡，公共债务仅仅是实施经济调控的政策工具，美国经济学家阿巴·勒纳的"功能财政理论"正是这一观点的代表。勒纳认为，政府不应将预算平衡视为政策目标，公共财政的职责是在控制通货膨胀的前提下，保障就业，维护经济增长的稳定。部分年度内的赤字或债务仅是短期的政策手段，只有通过逆周期的财政政策，即政府按照经济增长趋势，反向安排公共消费和财政支出，才能有效发挥政府的经济职能。凯恩斯理论彻底重构了年度平衡预算的财政原则，为政府扩张公共债务提供了支持。相关理论的发展对世界各国的政策选择产生了显著影响，当前主要发达国家的政府债务呈现日益膨胀态势，风险警戒线标准也逐渐放松。

凯恩斯理论不仅对公共债务与财政政策在宏观调控中发挥的巨大作用进行了系统阐述，也对金融信贷与经济波动间的关系进行了讨论。在理论体系建立的初期，凯恩斯对金融体系的不稳定性与顺周期性论述相对较少，此后，伯南克和格特勒等人进一步发展出了"金融加速器"(Financial Accelerator)理论，海曼·明斯基提出了"金融不稳定假说"(Financial Instability Hypothesis)。以上学者以金融部门与金融市场为核心考察了经济周期性运动的驱动机制，极大地拓展了这一研究的视角。其中，明斯基认为，高债务负担的投资者与金融体系的顺周期性损害了金融市场的稳定，加剧了经济震荡幅度。在经济扩张阶段，投资者可能通过借贷获取资金，投资于股票市场、房地产。当资产价格上涨收益大于借贷利息时，投资者将获得正收益。不同的历史时期，投机性繁荣可能由不同的外生冲击引发。短期内，部分行业部门可能处于高速成长阶段，例如20世纪90年代美国一度出现了信息泡沫。在此背景下，升值预期将导致刚性需求逐步被投机性需求所取代，投资者将对相关产业资产过度投资，甚至举债投资，以寻求获得超额利润的机会。此时，即使投资者已经意识到资本市场中存在泡沫，价格难以反映资产的真实价值，但只要存在下一位出价更高的接盘者，投资者仍然愿意进行投资。然而，当经济处于萧条阶段时，金融市场往往会发生明显波动，部分资产价格甚至可能出现负增长，泡沫破裂将对金融稳定与经济增长形成威胁。明斯基将金融危机划分为五个阶段：①冲击阶段，受新兴技术、市场空间拓展等因素的影响，社会中经济增长与投资前景预期向好；②繁荣阶段，相关产业部门稳定增长，资产价格较为稳健，债务规模持续扩张，投资额也日益上升；③狂热阶段，资产价格的上涨日益形成泡沫，市场价格不能反映产品的真实价值，但投资者出于投机性需求购买资产，资产在不同交易主体间迅速流转，换手率较高，价格容易出现震荡；④兑现利润阶段，部分投资者开始出售资产，变现资产升值收益；⑤恐慌阶段，泡沫破裂，投资者集体在短时期内抛售资产，价格迅猛下跌。

在明斯基的理论中，金融部门的信贷行为是放大经济周期性波动的重要因素，金融机构的投资与贷款发放具有较强的顺周期性。明斯基认为存在三种融资形式：第一类是对冲融资（Hedge-Finance），即投资获得的现金流能够覆盖本息，这是一种可持续的融资类型；第二类是投机性融资（Speculative-Finance），即投资收益只能够支持借贷利息的按时支付，难以保证长期的本息偿还，借贷方可能需要通过展期等形式来偿还负债，该融资形式在繁荣阶段开始逐步出现，并在狂热阶段占据主导地位；第三类是庞氏融资（Ponzi-Finance），即投资收益难以覆盖借贷利息，而需要下一轮的融资才能保证资金链条的正常运转，在这一融资形式下，投资者的借贷规模会不断膨胀。如果某一时期的社会中对冲融资占据主导地位，那么此时金融体系是相对稳定的。当经济形势向好时，投资者与金融机构可能对投资前景过度乐观，信贷额度日益扩张，投资杠杆率逐渐上升。如果投资者不满足于对冲融资获得的收益，而采取更为激进的投资策略，以投机性融资、庞氏融资作为筹措资金的主要形式，那么经济将处于失衡状态。一旦资产泡沫破裂，社会将经历系统性危机的经济阵痛。明斯基的理论体系表明，金融不稳定性根源于信贷与投资行为的高度顺周期性特征。

六、奥地利学派的模型

1871年，奥地利经济学家卡尔·门格尔出版了《国民经济学原理》一书。此后，奥地利学派逐渐兴起，庞巴维克、米塞斯、哈耶克等学者在奥地利学派的理论框架内，提出了债务理论、商业周期理论、资本利息理论、货币信用理论。从政策主张上来看，奥地利学派坚决反对凯恩斯理论，而崇尚极端的自由主义。奥地利学派的债务理论与其商业周期理论密切相关，认为低利率的信贷扩张政策引发了社会的过度投资，此时投机性繁荣将以产能过剩的形式表现。在长期，宏观经济会通过爆发危机来实现市场出清，以走向新一轮的市场均衡。在商业周期的运动中，央行设定的利率与自然利率相偏离，是债务危机与经济波动的根源。利率是消费者与企业决策的主要依据：消费者根据利率水平分配当期消费与储蓄，当利率较低时，消费者倾向于增加消费；企业的投资决策也取决于利率水平，利率越低，企业越可能进行大规模的长期投资。奥地利学派认为，市场中存在信贷市场供需相等的均衡利率，即自然利率，该利率水平能够保证资本的最优配置。然而，当中央银行设定的利率低于自然利率时，银行将提供过多的信贷，企业会因此受到误导而过度投资；同时，民众也将过度消费，减少储蓄。在信贷资金链条断裂、债务违约潮后，经济将自发进入下行阶段。此时，只需坚持自由放任的经济管理原则，让宏观经济进入危机与萧条阶段，就能够重新实现均衡。

图4-2中，第一象限为生产可能性边界曲线（Production Probability Frontier，PPF），反映经济主体在消费（C）和投资（I）间进行分配，以实现一定的产出规模，经济的初始均衡为（C^*，I^*）。第二象限为哈耶克三角（Hayekian Triangle），反映各生产阶段的产出与消费，其中，三角的左端为初级产品，右端为最终消费品。在经济实现均衡时，各生产阶段的产品均能实现供需相等，产出等于消费。第四象限为信贷市场均衡，其中，信贷供给曲线（S_1）与需求曲线（D_1）的相交点确定了金融市场中的均衡利率水平（$i^{*\,Natural}$）。

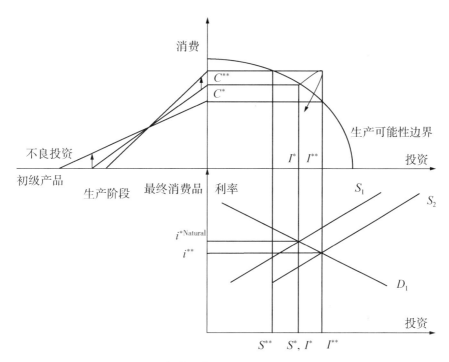

图4-2 奥地利学派的债务与商业周期理论

[资料来源：笔者根据 Snowdon 和 Vane（2005），p.505 整理。]

当中央银行降低利率释放流动性时，信贷市场中供给曲线将右移至 S_2，利率下降至 i^*。此时，企业根据央行利率水平确定投资规模，导致投资增长至 I^{**} 水平。在低利率环境下，企业将进行过度的长期投资，扩充其对初级产品生产的投资规模。与此同时，消费者基于利率水平确定消费规模，将增加当期消费至 C^{**}，企业也将增加最终消费品的生产。初级产品与最终消费品生产的同时扩张是不可持续的，也将带来资本结构的扭曲。此外，储蓄并未随投资同步增长，此时消费者将减少储蓄至 S^{**}，企业生产将超出生产可能性边界。信贷扩张引发的不良投资（Malinvestment）与过度消费，在长期将导致大规模债务违约与经济萧条。在此背景下，经济危机实质是信贷泡沫破裂，经济恢复均衡的自然过程（Recovery Process）。

图4-3中,在初始均衡状态下经济处于可持续生产可能性边界上的点1。受利率下降的影响,过度投资与过度消费将导致均衡点向点2移动。由于没有足够的储蓄支撑社会投资,叠加资本结构的扭曲,市场将经历资源的重新分配与出清,最终导致产出规模的萎缩,向点3移动。

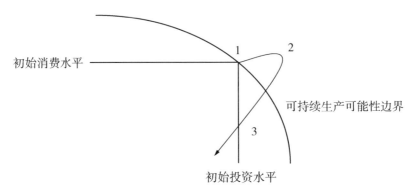

图4-3 商业周期理论与生产可能性边界

[资料来源:笔者根据 Snowdon 和 Vane(2005),p.505-506 整理。]

基于商业周期理论,奥地利学派对美国1929—1933年大萧条的爆发进行了深入分析,认为在20世纪20年代末,美联储为了稳固金本位体系,长期将市场利率压到较低的水平。在市场利率显著低于自然利率时,银行提供了过多的信贷,社会中存在大量资金流向了股票市场,社会投资规模急剧膨胀。尽管美国的货币当局已经注意到了资本市场泡沫,但信贷刺激引发的需求与供给的同步扩张,带来了不可持续的短期经济过热。在泡沫破裂后,宏观经济经历了漫长的萧条以重建均衡。

早期的奥地利学派并没有构建成熟的数理模型来阐述相关理论,其影响力也相对较小。然而,随着哈耶克等学者的逐步拓展,奥地利学派的理论日益成熟,并开始在主流经济学界占据一定地位。在20世纪70年代,大量发达国家进入以经济增长停滞与通货膨胀并行为主要表现的"滞胀"阶段后,政府干预主导的"新政体系"弊端逐渐显现。财政刺激与大规模政府投资引发的公共债务高企、资金浪费、挤出私人投资、经济结构僵化等问题,逐步被经济理论界所关注。在此背景下,奥地利学派作为极端的自由主义经济学派,对凯恩斯理论进行了反思。奥地利学派提出,失业与通货膨胀并存的现象是由国家过度干预经济所引发的。由于中央银行掌握了货币垄断权,一旦市场利率偏离均衡,市场信号将不能有效传递给消费者与企业家,货币政策调节就会导致商业周期的波动。由于政府干预与社会计划阻碍了市场机制的正常运转,因此政府应恢复自由银行制度。随着奥地利学派影响力的逐渐扩大,在20世纪下半叶,自由主义思潮重新主导了欧美发达国家的宏观经济政策。

第三节 债务危机防范与处置

一、债务危机的防范

(一)地方政府债务危机的防范

现阶段,世界各国的政府债务统计主要以中央政府为核心,较少对地方政府债务存量有系统的度量。尤其是在新兴市场国家,地方政府的财政透明度较低,统计口径存在较大差异,这给地方债务风险的防范带来了巨大挑战。

以中国为例,在2014年以前,中国地方政府不得在财政预算中列支赤字或公共债务。然而,为了应对日益增长的公共投资需求,地方政府大多通过成立城投企业,以融资平台等形式以规避中央监管进行借贷。虽然城投企业是相对独立的经济主体,但为了提升其融资能力,地方公共部门一般会为其担保。随着融资平台与隐性债务的持续扩张,部分地方政府的财政风险不断上升。2011年起,中央逐步对地方债务开展排查。2015年《预算法》颁布实施,地方政府正式具备了发行公共债券的权力,中央明确要求将地方债券纳入财政预算,地方政府不得对融资平台提供担保。同时,财政部对符合一定条件的地方债务开展置换工作,将各类型债务置换为长期政府债券,地方政府债务的平均利率大幅下降。2016年,财政部对各省的地方专项债务、一般债务年度设置限额,并制定债务风险分类等级与分级响应标准,要求对年度一般利息支出占总预算支出比例高于10%(专项债务利息占政府基金预算支出总额的比例高于10%)的市级和县级政府,开展财政重整计划。中央的地方债务管理坚持不救助原则,各级政府对于本辖区内的政府债务承担全部偿付责任。① 然而，金融创新显著提升了债务穿透监管的难度，明股实债在结构化筹资中极易隐藏。在当前经济增速放缓的新常态背景下，地方政府仍有动力通过各种渠道规避监管，举借债务以完成稳增长的任务。2019 年，国务院确定的地方政府新增一般债务总限额为 5800 亿元，新增专项债务 8100 亿元，合计总额达到 13900 亿元。② 其中，一般地方债券主要是用于弥补地方财政赤字，纳入公共财政预算范围管理；专项地方债券则以政府性基金预算形式管理，主要用于公共投资项目的建设。2019 年，我国地方政府债务的主要增量来源于专项地方债券，这表明我国地方政府将实施大规模的基础设施建设、开展公共投资项目，以地方债务补充财政资金，应对经济下行压力。从专项地方债券的期限结构看，我国的地方债务存在一定的期限错配问题。大部分地方债券的期限为 3～5 年，而公共项目的建设回报期一般为 8～10 年，这将加剧地方政府的短期偿付压力。2020 年 1—6 月，为了应对新冠肺炎疫情的冲击，全国发行地方政府债券近 3.5 万亿元，其中专项债券 2.37 万亿元，较 2019 年同期出现大幅增长。从地方政府债务风险的区域差异来看，以贵州、辽宁为代表的西南和东北地区，财政承担能力有限，债务偿还压力相对较大，区域性风险仍处于较高水平。部分地区甚至主要依靠土地出让金解决财政收支缺口，财政可持续性较差。

从防范地方债务危机的角度来看，我国的财政管理机制存在财政透明度较低、监督激励制度滞后等弊端。具体而言，财政预算信息的完整度仍有较大提升空间。我国现行的预算体系包括一般预算、政府性基金预算和国有资本经营预算三大形式，近年预算公开范围还包括国债余额预算、地方债专项审计。但这并未形成完整的政府资产负债表，对准财政活动、资

---

① 相关信息来源：中国财政部网站地方债管理（http：//yss.mof.gov.cn/zhuantilanmu/dfzgl/）。国务院办公厅关于印发《地方政府性债务风险应急处置预案》的通知（国办函〔2016〕88 号）（http：//yss.mof.gov.cn/zhuantilanmu/dfzgl/zcfg/201701/t20170125_2527470.html）。《财政部驻各地财政监察专员办事处实施地方政府债务监督暂行办法》（财预〔2016〕175 号）（http：//yss.mof.gov.cn/zhuantilanmu/dfzgl/zcfg/201701/t20170125_2527829.html）。《国务院关于加强地方政府性债务管理的意见》（国发〔2014〕43 号）（http：//www.mof.gov.cn/zhengwuxinxi/zhengcefabu/201410/t20141008_1146374.html）。

② 数据来源：中华人民共和国财政部，《今年，地方政府专项债券规模将较大幅度增加 发得快还要用得好》（http：//www.mof.gov.cn/zhengwuxinxi/caijingshidian/renminwang/201901/t20190128_3133758.html）。

产存量、负债期限结构、税式支出没有单独项目公开，对或有负债、隐性负债缺乏科学的估值技术。因此，中央监管部门很难对各区域的财政承担能力、债务水平进行合理评估。

有鉴于此，我国可以从以下三个方面提升财政透明度，有效防控地方债务风险，避免地方债务违约引发的经济动荡。

第一，合理的预算分配决策需要以真实可靠的财政信息作为基础，科学的政府会计体系有助于监管机关掌握各区域的财政风险水平，对各地区建立合理的债务规模控制标准。为应对地方债务风险的扩张，中央政府应健全财政会计体系，统一口径核算各地方政府的资产与负债水平。目前，政府会计体系可以分为完全收付实现制、完全权责发生制、修正的收付实现制和修正的权责发生制四种类型。包括我国在内的大多发展中国家长期执行的是收付实现制会计，这一会计系统以现金首付为标准记录部门收支，难以反映资产折旧与使用状况，不核算担保等形式的债务，因而对公共服务的成本不能合理计量，也很难评估地方政府的运营效率。2012年，我国各级政府开始对权责发生制综合财务报表进行试行编制。2015年《预算法》也明确要求，各级财政部门的综合财务报告需采用统一的权责发生制记账，并对中长期债务可持续性进行评估。但在执行过程中，各地区财务报告的编制质量不一，对担保债务、非流动资产运营状况的核算仍不够科学。当前，我国可以参考国际公共部门会计组织、国际会计师联合会等国际组织制定的通用准则，构建一整套地方政府流动性指标、债务结构指标、资产质量指标，充分发挥政府会计的预警职能。同时，应加快改革速度，向国际政府会计准则靠拢，提高财政信息质量。

第二，预算公开与财政透明能够解决投资者与地方财政部门间的信息不对称，有效约束地方政府的过度借贷行为。为此，我国应逐步扩大预算公开范围，将部分或有负债、隐性债务纳入财政预算范围。在"守住不发生系统性风险的底线"，防范地方债务违约的背景下，地方担保引发的债务也应以债务预决算形式对外公开，并进行规模控制与公共投资项目管理，对地方债务的预算制订、财政开支、资金使用绩效评估，实施全过程统一口径的监管，接受社会公众的监督。只有让公民参与财政预算的执行监督，才能维护地方债券投资者的权益，减少债务违约的可能性。

第三，外部审计机制能够约束地方政府的道德风险与逆向选择行为，抑制地方开支的无序扩张。政府的财政预算内容庞杂且专业性强，普通民众可能不具备足够的专业知识储备,通过预算会计报表对各地区的财政风险做出科学评估。我国可以参考独立财政机构(Independent Fiscal Institutions, IFI)改革的国际经验,在财政管理中以外部审计引入第三方监督体系。根据国际货币基金组织(IMF)的统计,2008年后,为有效应对金融危机对于各国财政稳健性的负面冲击,全球范围内约40个国家成立了独立财政委员会。独立机构的人事管理与资金来源必须独立于行政部门与各党派,其职责是对公共预算的编制执行开展审查,并对公众披露监察报告。这些国家的实践经验表明,独立财政机构能够帮助中央监察机构及时掌握地方政府的真实财政状况,强化财政约束力度。因此,我国应该积极完善外部检查机制,参考独立财政机构改革的国际经验,将现行的事后审计扩展至预算编制审计、宏观经济预测,并对政策执行及投资绩效开展评估。

(二)主权国家债务危机的防范

近年来,以中央政府债务为主体的主权债务危机频发,给世界经济稳定带来了巨大隐患。防控主权债务风险,需要从财政资金的预算管理、财政绩效体系两个层面,构建事前—事后一体的监察体系,以约束政府的过度开支倾向,提升资金的使用效率。

1. 以跨周期调节的中期预算构建债务风险的事前约束机制

从财政预算的事前监督体系来看,主权债务危机的产生与中央政府的宏观经济调控职能密不可分。伴随着两次世界大战和经济危机的冲击,古典经济学的自由主义思潮逐渐让位于凯恩斯理论,凯恩斯所开创的宏观经济学体系对经济管理实践的影响持续至今。美国基于大萧条后的"新政"体系和凯恩斯理论,对政府的经济职能做出了新的定义,要求政府采取逆周期的财政管理模式,将赤字、政府债务作为财政工具,发挥稳定经济增长、平抑周期性波动的作用。今天,世界各国普遍突破了年度预算平衡的限制,举借大量主权债务以维持社会的经济活力,赤字与债务已逐渐成为财政预算的重要组成部分。在凯恩斯主义的理论框架内,政府应在高增长的经济阶段,维持较高的税率水平、限制财政支出以实现预算平衡,甚至积累盈余、削减债务,创造财政空间;而在经济萧条和衰退时期,政府应主动提高财政支出规模,以赤字和债务为大规模的公共投资、基础设施建设筹集资金,同时减少税收以提升私营部门经济活力。在严格的逆周期调控框架下，在整个经济周期内，财政风险将被控制在一定范围内。凯恩斯主义对政府的风险控制与经济管理能力提出了较高的挑战，要求政府对财政资源进行科学的跨期调节。然而，在财政资源较为充裕的经济增长阶段，政府很难抑制过度开支的冲动。由于长期偿债成本并不需要有限任期的政治家承担，各国政府的主权债务规模日益扩张，财政稳定性受到了较大威胁。为了维持居民福利与日益庞杂的公共机构，即使是在经济高涨时期，政府也很少主动削减开支。此时，一旦发生经济萧条，公共投资计划引致的新增债务，将在短期内迅速引发债务偿付困难。

为了强化政府在整个经济周期内的预算纪律，防范主权债务危机的爆发，世界银行、欧盟等国际组织主导推行了中期支出框架（Medium-Term Expenditure Framework，MTEF）改革，以构建跨年度的预算平衡机制。中期支出框架（中期预算）要求公共部门以未来2～5个会计年度为窗口编制财政预算。这一预算管理方法，要求公共部门核算多年期的财政资源上限，并对公共投资项目的长期成本、远期收益状况进行评估。在此基础上，制订滚动年度的财政预算，并允许对长期预算分配进行微调。实践中，中期支出框架的执行由三个阶段构成：阶段一，由中央政府基于宏观经济预测与前期经验，确定未来2～5年内的税收与非税收入规模，对预计可获得国际援助、发行国债收入进行核算，明确可使用的财政资源。在此基础上，中央政府可以按照政府战略、区域绩效，形成预算分配草案。阶段二，各地方及支出部门提交中期预算。由于公共投资计划一般需要多年期的资金投入，回报期较长，因此中长期预算的编制有助于政府克服短视化倾向。阶段三，中央财政机构审核，并与下属机构协商达成一致，滚动年度确定预算规模。按照预算改革的程度，中期支出框架还可以分为三大类型：类型1——中期财政框架（MTFF）、类型2——中期预算框架（MTBF）、类型3——中期绩效框架（MTPF）。[①] 其中，中期财政框架（类型1）强调中央政府对中长期财政支出的预算上限进行明确；中期预算框架（类型2）要求在总量限制的基础上，对各部门地区的中期预算进行明确；在中期绩效框架（类型3）下，政府的预算分配决策还应参考上一期的财政绩效，以削减无效开支，提升公共服务水平。世界银行的统计数据

---

① 世界银行著，中国财政部综合司译：《超越年度预算——中期支出框架的全球经验》，中国财政经济出版社2013年版。

显示，截至2008年，全球有超过100个成员国推行了中期支出框架改革。其中，发达经济体的中期预算改革较早，例如欧盟要求所有成员国必须实施中期预算。发展中经济体对中期预算的执行则主要受世界银行、国际货币基金组织的推动。目前，大量国际组织普遍将推行中期预算作为国际贷款和援助的前提条件。大部分国际案例表明，中期支出框架有助于在中长期削减政府债务规模，为逆周期的宏观调控保留财政资源，将财政刺激引发的主权债务风险控制在一定范围内。

虽然，我国长期以来主要采用中央预算稳定调节基金、地方政府结转结余资金等管理形式在各年度间跨期调节收支平衡，但是在财政盈余年度中央补充调节基金的过程中，基金补充规模是按照决算情况来确定的，基金管理有一定的随意性，预算约束力不足。目前，我国可以借鉴国际改革经验，加快推广中期支出框架，尽早完成中期财政框架与中期预算框架的管理要求，科学预测中长期的财政收支水平，合理确立主权债务预警标准，为跨周期的宏观调控机制保留财政资源。

2. 以财政绩效管理构建债务风险的事后监察机制

财政绩效管理能够为未来的预算分配提供参考依据，有效控制财政规模。目前，大多数经济合作与发展组织（Organization for Economic Co-operation and Development，OECD）国家都逐步将预算制订与各部门、各地区的支出绩效考评结果相联系，在改善激励机制的基础上，优化政府的公共服务水平。从防控债务风险的角度来看，当期绩效考评不佳的部门（公共投资项目）将面临缩减预算的惩罚，这能够在保持甚至提升公共服务质量的背景下，优先削减不必要的开支，改善政府的资金偿付能力。

当前，全球各经济体的政府绩效管理改革主要有三大模式：第一类是报告式绩效预算（Presentational Performance Budgeting）。该模式要求政府将财政绩效信息以财政报告、政府文件的形式公开，但未来的预算制订与绩效间没有直接的关系，该体系实质上是以舆论监督约束政府行为。第二类是绩效信息预算（Performance-informed Budgeting），各部门的绩效评估将在一定程度上影响预算分配，但两者间并不存在简单的线性关系。第三类是直接绩效预算（Direct Performance Budgeting），预算分配以绩效产出为唯一标准。实践中，不同经济体在不同的经济部门可能采取了多种的绩效管理体系，例如，丹麦在中央政府的财政管理中执行报告式绩效预算，而在教育等部门，则执行直接绩效预算。总的来看，绩效管理改革可以帮助中央政府合理确定支出顺序，规避低效率开支。

2000年后，我国已逐步开始实施政府绩效管理改革试点，制定了预算绩效共性指标框架。2018年，财政部明确提出要在3～5年建立起全面的预算绩效管理体系。在我国现行的政府绩效体系中，指标体系主要是以资金投入规模和物质产出作为考评标准，很难反映公共服务的真实质量。现阶段，我国应尽快完善科学的政府绩效评价体系，综合经济、社会、环境、文化、政府债务风险等因素，对各行政部门有针对性地制订考评指标。此外，绩效管理改革还应科学处理绩效评估与预算资源分配的关系。在现行财政体系下，将政府绩效与预算分配直接挂钩，可能不具备现实操作性。仅缩减当期绩效不佳的项目预算，而不对产出成效不佳的原因进行分析，也不具备政策合理性。鉴于此，我国应重点参考报告式绩效预算的制度设计，将绩效信息引入财政报告，绩效信息的公开将对各政府部门形成潜在的激励约束，防范政府债务规模的持续膨胀。最后，我国还可以对政府和社会资本合作（Public-Private Partnership，PPP）等形式的公共投资项目，试点直接绩效预算模式，以健全的考核标准和完善的信息披露，保证财政资金的利用效率。

（三）企业债务危机的防范

除政府债务危机外，私营经济部门也可能发生债务违约，引发债务危机与系统性风险。2008年国际金融危机后，因经济下行压力加大，中央政府曾推行了4万亿元刺激计划，开展了大规模基础设施建设和投资计划，但是各级政府的财政能力和直接投资较为有限。因此，经济刺激计划还意味着国企需要大幅加大投资，以弥补私营企业的投资萎缩。与此同时，这也需要国有控股银行对审批通过的项目提供必要的贷款。在此背景下，为了维持经济增速，部分国有经济部门出现了产能过剩。2008—2014年，水泥、金属冶炼等重工业部门产能持续上升，但产品利用率显著下滑，这也导致了2016年以后的"去产能"供给侧改革。国际金融危机后，国际市场持续萎缩，贸易局势紧张与一系列反倾销措施导致中国无法通过降低价格增加出口的方式来消除产能过剩。而国有企业、国有银行的管理者则面临着预算软约束，为了支持产能扩张，企业普遍出现过度借贷。重工业企业、金融机构的财务稳健性均受到了较大的负面影响，加剧了金融市场动荡与经济的结构性问题。纵观全球历次金融危机，其共同特征在于债务与杠杆的快速积累。事实证明，大规模的企业债务违约、坏账损失，可能引发经济体系整体的资金链断裂，最终导致系统性风险事件。

为了化解企业债务危机，防范发源于微观部门违约行为的风险异动，企业和监管部门可以通过以下措施减少大规模债务违约的负面影响。

第一，企业可以通过引资入股增加自由资本充足率，降低企业的资产负债率，注入流动资金。随着企业财务风险状况的改善，融资成本和贷款利率也将逐渐下降，这将缓解改善企业的偿债压力。此外，在与债权人达成一致的前提下，陷入偿付危机的企业还可以通过债转股，将部分债务按约定价值转化为股权。债权人亦可以通过兼并形式，将债务企业吸收合并或者对其形成控股，以进行债务清偿。企业兼并能够充分发挥规模经济效益，并能维护债权主体的权益。但不可否认的是，引入新的股权资金并不适用于所有企业。只有当企业具备存续经营的价值（如持有某项特许经营权或专利技术但暂未反映在账面价值上）时，企业才可能获得资金注入。

第二，债务重组能够为企业争取时间，以恢复资金的流动性，改善经营绩效，进而逐步走出债务危机。从短期来看，债务展期、利率调整、还款方式变更等债务重组方案可能损害了债权人的部分权益，但是，只要债务企业能够提供科学的经营计划与还款方案，并严格执行，积极盘活存量资产，就能避免企业破产所带来的负面冲击。在部分债务重组案例中，债务企业还可以通过引入第三方担保来推动重组方案的达成。

第三，当债务企业难以获得债权人的信任来实施重组方案时，企业可以通过第三方托管来接管债务企业的经营，通过所有权和经营权的分离来保证偿债方案的顺利实施。在实践中，托管企业需投入一定的启动资金，并将专业化的生产销售体系、成熟的经营管理经验引入债务企业，积极改善债务企业的经营绩效。同时，托管企业将从当期利润中抽取部分比例收入，因此经营风险将由委托方与受托方共同承担。企业托管能够在不涉及产权变更的前提下，对企业的生产经营进行系统重构，最终实现资金引进、要素优化配置、企业升值的经营改善目标，帮助企业走出债务偿付的危机。

第四，为了保护债权人的合法权益，防范信用风险沿借贷渠道蔓延，在债务人难以清偿债务时，债权人可以依法行使担保物权（抵押权、质押权、留置权），通过拍卖担保物，以清偿债务。当债务人的财务状况急剧恶化，出现明显的资不抵债状况时，债权人可以按法定程序申请债务企业破产，以最大限度地保证债权。

第五，监管机关与金融机构也应加强贷款审查，约束企业的庞氏融资行为。从2008年国际金融危机的经验来看，企业、个人等私营经济部门的杠杆率持续上升，显著加剧了系统性风险。鉴于此，金融机构应通过区块链、大数据等前沿技术缓解银行与企业间的信息不对称，有效识别优质的贷款企业，及时掌握企业的经营状况以及资金动态，规范贷款资金的使用。此外，政府还应进一步完善社会征信体系和失信惩罚机制，在全社会范围内引导培育诚信理念。对于存在失信记录的企业，实施信用惩戒，提高经济主体的失信成本，建立银企间长期的良性合作关系，避免银行断贷潮以及企业拖欠贷款的发生。

二、债务危机处置的典型案例

（一）案例分析一：20世纪80年代拉美债务危机

20世纪50年代起，拉丁美洲国家大规模推进城市化和工业化，对制造业部门进行巨额投资，并实施产业倾斜政策。在此背景下，20世纪60年代，拉美国家经历了经济的高速起飞，大多数国家的人均GDP在10年间增长了一倍，一度创造了"拉美奇迹"。为了加速工业化进程，拉美国家普遍采取了扩张性财政政策，举借高额外债。20世纪70年代，国际市场中原油价格攀升，墨西哥、巴西等重要石油出口国取得了大量的外汇收入。同时，发达国家也看好拉美经济形势，对其发放了大额债务。其中，美国商业银行在国内市场正经历"脱媒"（大企业绕过银行以发行商业票据的方式在资本市场上进行融资）和不动产投资损失的负面冲击。在此背景下，美国商业银行积极拓展国际市场，海外贷款迅猛增长，海外业务为银行提供了高额收入。然而，扭曲僵化的产业结构和沉重的债务负担，为拉美国家的债务危机埋下了隐患。随着主要发达经济体进入"滞胀"阶段，国际贸易局势日益复杂化，关税措施与进出口壁垒限制了拉美国家的出口贸易，外汇储备日益缩减。此外，欧美国家为应对通货膨胀采取了紧缩性货币政策。其中，美国里根政府时期利率水平显著攀升，其他发达经济体为避免资本流出也相继提高本国利率。全球范围内的利率上升，提高了拉美外债的借贷成本。高利率也导致资金流向以国际债权人为主体的发达国家，美元升值在事实上扩大了拉美国家的债务规模。到20世纪80年代,拉美国家的外债规模已急剧膨胀,受石油、矿产品等初级产品价格下滑的影响,拉美经济体出现了严重的国际收支逆差,偿债能力急剧下降。最后,拉美国家外债管理的失误也是造成其大规模债务危机的直接原因。在债务危机爆发前,墨西哥、巴西、委内瑞拉等国政府对经济前景过度乐观,并未对其外汇储备、投资回收期、出口创汇能力进行全面分析,对外债也缺乏系统的监管与统计制度。这导致贷款资金使用效率低下,大量资金投向非生产性支出或回收期较长的公共投资项目,偿债能力较为薄弱。

1982年8月,墨西哥政府正式对外宣布将拖欠对超过1000家国际银行的195亿美元外债债务,由此拉开了拉美债务危机的序幕。此后,其他国家纷纷效仿,共计16个拉美国家出现了债务违约[①]。

债务危机对拉美国家的经济稳定造成了巨大的负面冲击,受进口萎缩、国际资信降低的影响,拉美经济体的投资规模锐减,建设资金不足,经济陷入停滞。表4-2报告了1980—1995年间部分陷入债务危机的国家年度GDP增长率。由表4-2可以看出,在债务危机的冲击下,拉美地区经历了较长时期的衰退,巴西、阿根廷等国家普遍进入了"中等收入陷阱"(Middle-income Trap)[②]。时至今日,大部分拉美国家仍属于中等收入经济体,难以实现收入水平的晋级。这是因为拉美地区在20世纪70年代的经济增长,主要是依靠密集的要素投入与初级产品出口拉动,经济结构失衡的问题较为严重。一旦面临债务危机、大宗商品价格剧烈波动等外部冲击,经济增长的动力将严重不足。为了应对宏观经济的结构性问题,1982年下半年至1985年上半年期间,拉美国家在国际货币基金组织的压力下,实施了紧缩性政策。政府开始大幅削减政府预算,减少投资消费,取消财政补贴。同时,压缩进口,扩大出口,以尽力实现贸易盈余,筹集资金以偿还外债。此外,拉美各国在陷入危机后,相继放弃了固定汇率政策,实施货币贬值以拉动出口贸易,减少资金流出。在此基础上,为了帮助转轨国家顺利实现经济改革,美国国际经济研究所、世界银行等组织于1989年主导提出了包括经济自由化、国营部门私有化、限制政府干预等举措的"华盛顿共识"(Washington Consensus)。然而事实上,"华盛顿共

---

① 1984年6月,玻利维亚、厄瓜多尔等国相继暂停偿还外债。1987年2月,巴西宣布暂停偿还外债利息。1989年1月,委内瑞拉宣布暂停偿还国际私人银行的外债。

② "中等收入陷阱"由World Bank(2006)提出,指一国在经历了一定时期的高速发展达到中等收入水平后,经济增长乏力,难以向高等收入经济体转型。

识"这一政策框架并未帮助拉美国家走出"中等收入陷阱"与债务危机，过度的贸易自由化与金融市场化加剧了国内市场的脆弱性。不适时的紧缩财政还引发了经济下行，拉美地区社会福利水平出现了明显下降，国际储备持续缩减，通货膨胀率快速上升。随着进口锐减，国际产业链断裂，拉美国家难以获得必要的原材料和中间产品，生产中断最终导致了经济增长的停滞。

表 4-2　1980—1995 年部分拉丁美洲国家 GDP 年度增长率　　（单位:%）

年度	阿根廷	巴西	智利	墨西哥	玻利维亚
1980	1.5	9.1	8.0	9.2	-1.4
1981	-5.2	-4.4	6.5	8.5	0.3
1982	-0.7	0.6	-11.0	-0.5	-3.9
1983	4.3	-3.4	-5.0	-3.5	-4.0
1984	1.6	5.3	4.1	3.4	-0.2
1985	-5.2	7.9	4.0	2.2	-1.7
1986	6.2	8.0	5.4	-3.1	-2.6
1987	2.7	3.6	6.5	1.7	2.5
1988	-1.1	-0.1	7.3	1.3	2.9
1989	-7.2	3.3	9.9	4.1	3.8
1990	-2.5	-3.1	3.3	5.2	4.6
1991	9.1	1.5	7.8	4.2	5.3
1992	7.9	-0.5	11.2	3.5	1.6
1993	8.2	4.7	6.6	1.9	4.3
1994	5.8	5.3	5.0	4.9	4.7
1995	-2.8	4.4	8.9	-6.3	4.7

（资料来源：世界银行数据库。）

此后，为有效解决债务危机，债权国和债务国之间进行了反复协商与谈判，提出了一系列的债务重组方案。在 1983 年以前，几乎所有陷入危机的国家均与债权人进行了谈判，重新确定未清偿债务的偿还期限，但收效甚微。这是因为债务展期的实质是推迟本息偿还，在全球市场利率持续走高的背景下，拉美国家的债务负担仍将持续上升。当债务国难以按期清偿借款利息时，利息将转变为本金，债务国虽然可以采取借新债还旧债的形式维持资金链的运转，但这将最终导致负债日益沉重，陷入恶性循环。

1985年，美国提出"贝克计划"，即由私人银行和国际机构向15个拉美国家在3年内提供约290亿美元贷款，以重振经济。作为交换，拉美国家必须实施国有企业的私有化，开放国内市场，取消价格补贴等改革措施。但这一方案所能提供的贷款规模过小，难以应对拉美国家巨额利息开支，因此并未得到债务国的一致同意。与此同时，智利、巴西、阿根廷等拉美国家开始实施债务资本化以削减外债。债务资本化是指债权人根据同期汇率水平，将以美元计价的债券换算为债务国本币计价债务，凭借债务对债务国进行股权投资，实现债务—股本互换。到1988年，债务资本化为拉美国家减少了约270亿美元的外债。1987年，美国和墨西哥政府又推出债务证券化计划，约定墨西哥政府出资20亿美元现金，购入20年期无息票美国国债。以此为担保，墨西哥政府再次发行本金100亿美元的同期债券，并出售给国际债权人，债权银行将以未清偿旧债的50%换取新债券。虽然债务证券化是一种重要的金融创新手段，但在实际操作中，美国政府仅担保新债的本金，且大多数银行难以接受50%的折扣比例，因此抵销债务的规模较为有限。墨西哥凭借该债务证券化协议，减少了约26亿美元的债务本息。1989年，美国政府意识到除非拉美经济体出现经济复苏，否则将很难收回外债，这是因为拉美债务危机并非短期的流动性危机，而是偿债能力危机。鉴于此，美国时任财政部部长布雷迪主导推出了"布雷迪计划"，将大额旧债转换为小额新债，减免部分债务，并由国际组织提供贷款担保，该计划获得了债权银行和债务国的支持。1989—1994年间，私人贷款部门放弃了共计610亿美元的贷款，约占未偿拉美债务总额的1/3。与此同时，参与"布雷迪计划"的18个国家需要实施国内经济改革，并保证偿还剩余债务。此后，20世纪80年代的拉美债务危机逐步走向尾声，拉美国家普遍通过债务重组和经济改革计划，实现了债务削减。然而，债务违约重创了拉美地区的财政体系，导致其债务承担能力极为脆弱。20世纪90年代，拉美地区又爆发了贷款泡沫与金融危机。1994年12月，墨西哥股市率先发生了大崩盘。2001年，阿根廷发生历史最大规模的外债违约，违约金额高达950亿美元。1998年和2002年，巴西相继发生金融危机[1]。

---

① 罗伯特·德夫林（Robert Devlin）著，张月、徐珂译：《拉丁美洲债务危机：供给侧的故事》，上海财经大学出版社2018年版。

回溯20世纪80年代的拉美债务危机，可以发现，债务危机给债务国家和债权人都带来了巨大的负面冲击。整个拉美地区经历了经济衰退的阵痛。1980—1985年期间，拉美GDP增长率大幅下滑，阿根廷和智利在个别年度曾出现负增长，多国爆发恶性通胀与大规模失业，社会动荡。同时，作为拉美国家的主要债权人，欧美商业银行出现了大额坏账，金融体系稳健性受到严重损害。为了走出债务危机，拉美国家和债权国经历了艰难的国际协商，付出了巨大的代价。在债务削减过程中，拉美国家实施了多项金融创新与经济改革，为债务危机的应对提供了重要启示。历史经验表明，只有确立符合本国国情的发展模式，适度利用借贷资本，才能实现长期的经济增长与金融稳定。

（二）案例分析二：2009—2012年欧洲债务危机

1991年，为维护区域性的经济货币联盟，欧盟对成员国的通货膨胀、利率、汇率、财政赤字、政府债务波动范围进行明确，确立了详细的经济趋同指标体系。其中，财政赤字不得高于3%，政府债务负担率不得突破60%，是欧盟确立的财政风险警戒线。然而在实际执行过程中，欧盟并没有严格执行处罚措施，部分成员国屡次突破警戒线。1999年，希腊申请加入欧元区，但其政府债务负担率远高于60%，因而并未获得成员国资格。2001年，希腊通过高盛等国际投资银行，发行大额存单来压缩账面债务负担率以达到标准，最终成功进入欧元区并成为欧盟成员国。在统一的货币联盟体系下，成员国差异化的经济结构与日趋分化的财政政策，是欧洲债务危机爆发的重要根源。欧元区国家在财政政策方面具有相对较高的独立性，而货币发行权则由欧洲央行行使。然而，这一制度体系并未考虑成员国经济周期不同步、面临不对等外部冲击的可能性。此外，在缺乏有力监督机制的前提下，部分成员国突破财政规则、实施大规模刺激所产生的负面影响，将由欧元区所有国家共同承担，这将带来巨大的道德风险问题。

2009年10月，希腊政府换届，新政府宣布2009年希腊赤字率和债务负担率已分别突破10%和100%，必须在2010年内筹集540亿欧元以避免破产，这一突发事件在欧洲市场引发了连锁反应。2019年12月，国际三大评级公司均迅速调低希腊的主权债务评级。2010年4月，希腊政府向欧盟和国际货币基金组织寻求救助。2010年5月，希腊获得1100亿欧元贷款。同时，欧盟宣布联合国际货币基金组织建立7500亿欧元的救助机制，以防范主权债务危机的扩散。2010年下半年至2011年上半年间,爱尔兰、葡萄牙均申请了超过700万欧元的救助资金。2011年10月,欧盟再次向希腊提供1300亿欧元的第二轮援助资金。2012年1月,欧洲9国主权债务评级均出现下降。2012年6月,西班牙向欧盟申请了总规模高达1000亿欧元的救援资金。至2012年12月,标普对希腊主权债务的信用评级,已下降至B⁻级。表4-3报告了欧洲主权债务危机爆发前后,欧洲五国的政府债务负担率水平。表4-3显示,在主权债务危机正式爆发前,希腊、意大利、葡萄牙就长期保有较大规模的公共债务,政府债务负担率显著高于60%的红线,存在较为严重的财政风险和经济结构性问题。而西班牙和爱尔兰政府的债务水平则是在2010年后才出现显著上升,其风险水平相对较低。

表4-3 2005—2014年部分欧洲国家政府债务负担率   单位:%

年度	希腊	意大利	葡萄牙	西班牙	爱尔兰
2005	107.4	101.9	60.8	42.3	26.1
2006	103.6	102.6	61.6	38.9	23.6
2007	103.1	99.8	68.4	35.5	23.9
2008	109.4	102.4	71.7	39.4	42.4
2009	126.7	112.5	83.6	52.7	61.7
2010	146.3	115.4	96.2	60.1	86.3
2011	172.1	116.5	111.4	69.5	109.7
2012	159.6	123.3	126.2	85.7	119.6
2013	177.9	129.0	129.0	95.4	119.6
2014	181.0	131.8	130.6	100.4	105.4

(资料来源:国际货币基金组织数据库。)

从危机爆发前的经济增长趋势看,除爱尔兰外,希腊、意大利、西班牙、葡萄牙这4个陷入债务危机的国家均出现了不同程度的增长停滞状况。事实上,自2008年以来,为应对金融系统性危机的影响,发达经济体普遍面临巨额的财政支出与公共投资,显著加剧了部分国家的财政风险。此外,希腊、葡萄牙、意大利、西班牙在欧洲的贸易体系中属于净进口国,投资率不足,但其消费水平与社会保障体系却向欧洲主要发达经济体看齐。为了获得民众支持,政府难以在短期内扭转高福利与高工资的现状,这导致了公共债务的不断累积。此外,爱尔兰虽然经济增速显著高于同期的其他欧洲国家,且产业机构较为合理,但其银行贷款资金大幅流向房地产行业,引发了房地产泡沫。在资产泡沫破裂后,银行发生了系统性危机,为救助金融体系,政府承担了高额债务。值得注意的是,受惠于良好的经济基础,爱尔兰的复苏速度远超过其他国家。

危机爆发后,欧盟与国际货币基金组织启动了一系列紧急援助计划,为成员国提供资金支持。首先,欧洲央行扩大了贷款抵押担保资产的范围。2010年5月,欧洲央行明确将接受低评级的希腊主权债务作为再融资的抵押品。这一举措主要是为了提升希腊国债的市场价值与吸引力,降低希腊的融资成本。其次,欧洲央行推行了证券市场化计划(Securities Market Programme,SMP),在二级市场中大量买入欧元区国家政府发行的公共债券,在一级市场上购买欧元区国家私营公司发行的债券,以稳定债券市场。同时,欧洲央行还推行了系列政策,以应对债务危机背景下的资本流动。具体而言,欧洲央行联合美国、日本、瑞士等主要发达经济体央行订立了货币互换协议,以减缓国际资金从欧洲流出的速度,避免欧洲银行的美元流动性短缺。为应对私人资本外逃,欧洲央行以TARGET-2系统为渠道向危机国家发放了大额度贷款。在此基础上,欧洲央行于2011年12月—2012年2月,分两轮执行了被称为"欧洲量化宽松"的LTRO(Long Term Refinancing Operation)计划,进行长期再融资操作,对银行提供贷款,保证市场的流动性。此外,2012年10月,欧元区17个国家共同设立了欧洲稳定机制(European Stability Mechanism,ESM),以显著低于市场利率的长期大规模贷款进行危机救助。该计划投资总额高达7000亿欧元,由各国按照经济发展状况、欧洲央行出资比例确定投资份额。其中,800亿欧元实缴资本在2014年4月前到位,其他资金为承诺通知即付资本。相对于欧债危机初期设立的临时性欧洲金融稳定机制(European Financial Stability Mechanism,EFSM)、欧洲金融稳定基金(European Financial Stability Facility,EFSF),ESM是欧元区应对流动性风险的中长期援助机制[①]。

2011年,为约束欧元区国家财政风险的过度扩张,欧盟以"六部立法"重申了财政与债务警戒标准,要求加强成员国间的财政协调与监督。

---

① 张志前、喇绍华编著:《欧债危机》,社会科学文献出版社2012年版。

欧盟规定对债务负担率超过60%的成员国，必须进入过度赤字程序。成员国应在3年的过渡期内改善过度赤字状况，削减政府债务。当成员国偏离财政预算目标且不能纠正时，其应缴纳占同期GDP 0.2%的计息保证金。2012年1月，欧盟25国签署财政契约，以最高法律宪法的形式将保持预算平衡（或适度盈余）确立为各国政府的财政目标。为应对人口老龄化对欧洲财政体系的挑战，欧洲通过《欧元附加公约》明确了推迟退休年龄、取消工资指数化等措施，以提升各国的财政实力与经济活力。在此基础上，欧盟将通过"欧洲学期"制度，对各成员国的财政管理、经济趋同计划进行审议和监督。

欧洲主权债务危机与此后的欧元贬值，对全球金融稳定与经济发展产生了显著负面影响。欧元区主权债务风险的扩张，导致持有相关资产的银行部门也陷入危机，面临较大的风险敞口。为稳固欧洲银行的资本充足率，在世界范围内欧洲银行的资金出现大规模回流，对全球各国均造成了一定的影响。从欧洲国家的角度来看，欧盟作为目前全球一体化程度最高的战略联盟，其成员国间存在紧密的经济关联。部分国家陷入债务危机后，实施了紧缩性的财政政策以筹措资金，经济增长疲软导致国际贸易体系陷入停滞，拖累了整个欧元区的经济增长。从欧洲主权债务危机的产生背景与应对经验，我们可以发现，只有保证财政偿付能力与投资规模相匹配，社会福利与经济发展状况相适应，才能有效约束政府债务风险的无序扩张。

◆思考讨论题◆

1. 请结合世界各国应对债务危机的经验，阐述是否存在统一的债务风险警戒标准。

2. 与发达国家相比，发展中国家债务危机的触发条件与表现形式有何特殊性？对我国债务风险管理的启示是什么？

3. 请基于债务—通货紧缩理论和资产价格下降理论，阐述国际金融危机期间资产价格泡沫与债务危机间的影响机制。

4. 根据奥地利学派的债务与商业周期理论，当中央银行降低利率至均衡利率水平之下时，总产出水平将发生怎样的变化？

5. 拉丁美洲债务危机与欧洲债务危机的爆发与应对措施有何异同？对发展中国家应对债务危机有何启示？

第五章　股市危机

第一节　股市危机概述

一、股市危机的定义

金融危机拥有着众多的表现形式，其中包括由货币大幅升值或急剧贬值导致的货币危机，由经济体或大型金融机构债务违约导致的债务危机，由银行大面积违约引起社会恐慌的银行危机，以及由股票市场剧烈暴跌引起的股市危机。在这之中，股市危机是金融危机的一种重要表现形式。历史上两次较为严重的股市危机分别是1929年"大萧条"时期的股市危机，以及2008年国际金融危机时蔓延全球的股市暴跌。这两次严重的金融危机，均伴随着经济衰退甚至是经济危机的爆发，其影响范围从股票市场蔓延至整个金融体系，并严重损害了一国甚至全球的经济发展。

一般而言，股市危机可按如下方式进行定义：当一国股指在10个交易日内下跌幅度超过20%，就可定义为股市危机爆发。依据这个判断标准，我们首先尝试对我国股市危机爆发的时间进行定义。图5-1展现了2015年中国上证综合指数的走势。如图所示，上证综合指数在2015年6月中旬至8月下旬曾出现两次连续下跌超过20%的情况，上证综合指数在两次暴跌中合计下跌超过2000点，跌幅超过40%，我国投资者为此遭受了重大的损失。无论是从影响范围，还是影响程度上看，中国股市在2015年6月中旬以后出现的暴跌都是一场真正意义上的股票市场危机，后续我们也将根据该案例对股票市场危机的处置进行探究与讨论。较为幸运的是，在2015年的股票市场危机中，并没有伴随着货币危机或是银行危机等其他类型恶性事件的出现，因此并未对中国经济的平稳健康发展造成严重的影响。

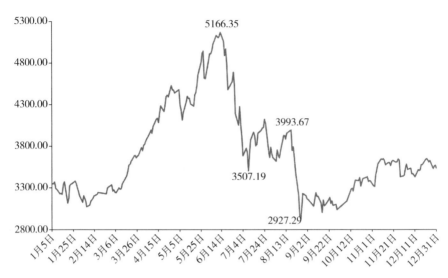

图 5-1　中国上证综指 2015 年走势

（资料来源：Wind 数据库。）

二、股市危机的触发条件

纵览全球历史上多次股票市场危机的爆发，我们发现，信贷的过度扩张往往是股市危机触发的潜在条件。当一个国家（地区）的经济处于快速发展阶段时，人们的乐观预期将直接导致各类信贷资产的规模迅速扩张，并且，随着人们对未来经济发展乐观预期的形成，股票、房地产等资产的价格也会快速上升。这时，一方面，房地产按揭贷款的存在将必然导致房地产资产存在较高的杠杆水平；而另一方面，当股票市场处于快速上涨阶段时，资本市场的逐利者也会通过加杠杆的方式企图提升他们的短期收益。而随着房地产市场与股票市场中杠杆水平的不断提升，信贷资产必然出现过度扩张的趋势，两者相互结合之下将成为引发股市危机爆发乃至于全面金融危机爆发的潜在隐患。此时，一旦经济发展稍有停滞，信贷规模的扩张就无法支撑起资产价格的持续上涨，市场中投资者的信心也将随之减弱；而证券资产价格的泡沫化就很有可能成为股市危机的导火索。

除了信贷资产的过度扩张以外，经济体中货币的过度投放也可能是造成股市危机的重要原因。为了刺激经济的发展，各国政府热衷于使用扩张性的货币政策，例如美联储的量化宽松政策就是一种典型的扩张性货币政策。事实上，货币数量的过度投放往往也表现为信贷资产规模的过度扩张。纵观历史上发生过股市危机的经济体，信贷的扩张都是股市危机的重要触发原因之一。在经济向好时，人们对未来经济的发展充满着乐观的预期，这种乐观的预期将直接促使该国固定资产价格呈现不断上涨的趋势。例如，20世纪80年代"日本增长奇迹"时，东京圈房价上涨的幅度曾达到500%以上；近年来，随着我国经济的腾飞，我国房地产价格的上涨幅度也同样相当惊人。此外，股票作为一种流动性更佳的资产，在经济向好时其价格也会迅速上涨。此时，股票价格的上涨一方面得益于在经济上行阶段企业基本面的改善，另一方面则源自股市投资者预期的逐渐提升。更进一步地，由于房地产中抵押贷款的普遍存在，房价的上涨将导致抵押品价格进一步提升，从而创造出更高的流动性。在房地产抵押贷款所创造的流动性增量的驱使下，股票市场价格的泡沫化将会不断显现，一旦资产的升值幅度不足以对冲增量资金的成本，持续推动股票市场上涨的动能将逐渐失去。在失去足够的上涨动能后，处于高杠杆中的股票市场将面临多空力量不均的危险情形，股市危机随时都有可能爆发。

下面，我们将股市危机的形成逻辑总结为图5-2。

三、股市危机的表现形式

股市危机有众多的表现形式，但是在本质上，股市危机其实是一种货币现象，或者说是一种由信贷过度扩张而导致的资本严重过剩现象。我们可以发现，股市危机往往与恶性通货膨胀相伴而生，股票市场危机常常直接导致恶性通货膨胀的出现，而恶性通货膨胀也必将影响证券市场的正常秩序。因此，我们想要防控股市危机的爆发，则必须控制证券市场的杠杆率。仅依靠顺周期的危机防控机制并不利于股市危机的防范，更好地实施逆周期的杠杆调整机制才是抑制市场泡沫乃至危机的必要条件。

以我国股票市场2015年的重大股灾为例，我们可以发现，场外配资以及高杠杆的投资行为是股票市场危机爆发的罪魁祸首。在2015年6月股市开始下跌后，各种救市政策抑或稳市场政策在短期内都较难取得良好的效果，这是因为股票市场中隐含的高杠杆使得投资者在股市下跌时面临着强行平仓的压力，从而形成了"股价下跌—高杠杆投资者被平仓—市场

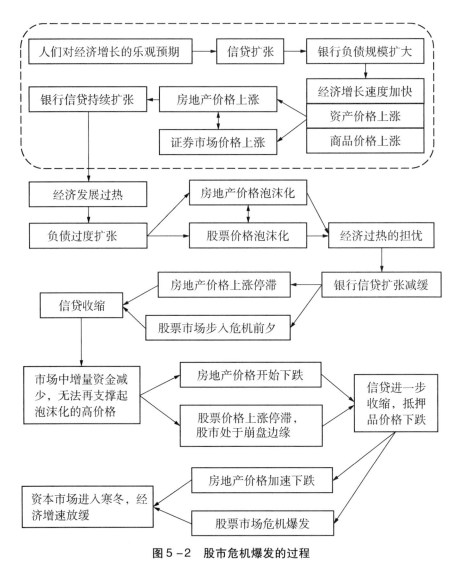

图 5-2 股市危机爆发的过程

[资料来源：图片内容参考《中国资本市场研究报告（2016）》，第 27 页。]

恐慌情绪积累"的恶性循环。因此，在存在高杠杆的股票市场中，股市危机的表现形式往往就是短期内的迅速暴跌，广大股市投资者损失惨重，严重时甚至会影响一国经济的发展。

第五章　股市危机

第二节　股市危机理论与模型

一、股价波动模型

股价波动模型，又被称为"道氏理论"，该理论是以查尔斯·道（Charles Dow）的名字命名的。查尔斯·道在《华尔街日报》上发表了许多有关证券市场的文章，并参与构建了道琼斯工业平均指数（DJIA）。在他辞世以后，几位学者一同对其已发表的文章进行了汇总，并将其内容和主要理论观点命名为道氏股价波动模型。

（一）道氏理论简介

我们首先简要介绍道氏理论中最具代表性的三个理论基础。

（1）三重运动原理。在道氏理论中，我们可以将股票市场的具体走势分割为三种不同级别趋势的叠加，这三种趋势，从影响程度最强到最弱依次是基本运动、次级运动以及日常波动。其中，基本运动作为一种影响股价长期方向的趋势是最为重要的，查尔斯·道认为基本运动的规律可以在一定程度上被人们把握，并可以尝试运用其获得投资收益；与之对应的，次级运动可以被人们认识，但十分难以被把握；而趋势最弱的日常波动则具有很强的随机性，几乎无法被人们掌握。因此，对于股票投资者而言，想要获取超额收益，主要在于能否把握基本运动趋势；相反，若投资者过多地被股价短期的日常波动所干扰，频繁地进行多空交易，则容易招致亏损。

（2）相互验证原则。其所指是道氏理论中常常通过相关性来验证单个结论的正确性。他们认为，通过单一方式得到的结果，必须用另一种方式对其进一步验证，而不可在未经验证的情况下盲目相信单一结果。举例而言，在分析股票市场走势时，如果存在两个相关性较强的股票指数或行业个股，如果其中一个指数的走势可以得到另一个指数的验证（即同涨同跌的趋势得到保持），则意味着趋势还将继续；与之相反，如果它们的走势出现了互相背离的情况，其中一只股票的走势得不到另一个指数的相互验证，这可能就意味着本次上涨或下跌的趋势难以延续，对于投资者而言，

145

此时就需要保持足够的谨慎。

（3）投机原理。道氏理论认为，市场中的股票价格包含着人们对未来的预期，因此人们的预期将会影响着股价的运动方向，并且市场中存在投机行为。他们认为，证券市场的走势之所以可以被人们在一定程度上预测，正是因为市场中存在着投机性行为。虽然我们常常将投机倒把视为非市场属性的行为，但它实质也是市场的一种现象，是市场中可被预测的决定性因素。

（二）道氏理论的三种运动趋势

上一小节中提及，道氏理论中认为股票价格可以分解为三种不同级别运动趋势的叠加。在这之中，若采用傅里叶分解依照频率对三种趋势进行分离，则持续时间最长、影响幅度最大的是基本趋势。从投资者的角度来看，基本趋势上升则股票市场进入牛市，反之，基本趋势下降则意味着股票市场步入下跌的轨道。股价运动中持续时间最短、影响程度最弱的趋势则被称为短期波动，短期波动所反映的仅仅是股价在一段较短时间之内的上涨或下跌。道氏理论认为短期波动有较强的随机性，通常难以预测。除此之外，持续时间和影响程度介于基本趋势与短期波动之间的，我们将其称为次级趋势。在实际情况中，次级趋势往往与基本趋势的作用方向相反，因而对主要的股价走势产生一定的反向干扰，股市中的调整与反弹大多因此而来。

基本趋势代表的是股票基本走势的上涨或下跌行为。在股票价格上涨时，只要每一次股价上涨的局部高价超过了前期高点，并且，出现调整回落时股价并没有比前一次的波谷要低，我们就可以判断其主要趋势的方向是上扬的，即称之为多头上涨趋势。相反地，若每一次下跌都将股价带到更低的位置，且随后的反弹无法超过之前的高点，则我们认为当前股价将逐步向下波动，此时也称为空头市场，或熊市。

我们可以将上升趋势与下跌趋势分为三个不同的阶段。以空头市场为例，最开始的阶段是出货期，当多头市场中股票价格上涨的动力逐渐匮乏，则投资者大量出货，进入出货期。在这个时期，部分有远见的投资者觉察到市场中出现了非理性的过度繁荣，他们会开始加快自己卖出股票的步伐，从上一次多头市场中获利离场。此时，股票市场中的成交量仍然会比较高，缺乏经验的投资者则容易误以为市场仍处于上涨阶段，而错过最佳的卖出机会。空头市场的第二个阶段是恐慌期，我们常说的股市危机往往就发生在第二阶段。此时，市场中大部分的投资者都开始意识到股市危机的到来，市场中的增量资金匮乏，买入量急剧减少，而急于卖出的人数又比较多，两方博弈的结果就是股票价格的加速下跌。到了最后一个阶段，缺乏信心的投资者持续卖出股票，而价值型投资者却开始进场买入被低估的股票，因此该阶段股票价格将逐渐趋于平稳。

对于投资者来说，由于次级趋势常与基本趋势背道而驰，因此次级趋势往往对股票价格的基本趋势形成干扰。在牛市行情里，股票价格的短期调整就是次级趋势的重要表现形式，若能准确判断次级趋势的产生，则投资者可借此机会调整持有的股票，以获取未来牛市行情中更丰厚的利润。而在股市下行阶段，例如爆发股灾时，次级趋势会表现为下跌时的反弹行情。最后，短期波动对股票或指数的长期走势并没有显著的影响，而且短期波动往往无法被有效预测，因而短期波动为股价的走势增添了一定的随机性。

（三）道氏理论的局限性

每一种现成的理论都有其必然的局限性，道氏股市波动理论在实际应用中也同样存在着一些明显的局限性，我们认为其主要的缺陷包括以下三点。

（1）道氏理论往往只能用于判断股票走势的大致方向，却无法准确估计每次基本趋势的涨幅有多大，持续时间有多久。换言之，若我们用它来预测股市危机，我们将无法预测每次股票市场危机的严重程度。

（2）道氏理论认为，每一种趋势的确立都需要多个指数或者多个股票价格之间的相互验证。诚然，这样做法将在一定程度上提高其准确程度，但是，与此同时，这也使得道氏理论对股票走势判断的时效性较弱，往往会出现"后知后觉"的现象。

（3）道氏理论中最注重的是长期趋势（亦可称之为基本趋势），而在中期趋势（即处于牛市与熊市之间的大多数时期）方面却无法带给投资者明确而有效的启示。

二、有效市场理论

法玛（Fama，1970）针对美国股票市场进行了深入的研究，并提出了著名的有效市场假说（Efficient Markets Hypothesis，EMH）。该理论认为，在有效市场中股票价格将会是信息完全反馈后的结果。因此，除非有内幕交易或市场操纵行为的存在，否则在成熟市场中，投资者无法通过公开信息获取额外收益。在有效市场理论的阐述中，我们可以发现，其与道氏股价波动理论存在一定的分歧。造成这个现象的主要原因是，不同时期的股票市场存在明显的差异，而随着股票市场有效性的提高，有效市场理论逐渐取代了道氏股票波动性理论而成为主流。

（一）有效市场理论简述

Kendall 等（1953）对一段时期内英国和美国这两个最成熟的证券市场中的股票价格走势和大宗商品价格走势进行了深入的研究，发现无论是股票价格还是商品价格，它们的走势都具备较明显的随机性。在此之后，Roberts（1959）的研究则表明，一个从随机序列中产生的价格指数与美国股票市场历年来的走势是无法明显区分的，从而在一定程度上佐证了股价波动的随机性。Samuelson（1965）、Mandelbrot（1966）从模型的推导上为有效市场假说的提出提供了理论基础。随后，在前人研究的基础上，Fama（1970）整合并提出了著名的有效市场理论。

有效市场理论能够成立，必须包括以下几个重要的假设条件：①有效市场理论中假设证券市场中的参与者都是完全理性的，他们每天都会利用已有的信息进行充足的分析，并以每家公司未来的期望价值来估算相应的股票价格。②股票的价格是一种均衡价格，套利行为会使得股票价格始终处于均衡状态。否则，市场中的套利者将会通过"买入被低估的股票"和"卖出被高估的股票"的方式促使股价回到均衡状态。③股票市场中的信息是有效的，成熟的证券市场中的股票价格能够充分反映该公司所有可获得的信息。因此，每当"利好"或"利空"消息传出时，股票价格都会调整到一个新的均衡状态。

实际上，有效市场假说意味着在一个成熟的市场上，投资者将不会获得超额收益，每一种投资行为都将获得均衡的收益。当然，有效市场理论只是一种理论假说，其前提条件是苛刻的，即使在目前我国的股票市场中，有效市场理论也无法得到完全的满足。因为股票市场中每个人都不是完全理性的，信息也不可能在每个时点上都完全有效。因此，有效市场理论远远不能够刻画真实市场的情形，但随着金融科技与人工智能领域的逐渐发展，我们的股票市场将越来越贴近"有效市场"。

（二）有效市场假说的三种形态

以下，我们从弱到强，逐一介绍有效市场假说的三种形态。

（1）弱有效市场（Weak-Form Market Efficiency）。

该假说强调在弱有效市场中，股价已经包含了所有过去的价格信息，无论是技术分析指标还是成交价、交易量等其他信息，均已包含。因此，在弱有效市场中，道氏理论中提及的所有技术分析都是无效的，而针对公司运营状况的基本面分析则依然能够帮助投资者获得超额利润。如果一国股票市场未能达到弱有效阶段，则当前的股票价格并未包含历史价格中的所有有效信息，在这种情况下，我们可以利用技术分析的方法从历史价格中挖掘对预测未来股价有用的信息，并以此找出当前被错误估值的股票。

（2）半强型有效市场（Semi-Strong-Form Market Efficiency）。

在半强型有效市场中，这时股票价格已充分反映所有公开信息，这些信息包括历史价格信息，以及定期公告的财务报表等。此时，技术分析与基本面分析均属于无效的，仅有掌握内幕消息的交易者能够赚取超额收益。在许多处于起步阶段的未成熟的股票市场中，投资者往往可以通过基本面分析的方式，对各家公司的公开资料进行深入研究，找寻被低估的股票。这表明，该股票市场仍未达到半强型有效的阶段。

（3）强有效市场（Strong-Form Market Efficiency）。

在强有效市场中，各公司的股票价格已经充分反映了所有公开或未公开的信息。因而，此时投资者们无须花费时间和精力去思考如何进行投资决策的问题，因为任何一只股票的价格都是"合理"的，投资者无法获得长期超额收益。在这样一个市场中，基金经理们常常通过模拟主要市场指数的方式进行投资，从而达到分散风险的目的。目前在基金市场中，既存在着主动型基金，也存在着模拟指数的被动型基金。被动型基金数量的提高意味着我国股票市场正逐步走向强有效市场，投资者们越来越认可我国股票市场的有效性。表5-1对以上几种情况进行了简要的概括。

表 5-1　不同类型有效市场的对比

	技术分析	基本面分析	内幕消息	基金经理的管理方式
无效市场	有效	有效	有效	积极
弱有效市场	无效	有效	有效	积极
半强型有效市场	无效	无效	有效	积极
强有效市场	无效	无效	无效	消极

（三）有效市场假说的检验方法

回顾之前的内容，我们不难发现：如果强有效市场假说成立，那么半强型有效市场假说必定成立；而当满足半强型有效市场假说时，也同样能够满足弱有效市场假说。三种假说的成立条件存在明显的包含关系。所以，当我们考虑对三种有效市场假说进行检验时，应该从弱到强依次检验，即"弱有效市场假说是否成立——半强型有效市场假说是否成立——强有效市场假说是否成立"。以下，我们将分别简要地介绍有效市场假说的几种检验方法。

首先，是针对弱有效市场是否成立的检验。我们需要检验的是，技术分析是否能帮助我们预测未来的股票价格，若能，则弱有效不成立。针对这一点，我们可以考察股票收益率在时间维度上的自相关效应，如果历史收益率序列能影响未来收益率的分布，则技术分析有效，弱有效市场的前提条件不成立。其次，针对半强型有效市场，我们需要考虑的是基本面分析是否有效。此时，我们可以采取事件检验法。具体而言，我们可以通过分析公司各季度财报公布前后，股票价格是否发生明显的变化。如果信息公布时股价迅速调整到新的均衡价格，则基本面分析是徒劳的，半强型有效市场假说成立；反之，则半强型有效市场假说不成立。最后，在弱有效市场假说和半强型有效市场假说均成立的情况下，我们将考虑进一步检验强有效市场假说。遵循之前的思路，此时我们需要判断的是内幕消息能否带来超额的收益。

（四）有效市场假说的局限性

（1）"经济人"的假设往往不成立。这是因为在大多数现存的股票市场中，参与交易的投资者并不是完全理性的。就中国的 A 股市场而言，当中存在着大量非理性的个人投资者,这就导致证券市场的有效性有所不足。

(2) 由于受到心理账户①等行为金融学效应的影响,投资者常常做出非理性的投资选择,并且相当数量投资者的错误又具有一定的相关性。

(3) 由于交易成本以及市场不完备等因素的存在,套利者无法完全消除非理性投资者对价格的影响,这就使得股票价格会处于非均衡的状态。

(4) 无法解释实证研究中发现的众多金融异象,例如 De Bondt 和 Thaler(1985)针对美国股票市场的研究发现,美国股市中存在明显的反转效应,而该现象无法用传统金融学理论进行解释。除此之外,还有 Jegadeesh 和 Titman(1993)发现的动量效应以及股票的小市值效应、P/E 效应、P/B 效应等。以上金融异象的出现,也反映出有效市场理论存在明显的局限性。

(5) 另一类实证研究也发现,证券市场对消息的反应既存在反应不足的现象,也存在反应过度的现象。例如 Ritter(1991)、Loughran 和 Ritter(1995)、Spiess 和 Affleck-Graves(1995)、Dharan 和 Ikenberry(1995)分别发现了在首次上市发行、后续发行以及新交易所上市中存在的消息过度反应现象。同时,市场对信息也存在反应不足的异象,例如:Bernard 和 Thomas(1990)、Ball 和 Brown(1968)先后发现的各公司的股价变化受到财务报表信息的持续影响;Cusatis 等(1993)、Desai 和 Jain(1997)、Ikenberry 等(1996)发现的股票分割后价值随之变动的现象;Lakonishok 和 Vermaelen(1990)发现的股份投标现象;Ikenberry 等(1995)发现的回购操作对股票价值的影响;Michaely 等(1995)发现的股利发放政策对股票价格的影响。此外,还有 Asquith(1983)、Agrawal 等(1992)发现的兼并收购行为对股价的影响;Ikenberry 和 Lakonishok(1993)发现的代理权竞争问题。而 Roll 和 Ross(1994)以及 Roll 等(1998)的研究则表明,引起股价波动的是非预期冲击。

---

① "心理账户"是芝加哥大学的理查德·塞勒教授为了解释行为金融学的一些现象所提出的一个概念,指的是消费者在决策时往往会出现与经济学运算规律相矛盾的潜在心理运算规则,从而使得其做出非理性的决策行为。

三、协同市场假说与分形市场假说

(一) 协同市场假说

正如上一小节中提及的,有效市场假说存在着一些明显的局限性,现实市场中很多表现与有效市场假说存在明显的差异。这就促使学者们尝试提出更完备的市场理论以解释这些金融异象产生的原因。其中就包括了协同市场假说(Coherent Market Hypothesis,Vaga,1990)。与有效市场假说不同,协同市场假说(CMH)不是以股票收益率服从正态分布为理论分析基础的,而是基于非线性的分析框架去构建的。因此,我们认为,协同市场假说能够帮助我们更好地理解资本市场中价格的决定,其创新性地提出了有别于有效市场理论的一种分析框架,从而拓展了该领域的学科前沿。

协同市场假说认为,证券市场中的股票价格是由经济的基本状况以及投资者的情绪这两个主要因素所决定的。其中,经济的基本环境决定了每只股票的内在价值,而投资者的集体情绪将对股票的最终价格造成影响,使得市场中的实际价值并不等于股票的内在价值。按照以上两者的不同组合方式,市场状态也将发生改变,在协同市场假说中,市场存在以下四种不同的具体情况。

(1) 在完全有效的市场中,股票价格表现为随机游走,投资者相互之间独立地行动,投资者的情绪对股票价格几乎不造成影响,而基本信息则将很快地反映在价格之中,股票价格完全由基本的经济环境所决定。

(2) 与之相反的是,在无效市场中,投资者的情绪对价格的影响较强,这种影响将使得证券市场中的成交价格与企业的内在价值产生显著的差异。并且,由于企业的内在价值时刻处于变动之中,这种价格与价值的差异将会长期延续,而且无法逐渐消除,因此在无效市场中,外部经济环境与公司运营情况并不是股票价格的主要影响因素。

(3) 当基本经济环境存在明显的不确定因素时,证券市场将处于混沌状态。此时,由于投资者情绪具备很强的传染性,投资者的行为将表现出羊群效应的特征。当股价出现风吹草动时,被人们普遍曲解的信息很容易引起大面积的恐慌,致使市场中投资者的行为相应地发生剧烈波动。这个时候将很可能导致股市危机的爆发。

（4）在协同市场中，由于正向的经济基本状况与投资者情绪出现了协同效应，两者相互作用的结果将使得股票市场的风险保持在较低水平。但在另一种情况下，负面的经济基本状况也可能与投资者情绪相互结合，使得市场风险急剧升高。

综上所述，在协同市场理论中，我们以复杂系统的视角去研究股票市场价格的变动。在股票市场这个复杂系统中，内部因素即投资者情绪之间存在显著的相关性，并且，外部因素即实际经济环境也会对内部因素造成影响。而我们看到的表象，实则是内部因素和外部因素相互作用的结果，也就是系统展现出来的一种最终状态。

（二）分形市场假说

除了协同市场假说之外，分形市场假说也是学者们提出的针对有效市场假说的另一种修正。分形概念提出的初衷是描述一些不规则的几何特征，而分形市场假说正是源自分形理论与概念。随后，从事金融学研究的学者们发现资本市场亦常常表现出混沌的行为。而随着非线性理论基础的不断夯实，金融学中也越来越多地采用非线性框架来分析实际问题。正因如此，基于分形概念的新研究视角，为学者们理解资本市场运作提供了新的研究着力点。

彼得斯（Peters，1994）创新性地提出了分形市场假说（Fractal Market Hypothesis，FMH），该理论指出不同的投资者拥有着对时间的不同认知，并且不同的投资者获取信息的能力也存在明显的差异，从而导致市场中存在不同类型的投资者，且他们的行为特征具有明显的差异；并且，该理论认为，在所有的市场中都具备明显的分形特征的结构。表5-2简要地总结了分形市场假说与有效市场假说之间的异同。

表5-2 分形市场理论的特征

	有效市场理论	分形市场理论
市场特征	线性的孤立系统	非线性的开放系统
均衡状态	处于市场均衡中	允许出现非均衡的状况
系统复杂性	简单系统	具有分形特征的复杂系统
对信息的反应	线性因果关系	非线性因果关系
股票收益序列	白噪声	收益序列具备长期记忆

续表 5-2

	有效市场理论	分形市场理论
股票价格序列	布朗运动（$H=0.5$）	分数布朗运动 $[H\in(0.5,1)]$
波动有序性	无序	有序
两者之间的联系	分形市场理论是有效市场理论的延拓，有效市场是分形市场中的一个特殊情况	

四、投资者行为理论

金融市场的理论总是处于不断的完善之中，且每一种理论都有其必然的局限性。有效市场理论中假定证券交易中的每个投资者都是理性的"经济人"。但事实上每个人都有着自己的情绪，且每个人都很容易受到外部因素的干扰而无法做出理性的抉择。投资者行为理论（又称行为金融理论）的产生是对传统现代金融理论的巨大挑战。投资者行为理论认为，有效市场理论与资本资产定价模型所需的假设在现实生活中并不总是成立的。因此，行为金融学理论正是将有效市场理论中"经济人"的前提条件进行了放宽，从而可以对有效市场假说所无法解释的金融异象提供较为恰当的解释。

随着经济学研究者对人类行为学研究的重视程度的日益增长，博弈论和实验经济学逐渐开始被主流的经济学界所接纳，经济学的研究方法有了明显的拓展。在非线性的研究方法与传统的研究方法相结合之后，我们看到金融理论对现实金融现象的解释力度得到了进一步的提升，而行为金融理论也慢慢进入我们的视线中。投资者行为理论将人类心理学与行为学逐步纳入金融的研究框架中。随着行为金融领域的著名经济学家塞勒教授在 2017 年获得诺贝尔经济学奖，行为金融理论也被越来越多地应用到实际金融问题的分析上。

（一）投资者行为理论的发展

有效市场假说（EMH）和资本资产定价模型（Capital Asset Pricing Model，CAPM）是现代金融理论的两大支柱。然而，随着学者们对金融市场研究的逐渐深入，人们渐渐发现许多无法用现代金融理论解释的金融异象；并且，实证研究发现，证券市场上，投资者的实际决策行为也与理论模型存在明显的差异，它们主要表现为以下两个方面。

其一，实证研究的结果表明，投资者的决策行为并不符合理性预期和效用最大化等常用假设。例如，Tversky 等（1990）指出投资者进行交易决策时，往往可能表现出过度自信的行为特性。他们的研究发现，投资者在盈利与亏损情形下做出的投资决策并不相同，甚至在投资者陷入亏损状态时，他们更倾向于继续承担更高的风险以弥补之前的亏损。这一现象的发现对马科维茨投资者具备风险规避特征的理论进行了修正。此外，需要特别说明的是，Kahneman 和 Riepe（1998）的研究进一步表明这种投资者的非理性决策行为是普遍存在的，而不是由于少数投资者的一时冲动所导致。

其二，现代金融理论和有效市场假说是建立在完全竞争市场的基础上的。在现代金融理论的分析框架中，由于股票交易成本等因素的存在，长期情况下，非理性投资者由于相对收益较低，将被有效市场逐渐淘汰，因此，证券市场中长期存在的剩余投资者必然是以理性投资者为主，股票价格将主要由他们所决定。然而，De Long 等（1990）以及 Shleifer 和 Summers（1990）的研究相继表明，由于市场并不是完全有效的，在特定条件下非理性投资者甚至会获得更高的收益，并在市场中长期存活下来。换言之，在实际市场中，非理性投资者的决策行为也会显著地影响到资产的价格，这就对现代金融理论提出了挑战。

正因如此，行为金融理论开始逐渐发展起来。最先出现的是心理学与金融学结合的研究，其中，较具代表性的有 Tversky 的研究，他重点考察了现实中的投资者与理论模型中"经济人"之间的差异，这些显著差异包括不同状况下投资者风险态度的转变、心理账本以及投资者普遍存在的过度自信问题。除此之外，Tversky 和 Kahneman（1981）共同提出了被称作行为金融领域重要基石的期望理论。遗憾的是，他们的研究并没有得到足够的重视，一方面是因为当时有效市场假说的流行，另一方面则是因为人们普遍尚未能接受通过心理学与情绪的影响去研究金融学与证券市场这种做法。

然而，随着时间的推移，市场中不断出现的金融异象使得行为金融理论再一次引起了学者们的注意，市场中大量的现存证据表明我们当前的金融理论还不够完善。较具代表性的研究包括 Thaler（1987，1999）以及 Shiller（1981，1990a，1990b）的研究，他们的研究结果从行为金融的分析视角对羊群效应和心理账本异象提供了较为合理的解释。

（二）行为金融学的理论基础

行为金融学有别于传统现代金融理论主要体现在两者的理论基础不同，具体内容如下。

1. 期望理论

期望理论是行为金融学中的重要基石，近年来，许多重要的行为金融领域研究成果都是基于期望理论进行的。通过一系列的经济学实验，Tversky 和 Kahneman（1981）发现股票投资者的行为存在明显的非理性特征，与理性的"经济人"相对应，他们称之为行为投资者（Behavior Investor）。行为投资者最大的特点就是容易受到情绪的影响，在外部环境与情绪的影响下，他们常常做出非理性的抉择。在现代金融理论中，常使用凹函数描述风险厌恶者的效用，而使用凸函数描述风险偏好者的效用函数。然而，经济实验的结果表明，实际市场中，投资者的效用函数并不是完全的凸函数或凹函数，当投资者获取收益时，其效用函数为凹函数；而投资者承受亏损时的效用函数则是凸函数。时至今日，期望理论已成为行为金融领域的代表学说，能够较好地解释众多金融异象产生的缘由。

2. 羊群效应模型

羊群效应模型（Herd Behavioral Model）指出，在某些特定条件下，投资者将做出相同的决策行为，从而表现出明显的羊群效应，这种从众的投资者决策行为显然是非理性的。但 Banerjee（1992）的研究认为，这种非理性行为实际上是特定条件下的投资者效用最大化行为。Banerjee（1992）以序列决策模型的观点解释了羊群效应。他构造了一个基于贝叶斯准则的投资者顺序决策模型：假设每个投资者在决策时都能获取其他个体的决策信息，此时由于没有更多的信息帮助他们做出正确的决策行为，每个投资者的决策都将呈现出明显的序列特征，前置位投资者的行为将显著地影响到后续投资者的具体行为，从而表现出羊群效应。

3. DHS 模型

与现代金融理论相比，DHS 模型（Daniel 等，1998）的创新之处在于，其依据获取私人信息的能力将投资者划分为有信息的投资者与无信息的投资者两类。对于无信息的投资者而言，除市场信息以外，他们缺乏足够的信息帮助他们进行投资决策。但正是因为他们没有信息，所以他们也不会受到信息的干扰而出现判断的偏差。与之相反，由于对于自身能力的过度相信，有信息的投资者存在明显的过度自信问题。他们认为，超额收益的获取是由自身更强的信息获取能力所致，因此他们往往高估自身对股票内在价值判断的能力。然而，随着信息有效性的逐渐展现，对市场中股票价格起决定性因素的仍然是公共信息，这就使得有信息的投资者容易陷入长期亏损的状态。

4. HS 模型

在 HS 模型（Hong 和 Stein，1999）的设定下，投资者都不是完全理性的，模型中存在的两类非理性投资者分别是观察消息者和动量交易者。具体而言，观察消息者会根据财务报表中的公开市场信息对未来股价进行推断，但他们完全不考虑历史价格因素对未来股价可能造成的影响。与之相反，动量交易者完全不考虑基本面分析，而只关注历史价格的变化，他们根据技术分析判断股价的涨跌。由这两类投资者组成的市场中，将存在明显的信息反应不足与信息反应过度的现象。

5. 行为组合理论和行为资产定价模型

上述几种理论都将行为金融理论放到了传统金融理论的对立面。然而，有不少学者注意到，行为金融理论与传统金融理论都能够在一定程度上对金融市场做出解释，如何将二者结合从而进一步推动金融学的学科前沿，引起了众多学者的兴趣。其中，较具代表性的研究成果有 Shefrin 和 Statman（2000）提出的行为金融组合理论和行为资产定价模型，该研究成果引起了金融学界广泛的关注。行为金融组合理论和行为资产定价模型都是行为金融理论与现代金融理论结合的产物，传统投资组合理论认为理性的投资者将构造处于有效前沿上的投资组合，但行为金融组合理论却不这么认为。行为金融组合理论从现实情况出发，指出实际生活中我们构建的资产组合往往由不同级别的风险资产组成，但投资者往往较少关注不同层级资产之间的风险关联。行为资产定价模型则可以看作传统 CAPM 模型的拓展。在行为资产定价（Behavioral Asset Pricing Model，BAPM）模型中，除了按照 CAPM 中假定的理性投资者外，增设了一类非理性的"噪声交易者"，最终的资产的价格由两者共同决定。

（三）基于投资者行为理论的交易策略

1. 小市值效应

小市值效应指的是在股票市场中普遍存在着的，当两只股票承担的风险相近时，小市值股票比大盘股拥有更高收益率的金融市场异象。根据 CAPM 模型，股票的收益率只和整体市场风险呈线性关系，具体取决于 β 系数的影响。但是，Banz（1981）、Reinganum（1981）以及 Lakonishok 等（1994）的研究发现，在美国股票市场中，小市值股票拥有高于 CAPM 模型理论收益的平均收益率，而且在收益率相同的情况下，大盘股往往风险更高。因此，投资者只需投资于小盘股即可获得超额收益，这种现象被称为小市值效应。

2. 反向投资策略

反向投资策略（Contrary investment strategy）指的是通过买入历史价格走势较差的股票，而卖出表现较好的股票，从而获得套利收益的投资策略。过往的研究表明，低市盈率的股票和低市净率的股票往往能在未来获得超额收益，而且这种收益是可持续的。行为金融理论认为，该现象的出现，可能源自金融市场对信息反映过度的一种自我纠错行为。

3. 动量交易策略

行为金融理论定义的动量交易策略源于对股市中收益具备持续性特征的研究。其中，Jegadeesh 和 Titman（1993）针对 1 年内的股票收益序列进行研究发现，股票价格具有向同一方向连续变动的趋势，即股价往往出现连续上涨或连续下跌的现象，这就是金融市场中的动量效应。动量交易策略就是利用动量效应购进持续上涨的股票，而抛售连续下跌股票的交易行为。

4. 成本平均策略和时间分散化策略

由于金融市场中具备很强的随机性，股价波动的幅度也较为明显，投资者"入市"时很难把握住最优的时间节点，为了降低可能存在的风险，往往会采取成本平均策略分批建仓。而时间分散化策略指的是，随着投资者年龄的增长，投资者承担风险的意愿逐渐下降，因此投资组合中高风险资产的比重相应地逐年减少的投资策略。"基金定投"策略就是成本平均策略的一种应用，这种投资方法通过分批买入基金的方式建仓。由于每次买入相同价值的基金份额，在市场出现剧烈波动时，该策略能够获取较为稳定的收益，有利于投资者合理把控风险。这两个策略与现代金融理论中的效用最大化法则是相违背的，但 Statman（1995）、Fisher 和 Statman（1999）以行为金融理论的视角对上述两个策略的合理性进行了分析与讨论。

步入 21 世纪后，行为金融理论已逐渐成为金融学中的热门研究领域，通过引入"非理性的投资者"概念，行为金融理论能够解释传统理性分析框架中无法解释的金融异象，为人们理解金融系统的运行提供了一个崭新的视角；与此同时，行为金融理论还拓展了金融学研究的学术前沿，对已有的金融研究框架提出了挑战。

第三节 股市危机防范与处置

一、股市危机的防范

防范股市危机是"守住不发生系统性风险的底线"的必要条件。回顾本章第一节所述，金融危机有着各种不同的表现形式，既有各类型市场危机复合爆发而形成的全面金融危机，例如由货币贬值引发的 1997 年亚洲金融危机和次级债务连续违约引起的 2008 年全球金融危机；也有仅限于证券市场的股市危机，例如 2015 年中国股灾以及互联网泡沫等。以史为鉴，我们可以发现，重大金融危机的爆发常常伴随着股票市场乃至证券市场的暴跌，并且，在现代意义的金融危机中，股市危机往往是金融系统不稳定的导火索。因此，有效防范股市危机的爆发，成为防止金融危机爆发的先决条件。在笔者看来，股市危机的有效防范离不开合理的监管，政府的合理监管是证券市场乃至整个金融市场保持稳定的重要先决条件。此外，有效的监管也是维持市场秩序和保障金融市场公平、透明的重要保障。但值得注意的是，监管者担任的角色应该是市场中的"裁判"而不是"运动员"，金融市场的监管者不应该将股市的涨跌作为关注的重点，更不能成为股票市场牛市的幕后推手。在我们看来，监管者追求的显然不应该是股票指数的涨跌，而应该是股票市场的公平与透明，并致力于打造一个有效的股票市场。

(一) 完善多层次资本市场体系，拓宽融资渠道

首先，为了防范股市危机的爆发，我们重点发展多层次的资本市场体系。从根源上拓宽资本市场的服务功能，为广大人民群众提供多元化的融资渠道。具体而言，我们应创立以主板市场为核心，科创板和新三板为辅，并以区域性股权市场、创业公司债券市场、农产品期货交易市场为辅的全方位、立体的资本市场融资体系，从根源上消灭融资难的现状，从而发挥我国金融体系高效率资金融通的优势，助力经济增长。

其次，应尽快彻底落实A股市场发行制度由核准制向注册制的转变。中国股票市场发展至今日，核准制早已不再适用，我们需要尽快建立以市场资源配置为主导的股票发行制度。目前，创业板市场上注册制的成功落地是我国股票市场的一大进步，注册制的建立将有助于提升股票市场信息披露的透明度，从而提升股票市场的有效性。从核准制向注册制的转变，将大幅提高我国资本市场的资源配置效率，使我国经济焕发出新的活力。事实上，注册制改革的核心是加强证券市场的信息披露，其愿景是建立一个公平、透明、有效的资本市场。与核准制相比，一家企业能否成功上市的决定性因素是其未来的成长性，投资者只会投资那些他们看好的，以及未来可期的股票。

最后，我们还应该进一步规范融资渠道，以便更适当地调控杠杆。通过规范市场的融资渠道，我们可以消除场外配资等非法融资行为对证券市场秩序带来的危害；并加强对股票市场甚至金融市场杠杆率的调控，甚至在股市风险较高时，可以通过主动"去杠杆"将股票市场泡沫水平维持在可控范围内，从而防止股市危机的爆发。此外，在规范融资渠道的同时应平衡好金融创新与金融风险的关系，建立系统性风险的动态调控机制。总体而言，我国应该收紧场外配资渠道和规模，规范并发展场内"两融业务"，从而在提高融资渠道规范性的同时，完善市场的秩序与稳定。

(二) 合理引入股市"稳定器"，提振市场信心

纵览所有出现过金融危机的国家或地区，它们都存在着一个共同的现象，即资产价格的持续大幅上涨是股市危机乃至金融危机爆发的重要前提。当一国经济向好时，该国的资产价格势必随之而上涨；在资产价格上涨的过程中，往往是房地产资产的价格首先出现大幅的上涨，随后，股票市场中个股的价格也陆续飙升；在资产价格严重泡沫化之时，市场的监管

措施一旦出现纰漏，银行的信贷资金就会通过直接融资或间接融资的方式流入股市中，并为股市危机的爆发埋下隐患。

因此，防范股市危机爆发的关键在于控制杠杆率，针对金融市场杠杆率的动态调控就是股票市场的"稳定器"。在牛市阶段，投资者利用杠杆获利满满。然而，随着收益率的提升，不少人被利益蒙蔽了双眼，盲目的加杠杆行为促使了股灾的爆发。在期货交易和房地产交易市场中，杠杆的出现促使了交易的达成，此时杠杆是金融系统的润滑剂；但是高度杠杆化的股票市场未必是健康的股票市场，如何适当管控杠杆率是金融市场稳定的核心。就目前状况而言，规范融资方式是管理杠杆的重要手段。

除此之外，高效的监管也是市场重要的稳定器。首先，高效的监管必须保障监管主体的独立性，监管者不应该受到除法律以外的约束。其次，高效的监管应该是全方位、立体的监管体系。这包括事前监管与事后监管两方面的内容，事前监管的重点应该是监督企业做好信息披露，保持资本市场的透明度与自由度；而事后监管的核心则是违法违规行为的适当惩处，惩戒力度不宜过强也不宜太弱，要起到警示的作用。

（三）建立舆情监测与引导机制，降低市场非理性因素的影响

在理论分析中我们常常假设投资者都是完全理性的。但是，事实上金融市场不可避免地会受到非理性因素的影响，行为金融理论证明，恐慌性抛售、羊群效应等非理性的投资行为严重地影响了股票市场的稳定，助长了股市危机的爆发。而舆情导向极易引起非理性的投资行为，从而引发股市危机甚至金融危机。因此，我们需要建立有效的舆情监测与引导机制，降低市场中非理性因素对股票价格的影响，并尽可能地推动股票价格向其真实价值靠拢，提高市场的有效性。舆情监测系统的核心首先在于如何建立预警机制，其次是根据预警系统的发现，迅速做出反应，务必做到一旦发现舆论苗头，就应立刻予以处置。

二、股市危机处置的典型案例

案例分析：2015年6月至2016年1月中国股灾的演变与政府处置过程分析

（一）2015年中国股灾演变过程简述

自2008年国际金融危机引致的暴跌以来，我国股票市场经历了漫长的熊市，我国股票市场在2000点左右徘徊了6年之久。自2014年7月中旬开始的4个月内，股票市场处于缓慢上涨状态，这是由于我国经济在那几年来较好的发展趋势，此时的恢复性上涨是较为合理且符合经济增长状况的。换言之，当时的股市上涨是具备基本面支撑的，属于理性上涨的阶段。然而，股票市场从来都不缺乏投机者的存在，短期投机者的加入使得我国股票市场逐渐偏离了理性上涨的阶段，第一波的迅速上涨发生在2014年年底，上证指数从2500点涨到了3300点，上涨幅度超过30%。在此之后，伴随着众多利好因素的刺激作用，2015年3月开始，我国股市迎来了第二波的快速上涨。2015年3月到4月之间，中国上证指数由3200点上涨到4500点，上涨幅度高达40%。并且，这两次的上涨不仅仅是股票指数的大幅上涨，我国股票市场的成交量也随着证券市场参与人数的增加而急剧放大；股市成交量从牛市前的6000亿元暴涨至1.6万亿元，而对应的换手率也从不到2%快速上升到3.5%。成交量和换手率的显著提升意味着股票市场中增量资金的流入以及投机性行为的显著增多，而这正是股票市场危机的导火索。

正是因为注意到了股市危机爆发的潜在风险，监管者开始提示股票市场的风险，但遗憾的是，在非理性预期和高杠杆的作用下，我国股票市场马上就迎来了第三次的疯狂上涨，短时间内的三次大幅上涨导致股市危机一触即发。在最后的上涨阶段，上证指数最高涨至5178点，与牛市的起始点2500点相比整整涨了一倍有余。此时，我国股票市场的交易量几乎每天都在2万亿元左右。而更为夸张的是，股票市场的换手率一度突破了4%。在本次的连续上涨中，无论是从上涨速度、上涨幅度抑或是交易量以及换手率上来看，市场都显现出极其严重的泡沫化现象，这意味着此时股市危机已近在眼前，而投资者仍然处于股票市场快速上涨的欢呼声中，未曾察觉到危机已悄然而至。

终于，时间来到了2015年6月15日，从这天开始，我国股票市场出现了崩盘式的大暴跌，上证指数从最高的5178点一路跌至到3507点，市场整体跌幅达到了32.2%，而由于此前小盘股更为严重的泡沫化现象，中小板与创业板跌幅将近40%，明显高于主板市场跌幅。虽然在此之后我国政府实行了一系列的救市政策，使得股票市场在短期内得到了稳定，但由于受到基于内幕交易的大规模反向操作的影响，加上针对"国家队"资金退市的舆论甚嚣尘上，2015年8月，市场出现了第二次的大幅下跌，上证指数迅速回落到2800点，下跌幅度将近30%。这场短短两个月内的股票市场危机对我国金融体系的稳定产生了严重的影响，同时也严重扰乱了我国的证券市场秩序。在股灾爆发后，为了稳定投资者情绪、恢复市场信心，我国政府陆续推出了以证金公司为代表的"国家队救市"行为，并辅以银行续贷，鼓励上市公司大股东回购股票，暂停IPO（Initial Public Offoring）等措施以维持金融市场秩序的稳定，防止由股灾引发更大面积的系统性风险爆发。除此之外，在2015年8月"二次下跌"发生后，政府和监管部门进一步加大了对违法违规行为的惩处，特别是对于内幕交易和操纵市场等严重破坏市场秩序的行为给予严厉打击。终于，在多方的共同努力之下，我国股票市场在2016年开始逐渐恢复正常，股市危机逐步消解。接下来，我们将对2015年中国股灾的形成原因进行深入的剖析。

（二）引发2015年中国股灾的主要原因

参考《中国资本市场研究报告（2016）》的观点，我们认为引发2015年中国重大股灾的主要原因包括以下几点。

其一，股票市场中的投资者对我国经济改革的短期预期过高，这直接造成了股票市场中明显的短期炒作的行为，而且长期预期不足，这就导致投资者们纷纷进场快速推高股票价格，并希望在获取短期收益后套利离场。事实上，自从2008年金融危机以来，中国经济在全球各国中保持着良好的增长趋势，截至2015年股灾前，中国经济已开始逐渐走出2008年国际金融危机的影响，通过结构性改革逐渐转型，焕发出增长的新活力。特别是在经济增长的规模上，我国取得了喜人的发展成果，国内生产总值位列全球第二，仅次于美国。而在外贸交易上，2014年，我国进出口贸易总额超过4万亿美元，位列世界各国之首。在经济总体向好的情况下，我国在经济结构上也逐渐尝试进行改革，改革的重点在于市场在资源配置中的作用。随着经济全球化与市场化的进一步推进，市场在资源配置中起着愈发重要的作用。诸如"一带一路"倡议以及多种新兴产业的崛起对我国未来经济增长的高预期提供了良好的支撑。然而，随着股票市场多次猛烈的上涨，中国经济改革的红利和未来经济向好的预期被过分夸大，因而投资者沉迷于短期收益，却忽略了经济转型的长期战略价值。当投资者对经济转型的预期进行过分炒作时，缓慢上涨且具备足够支撑的"慢牛"逐渐变成高度泡沫化的投机市场，最终酿成大错，并引致股灾的爆发。

其二，投资者、金融机构乃至监管层都误解了党中央"大力发展资本市场"的政策意图。将发展资本市场等同于推高公司股价、提升股指点数是极其错误的看法。"大力发展资本市场"政策希望看到的是健康发展的证券市场，即既不出现非理性的"疯牛"式暴涨，也不发生遍地哀鸿的"重大股灾"。促进证券市场健康发展的根源在于提高市场资源配置效率，拓宽融资途径，使其更好地为经济发展助力。我们在本章节中一再强调，监管者应该是资本市场中的"裁判员"而不是亲自下场竞技的"运动员"，监管者不应将股票市场的涨跌作为监管的出发点，更不应该阻碍股票市场正常的涨跌趋势。事实上，大力发展资本市场是中国金融改革的重点，也是完善中国金融市场秩序，提高资本市场有效性的开端，对于更好地完善金融功能、提升金融市场运转效率，以及提高防控系统性金融风险的能力都具有相当重要的价值。除此之外，由于我国金融业发展较晚，且金融市场中融资渠道较为单一，通过银行业提供的间接融资占了超过80%的比重，这使得股票市场作为直接融资渠道的功能发挥不足；同时也导致我国金融业过度依赖于传统银行业务，致使银行类金融机构的信贷资产规模和占比越来越高，这对于金融风险的防控相当不利。因此，为了有效化解我国金融系统中的潜在风险，进一步推动资产证券化进程，大力发展资本市场是当时我国金融业发展的一个必然选择，这为我国经济的平稳发展提供了良好的助力。正因如此，我国开始着手推进多层次资本市场的发展，丰富融资渠道，提高金融市场效率，同时推动资本市场制度方面的改革，并且初步取得了一定的成效。因此，在2015年股灾前，大力发展资本市场的宏观战略是符合基本趋势的。但是，市场中的投资者以及部分监管者的目光过于短浅，将长期趋势当作一次短期炒作的机会，将大力发展资本市场这样一个国家战略误解为是国家在推动"国家牛市"，而缺乏风险防控意识的"国家牛市"，在现实中很容易演变成"快牛"甚至"疯牛"，并最终爆发股市危机。

其三，除了对短期预期的过分高估和误解"大力发展资本市场"的政策本意外，我们认为过度的高杠杆配资行为也是2015年重大股灾的直接原因。股票市场中的配资交易行为，事实上就是一种"加杠杆"的策略。在2015年股市暴涨之后，各大券商纷纷大力开展融资业务，这使得我国股票市场中的配资方式和配资手段日益丰富。并且，还出现了很多无法监管的场外配资行为，这就为股市危机的大规模爆发埋下了隐患。当股票市场上涨势头良好时，加杠杆的行为会加速股票价格的进一步上涨，从而将"慢牛"推动成为不可控的"疯牛"。此时，一旦证券市场的上涨趋势被遏制，股市中的增量资金开始匮乏，由高杠杆配资推动的繁荣市场必将走向崩溃。在我国股票市场上，加杠杆的手段主要包括以下几种：①证券公司提供的融资融券业务；②证券公司的股票收益互换业务；③"伞形"信托业务；④证券资产账户的结构化配资；⑤通过互联网或民间借贷机构进行配资。在这5种主要渠道中，资金的来源和规模虽然略有差别，但银行资金却是其中的重要来源。银行资金的独特之处在于它进入股票市场的渠道——相当一部分银行资金会通过同业借贷的方式进入证券市场，例如借助证券公司的渠道；还有一部分银行资金会通过理财产品的购买间接进入股市中来，例如通过认购各类信托产品等。具体的资金入场渠道如图5-3所示。

随着股票市场的不断上涨，日益丰富的配资渠道必然使得信贷资产规模不断膨胀，在2015年股灾爆发前夕，证券公司"两融"业务余额不断攀升。2014年6月，证券公司的"两融"业务规模约为4000亿元，截至2015年6月股灾爆发前，其规模大幅增长到2.04万亿元，增长幅度高达400%。这种源源不断的资金流入以及下跌时"两融余额"的迅速萎缩正是我国股市危机爆发的直接推手。此外，根据清华大学国家金融研究院的研究成果估算，2014—2015年牛市阶段，流入股票市场的杠杆资金最高达到6万亿元的历史最高规模。而在这6万亿元的杠杆资金中，场外资金占比超过50%，其规模甚至超过了证券公司主流"两融"业务的配资规模，这使得证券市场中的金融风险不可知也不可控。在股票市场的上涨阶段，投资者为了追求股票投机收益的最大化尽可能地提高杠杆率。尽管场内融资的杠杆倍数在监管下不可超过2倍，但与之相对的是，由于场外配资业务缺乏相应的监管，场外的非法配资业务提供的杠杆倍数最高可达10倍。

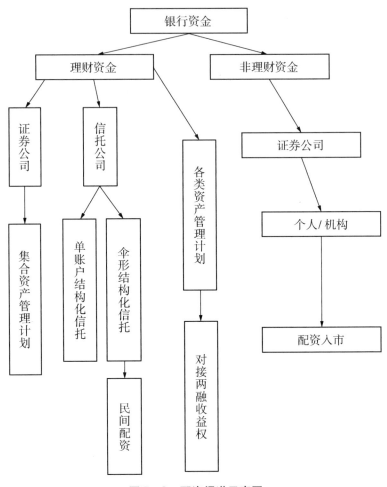

图 5-3 配资渠道示意图

[资料来源：图片参考自《中国资本市场研究报告（2016）》，第 34 页。]

这种突如其来的恶性杠杆促使股市不断上涨，加速了市场价格的泡沫化，从而导致股市危机一触即发。

其四，我国股票市场中的交易机制由于历史遗留问题所导致的缺陷对市场危机的爆发带来了间接的影响，这主要包括以下两个主要的作用渠道。

（1）"$T+1$"交易制度使得我国投资者在面临个股日内风险时无法有效应对，既无法卖出也缺乏合适的风险对冲途径。在我国股票市场创立初期，为了维持证券市场的相对稳定，防止投机倒把行为对股票市场正常秩序造成严重的影响，我国股票市场实行的一直都是"$T+1$"交易制度。即投资者在T日买入股票时，当天无法出售，必须持有到下一个交易日，即$T+1$日方可实行卖出操作。在特定的历史时期，"$T+1$"交易制度的确对于维护市场秩序，防止投机倒把行为有着一定的功效。但是，随着我国股票市场的日益成熟，"$T+1$"交易制度是否仍然合适值得商榷，特别是在2015年股灾中，由于"$T+1$"交易制度的限制，当股票市场面临突发风险时投资者无能为力。然而，与之形成鲜明对比的是，我国股指期货市场实行的却是"$T+0$"交易制度，股票市场与期货市场实行两种不同的交易机制，催生着期货市场中日益盛行的投机倒把行为。除此之外，有资格的投资者也尝试通过做空股指期货来对冲股市风险，这也在无形中加剧了股指期货的下行压力，不利于中国股票市场的健康发展。甚至部分股指期货投资者还借助"$T+0$"交易制度的便利，套取额外收益，长期获取制度性红利。显而易见地，这种凭借交易制度差异而获利的手段对股票市场中的投资者并不公平，而这种长期的不公平势必影响我国资本市场的有效性。在我国股票市场创立之初，由于市场规模较小，上市公司的信息披露机制不够规范，且对于股票市场的监管缺乏必要的经验，加上当时证券市场的法制法规也不够完善，而投资者又对股票市场的风险缺乏足够的了解，因而在当时实行了"$T+1$"交易机制。然而，步入2020年，我国股票市场的运作机制愈发完善，投资者经历了多次股灾后也更加成熟，我们应该建立符合市场化原则和国际化要求且更为科学的市场交易体系，从"$T+1$"交易制度更改为"$T+0$"交易制度势在必行。

（2）我国股票市场多空动能结构明显失衡。从我国股票市场当时的结构来看，股灾的爆发与市场中卖空和买多动能的不匹配也有着明显的关联。这一点，我们可以通过证券公司的"两融"规模上观察得到。在证券公司传统的"两融"业务中，融资业务规模远远高于融券业务；而融资业务相当于加杠杆买入股票，融券业务则相当于做空股票。融资融券业务规模的不匹配使得我国股票市场在繁荣时期做多动能明显高于做空，这种多空动能结构的失衡将导致市场无约束地"单边快速上涨"，并造成股价的泡沫化。作为对比，我们发现，在美国市场上，融资与融券业务的规模比例约为3∶1。究其原因，我们发现融资业务交易更为便捷，其资金成本较低；而相比之下，融券业务不仅在可选标的上有严格的限制，而且融券的规模也有一定的约束，这就使得投资者们更倾向于使用融资业务而不是融券业务。

其五，2015年股票市场危机发生时我国存在的监管滞后和一定程度上的监管缺失也是股市危机爆发不可忽略的重要因素。为了进一步完善我国资本市场的各类功能，为投资者提供各式各样的金融工具，2015年股灾爆发前我国资本市场中各种金融创新层出不穷。一方面，新型金融产品的加入将有利于提升市场效率，优化金融市场的资源配置，并改善股票市场的流动性；另一方面，金融创新也使得监管的难度有了明显的提升，传统的金融监管手段难以应付层出不穷的金融创新；这就使得众多新兴金融产品游离于传统监管之外，并导致了潜在风险的上升。诚然，我们不能将股灾的爆发完全归因于监管的不到位，但是监管的滞后的与监管的不到位必定是引致股市危机的一个不可忽略的重要因素。

其六，行为金融学的理论表明，市场情绪也是证券价格波动的重要决定因素。我们从2015年重大股灾明显发现，一些主流媒体对于市场乐观情绪的过度渲染影响了投资者对未来行情的理性判断，从而促使了危机的爆发，因而可认为舆情因素也是股市危机爆发的重要原因之一。随着越来越多的个人或机构投资者参与证券市场投资，我国股票市场的受关注程度不断提高，各主流媒体对股市快速上涨的报道也较为热衷。而投资者很容易受到媒体导向的影响而错误估计股票市场行情，特别是当媒体报道缺乏足够的客观性时，其将对股票市场的稳定性造成显著的影响。在2015年股灾爆发前夕，部分主流媒体发表了股市走势的预测，使得投资者忽略了牛市的崩盘风险。2015年4月21日《人民网》刊登了《4000点才是A股牛市的开端》，该文经《新华网》转载后广泛传播，对我国金融市场中的投资者情绪产生了广泛的影响。虽然此文仅由《人民网》记者个人撰写，但由于《人民网》《新华网》等媒体的特殊背景和权威性，投资者很容易误以为该观点即代表着主流官方媒体。更有甚者，将其解读为"国家意志"，加深了人们对于"国家牛市"的认知与预期。在这种有失客观性的舆情的影响下，危机爆发前夕整个社会都弥漫着乐观的情绪，而忽略了潜在的风险，从而使得股市危机"一触即发"。

(三) 2015年股市危机时政府处置过程分析

在2015年重大股灾来临时,虽然我国政府鲜有应对重大金融危机的经验,但也较为及时地采取了一系列的措施以应对突然爆发的证券市场危机。采取的措施包括但不限于:大力完善股票市场投资者保护体系,坚决惩治金融市场中的违法违规行为;进一步整治股指期货交易市场,推动商品期货品种的国际化;加强新三板市场的监管,减少市场乱象与信息披露不透明的现象发生;尝试推进新股上市制度的改革,逐渐从"核准制"转向"注册制"。接下来,我们将对各类处置方法进行分类别的深入分析与讨论。

(1) 大力完善股票市场投资者保护体系的建设。国外股票市场中机构投资者占主导地位;与美国较为成熟的证券市场不同,我国证券市场中散户投资者的比例较高。据统计,在2015年股市疯涨期间,散户投资者的交易量占比最高,达到90%以上。与机构型投资者相比,中小型投资者存在信息获取能力较弱、专业知识储备较为有限、风险保障意识偏低等明显缺陷,很容易导致他们自身的权益受到明显的侵害。对于新兴国家的资本市场而言,由于其证券市场的法律法规不够完善,因此对投资者的保护工作甚为重要。早在2015年牛市初期,习近平总书记就对股市的健康发展做出指示:"加快形成融资功能完备、基础制度扎实、市场监管有效、投资者权益得到充分保护的股票市场。"习总书记的讲话凸显了投资者保护体系对于股票市场健康发展的重要性。正因如此,针对如何更好地保障中小型投资者权益的问题,监管机构相继提出了以下几点应对措施。

2015年5月,证监会12386热线开通了全国直拨,该举措为投资者直接反馈问题提供了良好的渠道。证监会明确指出,对于存在蓄意欺瞒真实状况的行为以及敷衍了事不作为的人员,将依法采取惩罚措施。随后,证监会又发布了《关于加强证券期货投资者教育基地建设的指导意见》(以下简称《意见》)。《意见》针对如何更好地教育投资者进行了探讨,明确了投资者教育基地的建设工作的具体事项;并且,证监会还马不停蹄地推进了首批投资者教育基地的建设工作,力求为投资者提供系统而便利的金融知识教育。此举有利于提升我国证券市场投资者的专业素养,从而尽可能地降低投资者因专业知识不足而蒙受损失的可能性。同时,为了更好地提高投资者的自我保护能力和风险投资意识,证监会还尝试推动投资者教育与通识教育接轨，以便全民推广。

除此之外，在股灾爆发后的 2015 年 10 月，证监会以《保险保障基金管理办法》作为重要参考，并结合我国证券市场的具体情况，修订了《证券投资者保护基金管理办法》。力求在保障资金安全的大前提之下，适当地拓展投资者保护基金的应用范畴。基于此限定条件，《证券投资者保护基金管理办法》中规定投资者保护基金只能存放于中国人民银行或购买低风险的政府债券等信用等级较高的金融资产。在此之后，为了加强对消费者权益的保障，国务院办公厅在有关《意见》文件中明确要求"一行三会"担负保障消费者权益的责任，务必切实做好消费者权益的保护工作。在此基础上，本次《意见》中还特意指出各金融机构也应该直接面向投资者普及基础金融知识，并积极协助投资者依法维权。更进一步地，《意见》还对完善金融监管体系提出了新的要求：建立更完善的监督管理制度，对违法违规行为实时监控；对于过时的证券市场法律法规条文要及时更新，尽可能地确保金融市场中的良性竞争行为；构建金融消费的调解、仲裁机制，从而为金融纠纷提供多元化的解决途径，熨平各方摩擦。

（2）对金融市场中的违规行为严加惩处，以杜绝各类违规行为的再次发生。在 2015 年股市的上涨中，上市公司为了自身利益，不择手段地通过欺诈发行、内幕交易抑或操纵市场等方式赚取收益。除此以外，在本次股灾中，有不少大股东在企业股价高点通过违规减持的方式，在二级市场大量出售公司股票，该行为不仅对中小股东的合法权益造成了伤害，而且还影响了我国股票市场的稳定。对于这类严重侵扰证券市场秩序的行为，理应予以严惩，绝不可轻易放过。近年来，证监会进一步加强了对以上违法违规行为的惩处力度，特别是对于违法情节严重者将处以终身禁入证券市场的严厉处罚，以清除股票市场中的"败类"。

在本次股市快速上涨期间，证监会为了更好地保障投资者的合法权益，早在 2015 年 3 月就已经未雨绸缪地决定对《证券市场禁入规定》的使用范畴进行修订。历经了两个多月的修改后，证监会终于发布了《关于修改〈证券市场禁入规定〉的决定》。本次修改针对禁入证券市场的处罚规定，特别是终身禁入证券市场这一严重处罚措施的适用条件和使用范围进行了修改，提升了该法律法规的完备程度，该条例于同年 6 月 22 日起实施。针对该条例的修改主要涉及以下几个方面的内容。其一，修改了《证券市场禁入规定》，在本次修改后，针对证券从业人员不履行法定义务，在其位而故意不作为的情形明显加大了惩罚力度。其二，对于更为严重的采取隐瞒重要事实等恶劣手段，涉嫌内幕交易和操纵市场等违法违规行为的作案人员，拓宽了市场禁入规定的适用范围，坚决惩治一切扰乱市场秩序的行为。上述两点均加强了对扰乱市场的各类违法行为的限定与惩戒。其三，针对现实中存在的执法难以及暴力抗法问题，进一步对现存条目做出修正。本次修订稿中规定，为了尽可能地维护监管执法的有效性，保障执法工作的顺利开展，针对阻碍执法以及采取各类手段隐瞒违法事实的人员，将同样予以市场禁入的惩罚。其四，针对多次违法的"顽固分子"，增添"惯犯"情形的判决办法。其五，进一步扩大市场进入的惩戒范围，从发行人和上市公司，拓宽到包含非上市公司的所有相关责任人员。本次禁入规定的修订，通过明确终身市场禁入条例的使用范围与情形，减少证券市场中的违法违规行为的出现，以保障投资者合法权益。对于违法违规行为的严惩不贷，体现了我国维持证券市场有序发展的决心。

（3）加强面向新三板市场的监管。在2015年主板市场大幅上涨的同时，新三板市场同样迎来了发展的良机。但是，新三板市场作为一个刚设立不久的股票交易场所，在监管上存在一定的漏洞与不足，特别是缺乏证监会对其严密的监管。这样相对宽松的监管环境，使得新三板市场中出现了诸多违法违规行为。这些违法违规行为包括但不限于：涉嫌违规操纵股价，涉嫌内幕交易或利用内幕消息获取不正当收益。对于存在以上违法违规行为的公司，监管者理应严惩不贷，还投资者一个公平的交易空间。为此，证监会发布了关于加强非上市公司监管力度的意见稿，在本次意见稿中，证监会特别强调了自身的监管职责，与以往相比，主动将非上市公司的监管纳入了其监管范畴之中，并进一步明确了新三板为中小创企业提供融资渠道的角色定位，因此加强面向新三板的监管刻不容缓。本次意见稿发布后，新三板将不再是监管的盲区，对于从事新三板业务的证券从业人员而言，必须提高自身业务素养，切实履行相关的法定义务，否则将受到严厉处罚。仅仅一个月后，证监会就如何加强对新三板的监管提出指导意见，发布了《关于加强非上市公众公司监管工作的指导意见》（以下简称《意见》）。本次《意见》的正式出台将进一步规范各类市场主体的行为，加强对新三板市场的监管，并促进证监会及其下属机构监管效率的提升。

具体而言，本次《意见》总共分为五个部分内容，分别是：总体要求；规范市场主体行为，强化合规意识和法律责任；明确监管分工，加强对全国股转系统挂牌公司的监管；对不挂牌公司的监管；加强协调，提高监管的系统性和协同性。本次《意见》把针对上市与非上市公司的监管分为"行政监管"与"自律监管"两方面，其中，行政监管的执行主体是各级行政监管机构，他们将依法对公司履行行政执法职责；而自律监管则主要依靠公司内部的自律组织，他们实行的是自律监管职责，自律组织不作为同样属于失职，需要受到法律的严惩。这就要求，各类市场主体加强其合法合规意识，明确其担负的法律责任，各司其职，从而尽可能地对上市与非上市公司实行监管。在证监会制定了监管规则后，将由各级派出机构和全国中小企业股份转让系统进行具体监管的实施。在具体的监管执行过程中，一旦有违法违规行为出现，各级派出机构将立刻严惩不贷，力求及时处理，守住风险爆发的底线。同样地，作为被监管对象的全国股转系统，也需要保持自身自律监管，严格按照相关法律法规行事，遵守拟定的规章制度。除此之外，本次《意见》还特意强调了监管信息公开以及对非上市公司投资者的保护和风险揭示等工作内容。

（4）进一步整治股指期货交易市场，推动商品期货品种的国际化。前文提及，股指期货交易市场的不规范，以及股指期货交易制度与股票市场交易制度的不匹配同样是本次股市危机爆发的缘由之一。因此，整治股指期货交易市场将有助于股票市场秩序的恢复。自20世纪90年代以来，我国就开始了以境外代理业务为主的期货交易实践；但是，由于当时存在沟通成本较高、代理链条过长的问题，交易中时常发生纠纷与风险。彼时，期货交易的规模还相当小，参与者寥寥无几。这种情况直到2001年我国成功加入世界贸易组织（World Trade Organization，WTO）后才有所转变，随着我国与全球各国贸易联系的愈发紧密，各企业对于借助商品期货套期保值的意愿愈发强烈。因而，为了给各企业提供合法的期货套期保值渠道，《国有企业境外期货套期保值业务管理办法》正式出台。

随着2015年重大股灾的爆发，证监会希望进一步整治期货市场秩序，提出讨论境外交易者如何参与国内特定品种期货交易，并拟定相关规定——《境外交易者和境外经纪机构从事境内特定品种期货交易管理暂行办法》。本次规定主要包括三个方面的内容：其一，允许境外交易者参与境内特定品种的期货交易，此举扩大了我国期货市场的交易主体，有利于我国期货市场与国际接轨；其二，在丰富了境外交易者参与境内期货交易市场渠道的同时，进一步规范了境内期货交易市场的主要业务环节；其三，明确了当境外投资者和境外金融机构从事境内期货交易时若存在违法违规行为，我国有权对其进行查处并实施跨境执法。除此之外，境内期货交易中境外交易者和境外经纪机构的引进，还有利于提升我国商品期货交易的国际化程度，有利于将我国大宗商品交易所打造成全球范围内的大宗商品交易中心。

（5）推动新股发行制度的改革，尽快由"核准制"逐步走向"注册制"。在2015年重大股灾之际，为了防止新股发行对股市资金的抽取，证监会于2015年7月开始暂停首次公开募股（IPO），希望通过减少新股发行的方式遏制市场的进一步暴跌。但是，当股票市场秩序逐渐恢复，投资者情绪趋于稳定后，我国证券市场终究需要以合理的方式发行新股，并完善退市制度。股票市场是重要的直接融资渠道，只有找到合理的新股发行方式，并辅以有效且成熟的退市制度才有助于增添市场活力，促进我国经济的平稳发展。在股票市场逐渐恢复元气后，证监会于2015年11月决定重启新股发行，并对新股的发行制度进行一定程度的改良。这是因为，在重大股灾中，每次新股上市时巨额打新资金的流入与流出均严重影响了股票市场的稳定性。更有甚者，部分投资者在新股发行时不惜出售原有股票而将资金用于"打新"，这进一步加剧了股票市场资金流动的不稳定性。为了解决这个问题，2015年12月证监会发布修订后的《证券发行与承销管理办法》《首次公开发行股票并上市管理办法》《首次公开发行股票并在创业板上市管理办法》《关于首发及再融资、重大资产重组摊薄即期回报有关事项的指导意见》四规章，决定取消新股申购中的预缴款制度，取而代之的是在确定配售数额后及时缴纳相应款项。并且，2015年修订的四项新股发行制度还为"注册制"的推行做了铺垫，明确强调"打新"行为具备一定的风险，投资者需自负盈亏。除此之外，还对小盘股的发行制度进行了一定幅度的修改。对于公开发行2000万股以内的规模较小的拟上市公司，简化了其发行环节，以期缩短小规模上市公司的发行周期，从而降低中小企业的融资成本。最后，还强调要落实金融中介机构的职责，将金融中介机构对新股发行的监管作为其固有责任，并且所有保荐机构都需要做出先行赔付的承诺。

在新股发行制度革新的同时，必须完善股票市场的信息披露制度。从"核准制"逐步转变为"注册制"后，拟上市公司的价值将主要由市场决定。而市场能否高效地配置社会资源，与市场的透明度和各公司的信息披露是否完全有直接关系。这就意味着，股票市场信息披露制度的完善必须与新股发行制度的改革同时进行。从"核准制"到"注册制"是提高我国证券市场有效性的有利举措，同时也是我国逐渐走向金融强国的重要一步。

在各方的共同努力之下，持续时间超过半年之久的2015年股灾终于逐渐平息。总而言之，为了应对本次股灾，我国及时采取了多部门、全方位的"救市"政策，及时地遏制住了危机的进一步蔓延，成功地保障了我国金融体系的稳定和国民经济的健康发展。回顾本次股灾，上证指数从2015年5月最高的5178点，跌至2016年年初的2638点，跌幅将近50%；我国市场多次出现千股跌停的惨状，个别股票的跌幅甚至超过50%，股价"腰斩"的现象随处可见，这导致投资者们损失惨重。本次股灾除严重损害我国证券投资者的利益以外，对整个金融系统的稳定性也造成了显著的冲击。当时，如果我国股票市场继续大幅下跌，大量上市公司的股权质押将面临强行卖出的状况，连上市公司的控制权都将难以得到保障；而各分级基金也会受到波及，甚至可能由此引发系统性金融危机的爆发，对我国经济造成严重的打击。事实上，没有进一步发展成为全面金融危机已是不幸中的万幸，我们必须汲取本次股灾形成的经验教训，防止同类恶性事件再次发生。本次股灾的爆发，一方面是由透支预期的过快上涨引起，而另一方面则是由部分机构或个人的违法违规行为所导致。在此背景下，我国及时采取了多部门[①]、全方位的"救市"政策，成功避免了金融风险的全面爆发。

在宏观政策层面，我国实行了降息、降准等扩张性货币政策以及时补充市场流动性。具体而言，2015年6月28日，央行公布降息的同时采取定向降准政策，为"摇摇欲坠"的股票市场注入资金；与此同时，证监会也较大幅度地降低了投资者的股市交易结算费，以刺激股市交易量的上扬；除此之外，暂停IPO和允许"两融"业务余额展期等政策的实施也在一定程度上缓解了市场中紧缺的流动性。然而，股票市场并没有如预期般逐渐企稳，反而出现了二次下跌的情况，因此，2015年7月4日，央行声明再次为股票市场提供流动性支持，给予证金公司的融资余额达到万亿元

---

① 据不完全统计，参与处置此次股市危机的国家部委包括证监会、央行、财政部、银监会、保监会、国资委、国家发改委、人社部、全国社保基金理事会、国家统计局十部委以及众多金融机构。

级别。在短短的几周之内，政府短期内出台了38个股市利好政策，以防止证券市场危机的进一步蔓延。2015年7月5日，"国家救市"行动正式开始，证金公司开始逐渐在二级市场做多，以便平衡股票市场中的多空动能，防止股市进一步大幅下挫。据统计，本次"救市"行动中，合共投入超过1.5万亿元。紧接着，2015年7月8日，证监会又宣布未来半年之内，各上市公司控股股东以及持股比例超过5%的大股东不得出售股票。终于，在种种措施多管齐下的作用下，2015年重大股灾逐渐平息，我国证券市场秩序逐渐恢复正常。本次股灾对尚未成熟的中国资本市场是一次重大的打击，但也是一次完善市场制度、提高金融系统防范风险能力的机会。

这次股灾不仅仅是由金融市场泡沫化所导致的"天灾"，更是由各类违法违规行为导致的"人祸"。对于在本次股灾中涉嫌扰乱证券市场秩序的违法违规者，证监会、司法、纪检多方也在事后进行了通力合作查处。本次股灾中，证监会官员由于涉嫌内幕交易，利用职务之便为他人牟取利益而被依法惩处。而在金融机构中，同样存在着不法分子利用职务之便，扰乱市场秩序的行为。其中，中信证券成为本次违法乱纪的"重灾区"，共计11人次由于涉嫌扰乱金融市场秩序，已被依法惩处。在本次事故中，金融从业人员非但没有肩负起维护金融市场秩序的固有责任，反而利用金融机构中的职务之便，妄图在股票市场中牟取不正当的利益。这种做法在严重损害投资者利益的同时，对我国金融市场的稳定造成了不可估量的影响。对于这类"蛀虫"，我们必须予以清理，将一个公平的交易环境归还给股市投资者。而对于本次股市危机爆发的直接推手——各类非法配资行为，证监会更是严惩不贷①。在本次清理各类非法配资行为的过程中，证监会明确要求各经营机构严肃整顿私募资管产品的配资问题，坚决推进合规工作。

◆思考讨论题◆

1. 股市危机、金融危机以及经济危机之间有何关联？

---

① 2015年11月26日，证监会下令调查中信证券、海通证券以及国信证券三家大型券商，他们涉嫌在开展融资业务时违反了《证券公司监督管理条例》。仅过了一天，证监会再次重拳出击，发布《关于规范证券期货经营机构涉嫌配资的私募资管产品相关工作的通知》。

2. 中国股票市场达到了何种程度的有效性？请阐述理由。若我们希望验证中国股票市场是否为"强有效市场"，该如何进行研究设计？

3. 股市危机的爆发会对金融系统的稳定性造成严重的影响，那么我们该如何对股市危机的爆发实施预警并妥善应对？

4. 2015年6月我国爆发重大股灾后，是否有更优的处置办法，从而在一定程度上降低股市危机的后续影响？

5. 除了教材中提及的各类股市危机的防范措施以外，你还有没有更好的政策建议？

第六章 全面金融危机

第一节 全面金融危机概述

一、全面金融危机的定义

如前文所述，相关学术文献通常按照爆发领域或起源原因对金融危机种类做出区分，并将其分为银行危机、货币危机、债务危机、股市危机等。然而，纵观全球金融历史，我们不难发现，发生危机的市场与其他市场从来都不是独立或割裂的。相反，在风险共担、风险传染、风险扩大等机制影响下，单一市场的金融风险易出现跨市场传染与共振，并逐渐扩散放大，形成全面金融危机。

全面金融危机又可以称为"系统性金融危机"，其概念与系统性风险密切相关。2009年，国际货币基金组织（IMF）、国际清算银行（BIS）和金融稳定理事会（FSB）在共同发布的《系统重要性金融机构、市场和工具评估指引：初步考虑》中提出，系统性风险指的是由于金融市场局部或整体受损，致使金融系统无法正常服务于实体企业，并给经济带来潜在负面冲击的风险。然而，关于系统性风险的定义，目前学界尚未得出一致结论。Benoit等（2017）指出，系统性风险通常被视为"当你看到时你就能明白"（you know it when you see it）的存在，因此很难对其下一个具体的定义。在过往的相关研究中，Bernanke和Gertler（1989）、Rochet和Tirole（1996a）、Allen和Gale（2000b）以及Acharya（2009）等人都相继对系统性风险背后的主要机制进行了理论框架的构建，并基于此提出了自己对系统性风险定义的见解。而在这当中，Benoit等（2017）总结了过去35年间220篇系统性风险相关文献的观点，并据此提出系统性风险的狭义定义，即当多个市场参与者同时被严重损失所影响时，在整个金融系统中扩散的风险。基于监管界和学界的上述讨论，参考系统性金融风险的定义，我们在此将"全面金融危机"定义为：各个主要金融领域同时或相继出现超周期性的急剧恶化，致使金融系统和实体经济都蒙受严重损失的并发性危机。

随着各类金融工具与金融市场的加速创新与发展，以及全球金融市场联通的日益紧密，金融危机逐渐呈现出全面化、系统化的特征。例如，在2008年美国次贷危机期间，房地产市场泡沫破裂导致房贷出现大规模违约，房贷违约风险经由次级贷款渠道传导至投资银行机构和各商业银行的特殊目的机构（Special Purpose Vehicle，SPV），致使这些机构面临资产价值大幅下跌、流动性枯竭的困境，进而引发资产抛售潮和挤兑潮，流动性冲击迅速扩散至同业拆借与回购市场、银行市场、证券市场等多个领域，最终演变为席卷多个金融市场的大危机。2008年美国的次贷危机又为紧随其后的欧债危机埋下伏笔，次贷危机的冲击导致多个欧元区成员国出现资产泡沫破裂、金融市场不稳定、经济严重衰退等现象。其中，由于希腊长期国际收支失衡，财政赤字居高不下，2009年末，国际主要评级机构相继对希腊主权信用评级进行下调，导致希腊成为欧债危机中第一个爆发主权信用债务危机的国家。而随着欧元区国家近年来金融市场互联互通程度的逐步加深，各成员国互相持有的主权债务数量也出现了大幅增长，一国主权债务的违约将导致其他国家资产价值出现大幅缩水，进而造成市场流动性恶化、主权信用评级下降。希腊的主权债务风险经由上述渠道快速蔓延至欧元区核心国家乃至其他边缘国家，葡萄牙、意大利、西班牙等国相继爆发主权债务危机，2011年12月，德、法两国的主权信用评级被纳入负面展望名单，欧洲资金出现大规模外逃，导致欧元区货币市场利率攀升、欧元大幅贬值，这场危机最终由单一国家的主权债务危机逐渐演变至区域性的银行危机。

由此可见，全面金融危机具有范围广、破坏性强、持续时间长的特点，将对国民经济发展造成严重的负外部性影响。单一金融机构的倒闭或是局部金融市场的动荡，会对其他关联金融机构产生显著的溢出冲击，并加剧整个金融体系的信息不对称程度，致使不同领域的金融机构同时陷入流动性紧缺、经营效率受损的困境。此时，金融市场无法正常发挥其提供资金融通、服务实体经济的功能，进而导致居民消费收缩、企业投资下滑、经济急剧收缩，由此爆发了全面金融危机。

二、全面金融危机的触发条件

随着金融机构关联网络的逐渐复杂化和资产证券化等多层嵌套金融业务的迅猛发展，再加上市场恐慌情绪等因素的影响，全面金融危机的爆发与相关风险的累积之间通常呈现出显著的非线性关联。也就是说，金融危机往往在风险积聚并超过一定阈值后才会突然爆发，并迅速扩散至其他经济部门，其累积和爆发过程存在明显的门槛效应。例如，Acemoglu 等（2015）的研究就表明，金融风险的传染与扩大机制具有阶段跃迁（Phase Transition）的特征：当负面冲击足够小时，一个更加紧密和多样化的金融关联网络能确保该风险被足够多的金融机构所分担，进而起到维护金融市场平稳运行的效果；但是，若对金融市场的负面冲击突破了某个临界值，复杂化的金融关联网络将为风险提供充足的传导路径，从而导致金融风险迅速扩散至市场中的各个参与者，严重威胁金融市场稳定。

由此可见，全面金融危机的爆发过程具有高度非线性的特点，随着金融风险的逐步累积，在达到一定触发条件之后，就会出现全面爆发，导致惨重损失。若我们对全球重大金融危机进行回溯，就能清楚地发现，所有金融危机的爆发都离不开金融系统脆弱性的长期累积。金融脆弱性（Financial Fragility）假说从企业、银行和监管者这三个角度对金融风险的积聚机制进行了描述，它认为企业自身的财务风险、银行的杠杆风险和监管缺失所引致的套利风险这三重风险互相交织，在经济周期和制度环境的影响下逐渐在金融市场内部积聚，最终共同形成了趋于高风险的金融运行状态。著名经济学家明斯基在其提出的金融不稳定假说中指出，以商业银行为代表的信贷供给体系内生决定了金融市场的不稳定性，稳定本身就孕育着不稳定性。当经济稳定时，投资者对市场预期趋向于乐观，因此也敢于冒更大的风险进行借贷活动。在稳定的经济环境下，资产价格稳步上升，投资者的风险借贷活动逐渐运行到一个临界值，所获得的投资收益已无法偿还他们为了购买资产而举借的债务。为了保证债务的偿还，部分投资者不得不通过变卖资产来补充流动性，这种抛售行为导致资产价格开始崩盘。随着资产价格的下滑，投资者的资产出现减值损失，部分借款者违约概率大幅增加，信贷供给体系开始崩溃，市场的不稳定性开始显现。

因此，由金融脆弱性演变至金融危机的触发条件往往与"支付危机"密切相关（陈云贤，2018）：在金融风险长期积聚的背景下，部分金融机构的风险率先暴露出来，导致自身资产负债表恶化并引发挤兑，而为了满足经营支付和资本充足率等要求，这些金融机构不得不通过大规模抛售资产来获得足够的流动性，进而造成资产价格的暴跌和其他市场参与者恐慌情绪的上升，致使其他金融机构的基本面下行压力显著加大，全面金融危机由此爆发。"明斯基时刻"（Minsky Moment）描述的就是这样的触发情形，当借款人的投资收益不足以覆盖债务时，他们的大规模债务违约风险促使金融机构不得不缩小流动性投放规模，进而带来资产抛售潮、资产价值缩水、基本面恶化等一系列恶果。而在这一过程中，决策当局扮演的角色至关重要，货币政策的错误引导和金融审慎监管的长期缺位将导致金融风险加速累积，同时宏观政策的突然转向等偶然性事件则会刺破资产泡沫，扭曲市场情绪，进而加速金融机构的风险暴露和扩散。因此，政府部门必须对金融脆弱性的积聚和金融危机的非线性演变予以高度重视。

三、全面金融危机的表现形式

在本章第一节中我们已经指出，全面金融危机是在多个主要金融领域同时出现风险爆发与传染的并发性危机。从表现形式上看，全面金融危机不仅会在多个细分金融市场中出现多"点"爆发，同时还会在不同金融市场之间进行传染和扩散，造成由"点"到"面"的大规模溢出效应，最后波及整个金融市场和实体经济。纵观1929年经济大危机和2008年国际金融危机等事件，我们可以发现，全面金融危机的爆发与演变通常伴随着以下特征（见图6-1）。

（1）资产价格呈现螺旋下跌态势。随着资产泡沫的不断堆叠，当市场中部分资产价格水平运行至顶峰时，这一部分资产市价将会率先出现下降。重仓投资这类资产的金融机构继出现减值损失，而在偿付压力和资本充足率监管要求下不得不变现所持有的资产以获得流动性。这种变现资产的行为会导致资产价格进一步下跌，加剧金融机构总资产价值的缩水效应，最终引发大规模的资产抛售现象，市场由此形成一个资产价格螺旋下跌的机制，将大多数金融机构都卷入其中。

（2）金融机构资产负债表恶化，违约率显著攀升。在资产大幅减值损失的压力下，金融机构资产负债表基本面纷纷恶化，流动性趋于紧张，债务违约和破产倒闭的风险大幅上升。随着一家金融机构的违约或倒闭，其他与其有直接资产负债表关联的金融机构也会面临资产质量高度承压的窘境，引发一连串连锁反应，风险传染效应逐渐显现。

（3）市场信息不对称程度加剧，恐慌情绪急剧攀升，引发挤兑危机。随着危机在金融系统中的快速传染和扩散，市场中逆向选择和道德风险问题更趋严重，合约对手方之间充满不信任感，任何一方的违约或者疑似违约行为都可能加剧市场中的不确定性。此时，市场中的恐慌情绪到达顶峰，投资者预期趋于扭曲，一点点"风吹草动"都可能导致其他市场参与者做出过激反应，例如拒绝债务展期、减少信贷投放、撤回资金等挤兑行为。市场流动性由此陷入相对不足、枯竭甚至冻结的困境。

（4）证券市场大幅动荡，信贷规模全面收缩，金融市场服务实体经济的功能有所下降。在市场流动性风险与信用风险扩大之际，局部金融市场的风险逐渐外溢至其他金融领域，致使股票市场、债券市场持续动荡，银行系统的信贷投放规模大幅下降，金融机构出现大规模倒闭潮。此时，金融系统秩序被严重扰乱，已经无法正常履行服务实体经济的职能。

图6-1 全面金融危机演变示意图

(5) 国民消费力下降，实体经济投资走低，经济进入下行周期。资本市场崩盘导致企业与居民收入受到显著冲击，同时信贷规模的全面收缩也致使居民提前消费能力大幅下降，企业投资持续萎缩。金融危机由此给宏观经济的供给端和需求端同时带来显著的负外部性影响，造成实体企业大量倒闭，居民失业率高企，给国民经济带来惨重损失，致使经济出现全面衰退。

第二节 全面金融危机理论与模型

一、风险共担理论

金融机构风险的内生性，以及与其他金融机构形成的风险共担关系，是导致系统性风险持续积聚的重要原因，也是全面金融危机的根源之一。当前，主流研究对金融机构的风险共担机制有以下四种解释（Benoit 等，2017）：①关联投资（Correlated Investments）；②流动性风险（Liquidity Risk）；③尾部风险（Tail Risk）；④杠杆周期与泡沫（Leverage Cycles and Bubbles）。在下文中，我们将结合前沿文献，对上述四种风险共担机制进行介绍。

（一）关联投资

当不同的金融机构持有相同或类似的资产组合时，它们自然而然会面临共同的风险暴露。不同学者对金融机构关联投资背后的动机和机制都做出了解释。Acharya（2009）指出，一家银行的破产或倒闭会减少市场中风险投资的总量，进而提高在均衡情况（Equilibrium）下无风险资产的投资收益率，对幸存银行的盈利形成挤出效应。由此，破产银行对幸存银行施加了负外部性——"衰退性溢出效应"（Recessionary Spillover）。为了使这种负外部性最小化，银行具有充分的动机去投资于相同的资产组合，以实现与其他金融机构的"共进退"——要么一起存活，要么一起倒闭。Acharya 和 Yorulmazer（2008b）亦提出了一个类似的关联投资机制，在这个机制中，一家银行的违约或倒闭会使债权人对未来投资市场的预期更加悲观，并在"其他银行在未来也可能会倒闭"的预判驱使下出现挤兑行为,从而对其他金融机构的经营施加负外部性,带来显著的资产收益损失。而为了尽可能降低这种负外部性的发生概率,所有银行的最优策略便是持有与同业投资组合相似的资产。

同样地,Acharya 和 Yorulmazer（2008a）则强调了政府部门在这种金融机构持有资产组合的"羊群效应"中所发挥的作用,当多家银行同时出现违约或倒闭时,其资产的清算偿还活动将对整个经济体产生显著的负面影响,因此政府不得不为其提供紧急救助（Bailout）。因此,为了在危机来临时获得政府更多的注资援助,金融机构更愿意持有类似的资产组合,形成共同的风险暴露,从而享受"太多而不能倒"（Too Many to Fail）的隐性担保。Farhi 和 Tirole（2012）在政府救助固定成本的假设下也推导出了与 Acharya 和 Yorulmazer（2008a）相似的结论。他们假设政府提供紧急救助的成本是固定的,即不管救助一家银行还是多家银行,政府都要付出诸如降低基准利率、调整宏观货币供应量等的政策代价。因此,对于政府而言,只有在多家银行同时发生倒闭时,执行这种救助计划才最为"划算"。所以,银行只有持有相同的资产组合,才更有可能在发生违约或倒闭时获得来自政府的紧急救助。

此外,近年来的研究也表明,金融机构的关联投资行为与自身高管的薪酬机制设计有关。Albuquerque 等（2019）发现,股东与管理者的风险分享机制致使越来越多的企业采取相对业绩比较（Relative Performance Evaluation,RPE）的方式来计算高管绩效,而在与同行进行业绩比较的压力下,金融机构高管模仿同业投资决策的动机也会显著增强。而且,随着越来越多的金融机构高管做出关联投资行为,其他机构的股东也会倾向于在机构内部实施 RPE 薪酬激励机制,这最终导致在均衡条件下,所有金融机构都会选择投资于相似或相同的资产组合。

因此,在避免其他银行倒闭带来的资产收益损失、增加危机期间获得政府注资援助的可能性和缓解同行业绩比较压力等因素的驱使下,金融机构更愿意持有类似的资产或资产组合,形成共同的风险暴露,从而促使系统性风险加速累积,为全面金融危机埋下风险隐患。

（二）流动性风险

流动性风险也是银行之间形成风险共担机制的一种主要形式。Bhatta-charya 和 Gale（1985）指出,在"搭便车"心理的驱动下,银行会倾向于持有过多的非流动资产以获取更高的投资收益,并在出现流动性暂时短缺的时候主要依赖同业拆借市场来补充流动性。在均衡状态下,整个银行业都会过度投资于非流动资产,从而催生出巨大的整体流动性风险敞口。一旦受到超预期的流动性冲击,所有银行都会同时陷入流动性紧缺的困境。同样,在这种"搭便车"心理的影响下,银行也可能出现过度依赖流动负债的情况,从而使金融机构资产负债期限错配的情况更加恶化。Brunnermeier 和 Oehmke(2013)则指出,通过增发期限更短的新债券,企业可以不断削弱原有债权人所持有份额,而基于对上述行为的预期,一个理性的债权人会选择为短期债券提供更佳的利率水平。双方的博弈结果最后演变为"期限上的无意义竞争(Maturity Rat Race)",致使所有银行都过度依赖于短期债务,加剧期限错配的现象。

因此,"搭便车"心理加剧了银行资产端和负债端期限错配的影响,导致金融市场的整体流动性风险敞口显著增大。若发生货币政策方向突然调整等"黑天鹅"事件,将引致银根骤然收紧,这种超预期的冲击将会导致市场流动性急剧下降,银行既难以依靠短期同业拆借的方式来补充流动性,也无法通过迅速变现中长期资产来满足支付或偿还短期债务的需求,其违约概率将会大幅攀升,进而增加金融系统整体脆弱性。

(三) 尾部风险

全面金融危机的爆发不仅取决于银行的共同风险暴露水平,而且在很大程度上受到银行风险敞口规模的影响。除了考察银行的风险关联程度以外,尾部风险近年来也逐渐成为监管部门的关注重点之一。

尾部风险指的是当极端事件来临时金融机构可能遭受巨额损失的风险,它反映了金融机构在巨大负面冲击下的预期损失水平。当一家金融机构的尾部风险暴露水平足够高时,就极有可能在极端事件冲击下出现违约或倒闭,并对整个金融系统产生显著的负面溢出效应。Perotti 等(2011)指出,传统的资本监管框架侧重于对银行正常情况下风险敞口的管控,而疏忽于对其尾部风险敞口的量化与监控,因此在一定程度上增强了银行把正常风险替换为尾部风险的动机。Acharya 等(2010b)则提出,影子银行业务的扩张显著抬高了金融机构在危机酝酿时期的尾部风险水平,加速了全面金融危机的爆发。

除此以外,由于投资者对极端事件风险的认知相对不足,银行将常规风险转移为尾部风险也有助于规避来自投资者方面的约束。Gennaioli 等（2013）的研究表明，在投资者对银行无风险债务（Riskless Debt）的盲目追求等影响下，银行有充分的动机通过买入风险资产的方式来实现投资组合分散化并降低自身的特质风险，但这种行为同时也提高了银行的杠杆水平和尾部风险敞口，并使得银行与其他金融机构之间的关联在风险共享机制的影响下变得更为紧密，从而抬高了系统性金融风险。此外，由于极端事件是小概率事件，往往不易观测与预判，因此投资者也难以辨别银行是否采取了上述战略，更无法对其进行相应的监督和惩罚，因而进一步助长了银行的道德风险问题。因此，在实现监管套利和规避投资者监督等动机的驱使下，金融机构可能会从事影子银行业务并用尾部风险替换正常风险，以削弱自身的风险抵御能力，在极端事件到来时导致相关风险的加速暴露。

（四）杠杆周期与泡沫

系统性金融风险的积聚与经济周期的运行密切相关，部分宏观金融研究从杠杆周期的角度出发，对金融市场中的借贷冒险行为与泡沫积聚机制做出解释。通常来讲，由于未来收入的可抵押性较低，很多借款者在缺乏抵押物的情况下难以募集到充足的资金。这种抵押物价值的限制条件也意味着，在经济处于扩张周期、资产价值持续上涨的情况下，由于居民、企业和金融机构所持有的抵押物价值也较之经济衰退期有所增加，因此也更容易借入资金，致使宏观杠杆水平加速扩大。而 Allen 和 Gale（2000a）则发现，由于在投资损失过大时可以选择不履约，因此高杠杆的投资者在无限收益和有限损失的权衡下会倾向于抬升资产价格，这种借贷双方之间的代理人问题将推高资产价格泡沫，加剧金融系统的脆弱性。

同时，市场情绪也在系统性风险与经济周期之间的关系起到显著的调节作用。当宏观经济好转的时候，投资者对未来收入预期更为乐观，投资倾向和风险偏好也有所提振，致使大量资金流入金融市场并引发资产价格泡沫化。而当经济形势出现恶化的迹象时，在悲观或恐慌情绪的驱动下，大量资金回流撤出资本市场，引致市场流动性出现暂时性的短缺甚至枯竭。此外，银行在现实风险管理和金融监管约束的影响下亦容易出现杠杆顺周期行为。在经济繁荣的时期，由于各项经济指标的好转，监管者会放宽对银行信贷供给的约束；而在经济下行时期，由于实体经济各项指标趋于恶化，银行所面临的资本监管要求也会相应收紧。Danielsson 等（2004）的研究指出，金融机构普遍面临着在险价值水平的约束，由于在经济波动期间在险价值水平会显著上升，因此金融机构在经济繁荣时期会倾向于扩大风险投资规模或增加信贷供给，而在经济紧缩时期则会加速去杠杆，以达到风险管理和资本监管的标准。

由此可见，在资产价值、市场情绪、风险管理等因素的影响下，金融行业杠杆水平呈现出明显的顺周期性特点，致使金融系统的脆弱性在经济上行期持续积聚，并在经济下行时期加速暴露出来，进一步抬升全面金融危机发生的概率。针对这种顺周期性风险，现有的宏观审慎金融监管框架也引入了逆周期监管理念，其中最具代表性的监管措施之一就是《巴塞尔协议Ⅲ》中的逆周期资本缓冲工具。具体而言，各国应在 0～2.5% 的比率范围内相机决定逆周期资本缓冲，在经济扩张的阶段内就对银行做出超额资本缓冲计提要求，以确保银行自身在经济紧缩周期内有充足的资本来吸收损失，从而降低银行的顺周期性风险。

二、风险传染理论

Benoit 等（2017）认为，当一家金融机构出现重大损失或基本面有所恶化时，风险传染主要可以通过三种机制来实现：其一，这种负面冲击可能通过金融机构之间的资产负债表关联网络进行传导，导致其他金融机构资产出现实质性的减值损失；其二，金融机构之间通过支付和清算等渠道所形成的关联系统也可能成为风险传染的载体，致使其他市场参与者蒙受损失；其三，在信息不对称的环境下，单一金融机构的违约或破产事件可能会影响其他市场参与者的预期，进而引发资产价格变动，加剧市场风险的传播。

（一）资产负债表传染

银行间的资产负债表关联网络可能会同时导致风险的共享与传播，因而对市场的系统性风险总体水平具有不同方向的影响。一方面，当金融机构之间通过同业借贷、同业存放等业务而形成复杂的资产负债表关联网络时，其中一家金融机构的负债违约将导致债权方金融机构的资产端出现实质损失，因此市场系统性风险容易经由这些关联渠道产生传导与溢出，引发"多米诺骨牌"效应。另一方面，由于银行具有一定的资本缓冲与风险吸收能力，因此，一个更为紧密、庞大的关联网络能够显著提高银行的风险共享水平和风险抵御协作能力，降低单个银行的违约概率。Allen 和 Gale（2000b）发现，在银行间市场中，一个每家银行都与余下所有银行建立直接金融联系而形成银行多边网络，从而能够更好地促进风险共担。具体而言，假设市场中存在一个不完整的银行关联网络，这个网络中由三家银行 i、j、k 组成，其中，银行 i 与银行 j 直接关联，银行 j 与银行 k 直接关联，但银行 i 与银行 k 不具有资产负债表上的直接关联，即两者只存在间接关联。此时，银行 i 与银行 k 之间的间接关联已足够为两者之间的风险溢出提供充足的传导路径，但却不能对银行 i 与银行 k 之间的风险抵御协作水平起到增强的效果。因此，相较于完全网络结构，不完全的银行网络在风险抵御的协作能力有所下降，同时还面临着同等程度的系统性风险威胁。

此外，针对多种银行间资产负债表网络结构的研究表明，不同网络结构之间的市场稳定性也存在一定差异。例如，Freixas 等（2000）研究发现，全链接网络（Complete Network）比循环链式的银行关联网络（Circular Chain of Banks）更能增强不同银行在共同抵御风险上的协调与合作，提高市场的稳健性。而 Allen 等（2012）则发现，与全链接的银行网络相比，由多个独立的银行集群（Clusters of Banks）构成的关联网络能够显著削弱风险传染效应。因此，金融市场的稳定性与银行资产负债表网络之间的关系还可能受到网络结构的显著影响。

由此可见，监管当局和金融机构在银行关联网络结构问题上将面临这样一个权衡：密集的银行网络为系统性风险提供了充足的传导路径，虽然银行间的风险共担机制能够提供一定缓冲，但是当负面冲击足够大时，也有可能会导致大量银行同时倒闭。为了维持这种微妙、脆弱的平衡，我们必须结合市场的具体实际情况，对金融机构的资产负债表传染效应进行深入的理论研究和实证分析，从而为强化银行关联网络监管、降低风险传染效应提供更多依据。

（二）支付与清算机制传染

学界研究发现，金融机构之间通过支付和清算等渠道所形成的关联系统也可能成为风险传染与外溢的载体，致使其他市场参与者蒙受损失。例如，银行间的同业支付结算体系可能成为风险传染的重要载体，如果一家大型金融机构无法偿清应付款项，那么其违约可能会引发一系列关于流动性和信用风险的连锁反应，对金融市场的稳定性造成威胁。Freixas 和 Parigi（1998）就支付结算体系对银行系统脆弱性的影响进行了探讨，发现在净额（Net）结算和全额（Gross）结算这两种不同的支付结算系统下，银行之间的风险传染显著程度具有较明显的差异。其中，在净额结算体系下，一家大型银行的平均结算额可能是一家小银行资本总额的 10 倍规模。由于银行规模存在巨大差异，因此当一家规模较大的结算参与者发生违约时，即使它的净信用头寸规模并不会威胁到整个系统的稳定性，但它仍可能导致小银行被迫分担远远高出其资产总额的债务清偿数量。因此，经由结算机构之间的财务联系，一家大型金融机构的风险将传导至其他有支付关联的机构，形成明显的风险溢出效应。而在全额结算系统之下，金融机构之间将基于中央银行货币对发生过的交易进行逐笔结算，而且这种结算操作是不可撤回的（Irrevocably），所以金融机构必须持有大量储备金余额以应付支付指令需求，这无形中降低了结算参与者的违约风险和相应的风险传染效应。因此，净额支付结算系统比起总额结算系统更会加剧风险的传染和溢出，强化系统性风险。

  近年来，随着全球主要国家支付清算体系的改进与创新，学界对金融机构之间的支付清算关联风险的相关研究也逐渐深入，部分学者发现中央对手方（Central Counterparties，CCP）基础设施可以起到有效抑制对手方风险的作用，进而显著削弱风险传染效应。当一个交易市场中信息传导相对不透明时，交易对手之间充满不信任感，任何一方的违约或者疑似违约行为都可能加剧市场中的不确定性，致使其他市场参与者做出过激反应，在避险情绪的驱使下出现挤兑行为，金融系统中的流动性风险和信用风险随之扩大。然而，中央对手方清算所能够为交易双方在对手方信用风险信息相对不透明的条件下提供合约的结算担保，从而大幅减少市场中的不确定、不稳定因素。Zawadowski（2013）建立了一个银行可以通过场外交易市场进行投资组合风险对冲的金融系统模型，并发现在此模型中，银行因自身特质风险而导致的违约或破产会引发连锁性的恐慌和挤兑危机。Acharya 和 Bisin（2014）发现，相比起在中央清算体系下的交易，不透明的场外交易市场将显著抬升金融机构对手方风险所带来的负外部性效应，削弱该市场在外部冲击下的稳健性。Duffie 和 Zhu（2011）的研究则表明，通过削减中央对手方的数量，可以降低金融机构的对手方风险暴露水平和抵押物需求，进而在一定程度上抑制系统性风险。因此，通过将中央对手方清算制度引入信息相对不透明的场外衍生品等交易市场,可以显著降低金融市场的不稳定性,从而防范金融风险在信息不对称情况下的进一步传染和扩大。

(三) 信息传染

除了银行的资产负债表关联与支付清算机制关联以外,系统性风险同样可能通过信息传染机制在金融市场中进行传播。当不同银行的经营收益具有一定相关性时,一家银行的违约或倒闭可能会改变投资者对其他关联银行偿债能力的预期,引发挤兑和市场恐慌,从而形成风险溢出效应。即使不同银行之间的经营业务或资产组合不存在关联性,投资者的羊群行为也同样会助长这种信息传染效应。当一家银行发生违约或倒闭时,其投资者或者债权人将通过撤回存款等方式及时止损,而观察到这一现象的其他投资者可能在羊群心理的驱使下盲目模仿挤兑行为,进而影响其他金融机构的稳健经营。此外,一个市场中的资产价格下降也可能会被解读为其他市场中资产价值缩水的信号,从而引发其他市场资产价格变动,最后引发大规模的恐慌性抛售资产行为。而资产的大量抛售会引起价格的迅速下滑,致使银行持有资产持续缩水,导致银行流动性紧张问题更加严重,金融机构不得不通过变现更多资产来补充流动性,以满足经营支付和资本充足率要求。最终,金融市场中将形成"资产抛售—价值缩水—流动性短缺—资产抛售"这样的恶性循环,导致资产价格呈现螺旋式下跌的趋势。因此,在信息传染机制的驱动下,一家金融机构的违约或者一种资产的价格变动都可能会通过信号传递效应来实现金融风险的传播与共振,进而引发投资者挤兑、银行抛售资产、金融市场流动性枯竭的危机。

三、风险扩大机制

全面金融危机爆发的关键机制之一,就在于小型的金融风险如何演变为全面的、系统性的负面冲击。系统性风险可能会通过流动性危机、市场冻结以及协调失灵和挤兑等机制进一步放大与扩散,而通过上述风险扩大机制,单一金融机构违约或局部金融市场动荡的冲击能够迅速扩散到整个金融系统,形成显著的风险外溢效应,对多家金融机构或不同金融领域同时造成系统性冲击,引发全面性的金融危机。

(一) 流动性危机

正如本章第一节所述,金融市场的流动性短缺问题通常是触发全面金融危机的关键条件。一方面，在"搭便车"心理的驱使下，银行系统的流动性风险敞口不断增大，风险共担机制显著增强；另一方面，资产价格的超周期恶化会导致银行面临严重的流动性短缺问题，使金融机构不得不通过抛售资产来补充流动性，从而助长了金融风险的扩大。在第二节的第一部分中，我们已经对金融机构的流动性风险共担机制进行了阐述，而在这一部分，我们将会具体介绍流动性缺口所驱动的风险扩大机制。

当资产的市场价格下降时，为了缓解融资抵押压力或者满足资本充足率的监管要求，银行需要通过迅速变现持有头寸以获得流动性。而银行变现资产的行为会进一步导致资产价格下跌，加剧银行总资产价值的缩水效应，最终市场形成一个资产价格下滑的螺旋机制，引发全面金融危机。Allen 和 Gale（2004b）研究发现，市场的不完全性是导致流动性危机扩散的重要因素；如果金融市场中没有足够的证券产品来实现流动性的有效分配时，那么金融机构在流动性紧缺的极端情况下就不得不通过变卖资产来获得充足的流动性，从而引发资产价格暴跌与资产抛售的恶性循环，扩大流动性危机的范围。

外围投资者的错误定价同样也会加剧银行的资产抛售压力（Shleifer 和 Vishny，1992）。当一家金融机构决定投资于某种资产时，往往需要先对该资产进行详尽考察来获取充足的信息，并成为对该类资产了若指掌的"专家（Specialist）"。而当这类资产因为受到外部冲击而发生价值缩水时，持有该资产的大量"专家"都会选择卖出该资产来及时止损，此时便只有掌握更少信息的外围买家（Outsider）愿意买入该资产。但是，由于外围买家对这类资产的了解程度不深，他们往往无法对其做出合理定价，只会通过讨价还价来尽可能压低该资产的价格，因而加剧了资产价格的暴跌态势，并且更加强化了卖家的资产抛售动机。

同时，当金融市场流动性趋于紧张时，金融机构的保证金要求也可能进一步助长市场资产抛售风潮（Brunnermeier 和 Pedersen，2008）。一方面，资产减值损失使得金融机构不得不减少持有头寸规模，资产价格呈现断崖式下跌的态势，导致该资产的减值损失进一步扩大；另一方面，由于资产价格下跌、市场流动性相对匮乏，经纪人将对客户提出更高的保证金要求。因此，在资产减值损失和保证金要求提高的双重压力下，金融机构更易同时出现抛售资产行为，引发流动性危机。

此外，部分学者研究发现，绝大多数银行在抛售资产时都遵循着一定的变卖顺序，在资本充足率不足的情形下，银行通常选择优先卖出风险较高的资产，再考虑出售风险较低的资产，以达到风险加权资产的比率要求。而在银行出现一定流动性缺口的时候，则不再以资产的风险权重作为抛售资产的顺序依据，而是选择先抛售流动性较好的资产来补充流动性，若其流动性要求仍无法得到满足，再考虑抛售流动性较差的资产。因此，当一种资产的价格下跌引发银行流动性收紧时，银行可能会通过抛售其他类型资产来满足风险资产加权比率或流动性需求，致使其他类型的资产价格也出现下跌，流动性风险由此逐渐扩散至其他金融资产市场，并形成恶性循环。

（二）市场冻结

当流动性危机发展至极致时，市场交易趋于停滞，金融市场由此陷入冻结状态（Market Freeze）。Flannery（1996）指出，在流动性危机期间，银行同业拆借市场存在严重的信息不对称问题，逆向选择（Adverse Selection）困境使得贷款方银行无法准确区分借款方银行属于风险银行还是安全银行，因而迫使贷款方银行在避险心理的驱使下实施"一刀切"政策，全面收紧信贷供给。在这种流动性冻结的情况下，即使是风险暂时没有暴露出来的安全银行也难以通过短期拆借来实现资金融通，全体金融机构将同时面临着流动性短缺的困境。

接下来，我们以回购市场为例，对信息不对称问题和市场冻结机制之间的联系进行说明。回购协议是一种重要的短期债务融资工具，在这个市场中，债务人通常以某种资产作为抵押物，并根据抵押物当前的市场价值与协定的预留扣减率计算出相应的可借贷资金，在协议到期之后，债务人即向债权人支付回购利率来赎回抵押资产。由于逆向选择问题会显著降低债权人借出资金的意愿，因此对于债务人而言，选择信息敏感度较低的资产作为抵押物显然更为"安全"——这类资产将有助于平抑抵押物价值信息的波动性，从而避免出现债权人因为对信息敏感而发生挤兑的情况。因此，债务人会倾向于选择基本价值较不透明的资产（如政府债券或评级为AAA的证券）来作为抵押物（Gorton和Ordonez，2014）。在经济平稳运行时期，为了保证交易效率，借贷双方的最优策略是选择忽视抵押物的信息（Dang等，2010）。因此，在均衡状态下，相对于债务人而言，债权人所掌握的信息相对不足，将长期处于相对劣势地位。由此，回购协议市场的信息不对称程度逐渐攀升,在逆向选择等因素的驱动下,资质不足的银行业也可以通过降低抵押物信息敏感度来获得融资,使得金融脆弱性逐步积聚。但是,当金融市场受到显著的外部冲击时,债权人的市场信心出现大幅下降,因此对抵押物的信息获取动机也将显著增强。此时,债权人极有可能因为缺乏有效信息而拒绝冒险借出资金或购买资产,从而加快了市场流动性的枯竭速度,甚至上升至市场冻结的极端情况。Acharya 等(2011)亦指出,当整个市场对抵押资产价值丧失信心时,回购链(Repo Chain)可能会出现中断或崩溃,致使回购协议市场流动性瞬间冻结。

此外,当银行对于间接关联对手方的风险具有高度不确定性时,其收缩信贷供给量的动机亦将显著增强,从而抬升市场流动性冻结的发生概率。在一个复杂的银行网络中,银行通常只能察觉到与自身有资产负债表直接关联的对手方是否受到负面冲击,而很难获知与对手方有直接关联的其他机构是否有受到负面冲击,更对整个关联链条上各家金融机构受到外部冲击影响的全貌一无所知。因此,在缺乏有效信息的情况下,银行无法对间接关联对手方的风险进行准确估算。当金融系统受到严重的负面冲击时,为了规避潜在的对手方风险,银行极有可能会采取拒绝借出资金、终止债务展期等措施,急剧收缩自身的信贷规模。当所有银行都同时停止发放贷款时,整个金融市场就陷入流动性冻结的危机。

(三) 市场协调失灵与恐慌

金融系统的协调失灵(Coordination Failure)也会抬升银行挤兑的发生概率,从而造成市场恐慌(Runs),加剧系统性风险。"协调失灵"指的是,虽然全体参与者都明白存在一个更好的均衡策略,但由于参与者之间无法进行充分的协调与合作,因此他们无法达到这个更好的均衡结果。在这里,我们将重点讲述在负面冲击发生时债权人之间的协调失灵效应。

在现代金融市场体系中,银行往往通过吸收短期存款来支持对长期贷款的发放,长此以往,整个市场的期限错配敞口将呈现不断累积的态势,因此银行系统天生具有脆弱性。一般而言,一家企业的债权人只有在预期到未来的其他债权人也会进行债务展期时,才会愿意对其短期债务进行展期,所以"动态债务恐慌"(Dynamic Debt Runs)存在一定的发生概率(He 和 Xiong,2012)。而当高杠杆率银行在资产收益率负面冲击的影响下无法正常将短期债务展期时,由于害怕其他人会率先取出存款,致使银行资产负债表恶化并无法偿还债权人自身的债务，因此储户也会有强烈的动机去取出短期存款。当众多储蓄者同时想要提款时，银行就发生了挤兑危机。

Goldstein 和 Razin（2015）对金融危机的三种主要形式进行了回顾，其中重点阐述了市场协调失灵与银行挤兑机制。除了银行储蓄业务的例子以外，挤兑行为也可能在多个金融领域发生，在20世纪八九十年代的拉美债务危机和东南亚货币危机中，我们都能看到挤兑的身影。作为投资银行进行短期债务融资的主要市场，回购协议市场在2008年美国次贷危机期间也发生过挤兑现象，并导致诸如贝尔斯登、雷曼兄弟这样的头部金融机构的破产或倒闭。研究发现，回购协议市场的信用紧缩（Credit Squeeze）源自债权人之间的协调失灵，由于他们预测在未来其他债权人可能会拒绝借款方的信用展期要求，进而导致抵押物的资产价值和借款方的偿债能力在未来一段时间内出现恶化，因此债权人也会做出与其他人相同的选择，拒绝对借款方的信用进行展期。最终，债权人之间的协调失灵导致该市场发生挤兑危机，流动性急剧下滑，甚至陷入市场冻结的困境。

第三节　全面金融危机防范与处置

一、全面金融危机的防范

要防范全面金融危机，绝非一朝一夕之功，而是需要我们从政府监管、行业自律、投资者教育与保护等多个角度出发，采取宏观审慎金融监管手段来做好对系统性风险的监测与预警工作，防范化解全面金融危机。在此之前，我们首先需要对系统性风险的共担、传染和扩大机制进行深入的理论研究，并结合国际社会上已经发生过的金融危机案例进行实证分析，梳理出全面金融危机的风险传染与共振机制以及演变脉络，对过往的金融监管与危机处置手段的有效性进行准确评估。在上述研究的基础上，我们就可以对我国金融系统中的脆弱环节进行识别与监测，并对潜在的系统性金融风险的传导与扩散路径进行细致刻画，从而为有针对性的宏观审慎金融监管措施提供更多的理论参考和实证依据。

(一) 金融风险跨市场传染与共振

1. 宏观审慎金融监管框架:《巴塞尔协议 III》

搭建宏观审慎金融监管框架,是防范金融市场风险传染与扩散的重要举措之一。在 2008 年国际金融危机之后,世界各个国家或地区纷纷开始建立宏观审慎金融监管框架,以防范"太大而不能倒"的系统性金融风险。例如,2011 年年初,欧洲系统性风险委员会(Europeam Systemic Risk Board,ESRB)宣布正式成立,初步建立起一个泛欧的宏观审慎金融监管框架,以加强对欧盟内部成员国的系统性风险监测和相应宏观审慎监管措施的落实。由此,欧盟也成为依靠宏观审慎金融监管手段来防范与处置金融风险的经济体代表之一。

欧盟的经验表明,防范金融风险的跨市场传染与共振,有赖于不同国家、不同经济部门和不同金融市场的宏观审慎监管协调与合作。而在诸多国际金融监管合作模式中,最具代表性的就是《巴塞尔协议》所提出的银行业国际监管标准体系。1988 年,在国际清算银行的组织下,由多个国家银行监管机构和央行代表所组成的巴塞尔银行监管委员会通过了著名的《巴塞尔协议 I》。该协议从资本分类构成和风险资产权重两个维度对银行提出了明确的、可量化的资本充足率要求,从而强化了对银行系统的内部监管;并且对各个成员国的银行资本监管标准进行了统一,有助于抑制国际金融市场上的不公平竞争。

21 世纪初,为了适应国际银行业的经营发展和监管环境的演变,巴塞尔银行监管委员会对原先的《巴塞尔协议》进行了一系列的修订,并在 2005 年正式实施《巴塞尔协议 II》。《巴塞尔协议 II》的资本监管内容由三大支柱构成:其一是最低资本要求(Minimum Capital Requirement),即要求银行的资本充足率达到 8% 或以上,核心资本充足率达到 4% 或以上,从而对银行的信用风险、市场风险和操作性风险进行严格监管;其二是监察评审程序(Supervisory Review Process),即相关部门要对银行的内部评估方法和程序定期进行监督与审查,以化解银行的流动性风险和集中度风险;其三是市场自律(Market Discipline),即要求银行对自身的风险暴露、资本结构、资本充足率、经营能力等信息进行及时、准确的披露,以充分发挥行业自律的约束作用,对前两个支柱的监管内容形成有效补充。通过对上述三个支柱内容的修订,第二版《巴塞尔协议》能够将银行资本监管要求与银行主要风险的防范更加紧密地结合起来,切实提高了当下银行监管制度的适配性。

然而,2008年美国次贷危机紧接着暴露出当时资本监管制度中存在的许多不足之处,例如原有的监管机制具有明显的顺周期特征,缺少对非正态分布复杂风险的有效量化,监管资本质量相对较低,等等。为了更好地防范系统性金融风险,巴塞尔银行监管委员会于2010年修订通过了第三版《巴塞尔协议》,这也标志着全球银行业监管正式进入了《巴塞尔协议 III》时代。在《巴塞尔协议 II》的基础上,第三个版本引进了宏观审慎监管理念,强化了对"太大而不能倒"系统性风险的防范。具体而言,第三版巴塞尔协议做出了以下完善。

(1) 提高对银行最低资本充足率的要求。《巴塞尔协议 III》对银行一级资本充足率和核心一级资本充足率的最低要求分别上调至6%和4.5%,进一步强化对银行资本质量的监管标准。

(2) 设立资本留存缓冲与逆周期资本缓冲要求。《巴塞尔协议 III》要求银行必须达到2.5%的资本留存缓冲要求和0~2.5%的逆周期缓冲资本要求,以保证银行在极端事件或金融危机之下具有充足的资本缓冲或风险吸收能力,并达到缓释银行系统顺周期性风险的目的。

(3) 提出杠杆比率监管要求。杠杆比率即为银行核心资本与表内外资产的比率,《巴塞尔协议 III》将逐步把杠杆比率纳入第一支柱监管要求当中,从而尽可能地削弱金融机构在危机中的去杠杆行为对金融体系内在脆弱性的负面影响。

(4) 引入流动性管理框架。《巴塞尔协议 III》提出了流动性覆盖比率(Liquidty Covered Ratio,LCR)与净稳定融资比率(Net Steady Finance Ratio,NSFR)这两个监管指标,前者反映了银行的短期(30天内)流动性表现,后者能够有效测度银行在中长期内流动性对经营所需资金的覆盖程度,两者结合则有助于监管部门更好地掌握银行的流动性管理能力。

(5) 强化对系统重要性金融机构(Systemically Irmportant Financial Institutions,SIFI)的识别与监管。系统重要性金融机构指的是规模较为庞大、经营活动相对活跃、业务构成更为复杂的金融机构,这类金融机构难以被其他机构所替代,一旦发生违约或倒闭,就会对整个金融市场产生显著冲击。《巴塞尔协议 III》针对 SIFI 提出了若干差异化监管措施,例如,要求 SIFI 必须满足1%~3.5%的附加资本比例,以达到防范化解"大而不倒"风险的目的。

通过引入逆周期调节工具、杠杆比率监管要求、流动性管理框架、系统重要性金融机构附加资本要求等新工具,《巴塞尔协议Ⅲ》初步建立起一个兼具宏观审慎与微观审慎双视角的监管框架,从而为新时代背景下全球银行业监管合作提供了重要的参考,也为跨市场金融风险的监管与治理提供了更多新的思路。

2. 系统性风险识别方法与预警指标体系

搭建可行的风险识别与预警指标体系,对系统性金融风险进行实时监测和及时处置,是防范金融风险跨市场传染扩散的重要监管措施之一。为此,我们必须对现有的系统性风险度量方法的预测有效性和数据可得性进行评估,以筛选出能够准确刻画目标金融市场风险传染特征且数据相对容易获得的测度指标,并基于此搭建起适用于目标金融市场的风险预警系统。由于学界已经对系统性风险的测度方法进行了较为充分的讨论,在这里我们将对过往文献的核心观点和重要发现进行回顾与梳理,以供参考与借鉴。

尽管现有的系统性风险识别与度量方法种类较为丰富,但学界对此并没有统一的分类方法。Huang 等(2009)按照采用数据频率的高低将系统性风险测度手段分为两类,其中一类依赖于高频市场数据,另一类则建立在银行资产负债信息等低频数据的基础上。Rodriguez – Moreno 和 Pena(2013)从研究视角出发将其分为微观度量和宏观度量两种方法。宏观度量方法致力于通过观察经济总量指标的变化来发现泡沫预警信号(Borio 和 Lowe,2002),微观度量方法则从分析市场数据和会计数据入手,希望通过研究个体金融机构的健康程度来测量系统性风险。Benoit 等(2017)则将系统性风险度量方法分为三类:①监管机构提出并施行的方法;②针对某种特定传导机制的结构性度量方法;③总体度量法。上述分类方法相互交叉,由于当前学界对系统性风险的定义并未达成统一意见,而系统性风险涉及的行业、部门和工具的种类繁多、范围广阔,其产生、传染和扩散机制错综复杂,因此,我们很难判断哪种分类方法更为合理。在下文中,我们将根据系统性风险的研究切入点来对现有测度方法进行分类。

第一种测度方法主要从金融机构的关联程度入手,研究系统性风险的传导与扩散效应。IMF 列举的常见测度模型包括网络分析模型(Network Analysis Approach)、共同风险模型(Co-Risk)、困境依存矩阵(Distress

Dependence Matrix）和违约强度模型（Default Intensity Model）等。网络分析模型通过模拟银行网络在外部冲击下的倒闭数量或损失程度，来测量系统性风险的传染效应，比如，Cont 和 Moussa（2010）通过建立金融机构系统性重要性矩阵来构建传染效应指标，测度金融机构关联网络面临的系统性风险。共同风险模型着眼于金融机构因关联投资等而形成的共同风险暴露，Wagner（2008；2009）和 Beale 等（2011）的研究表明，银行在进行分散化风险投资时也会扩大与其他银行的重复投资范围，导致系统性风险上升，Blei 和 Ergashev（2014）采用聚类分析方法研究银行的投资组合重复程度，并建立 ACRISK 指标来监测银行资产共性及其带来的系统性风险。困境依存矩阵由银行网络中银行两两之间的危机条件概率构成，即第 m 行第 n 个元素描述的是当第 n 家银行陷入困境时第 m 家银行也出现危机的条件概率，Segoviano 和 Goodhart（2009）首先利用困境依存矩阵来刻画银行网络中特定银行陷入危机时对其他银行的风险传染影响，再利用 CIMDO-Copula 方法来估计银行系统多元密度（BSDM），进而建立银行稳定指标（BSMs）。违约强度模型则由 Giesecke 和 Kim（2011）提出，他们通过基于历史违约记录的动态风险模型来估计宏观经济因素和部门风险因素对银行违约概率的影响，并测算银行网络内违约的传导和溢出效应。总体来看，上述方法能够较好地反映危机情况下金融机构网络风险传染机制，而且对数据频率和有效性要求较低，具备一定的可行性，但同时也存在假设过于严格、对系统性风险解释能力不足的弊病（Upper，2011）。

第二种测度方法则聚焦于刻画危机期间特定金融机构与整体金融系统之间的反馈机制，典型代表包括边际期望损失（MES）、系统性期望损失（SES）、系统性风险指标（SRISK）和条件在险价值（CoVaR）等方法。边际期望损失（MES）最初由 Acharya 等（2010）提出，描述的是在市场总体收益率大幅下滑的极端情境下单一金融机构的期望收益水平，度量了该金融机构对整体系统性风险的边际贡献。而系统性期望损失（Acharya，2010）衡量的是当金融系统资本不足时特定金融机构的预期资本短缺水平，由于金融部门的资本短缺会损害实体经济部门，进而带来系统性风险外部性，因此 SES 也在一定程度上反映了危机期间该金融机构对整体系统性风险的贡献程度。作为对 SES 方法的补充，系统性风险指标（Brownlees 和 Engle，2012）也同样反映了当市场大规模衰退时金融机构面临的期望资本短缺程度，但是较之前者融入了对金融机构的规模、杠杆比率、关联程度和长期边际期望损失（LRMES）等因素的考量。条件在险价值方法（Adrian 和 Brunnermeier，2016）则通过计算在某一金融机构陷入财务困境和运转正常两种情况下整个金融系统的 CoVaR 之间的差值，测量了单一金融机构的系统性风险溢出效应，相较于传统 VaR 方法更注重对尾部风险的控制。这些方法为系统性风险提供了总体度量，主要建立在高频市场数据的基础上，能够更加及时、快速地反映当前某一特定机构的系统性风险水平，也适用于给金融机构排序分类，以识别系统性重要金融机构（SIFI）。但是，这些方法大多没有坚实的理论基础，无法识别具体的风险来源，因此也有一定的局限性。

第三类测度方法则是将多种风险指标加总为一个综合指数，为金融机构的系统性风险提供实时监测和预警。巴塞尔银行监管委员会（BCBS）的评分法已被金融稳定委员会用于识别系统性重要金融机构，其原理是根据金融机构的规模、跨司法管辖区活跃度、互联度、业务复杂度和可替代性等五类标准来评定其系统性重要性，每一类标准都赋予相等的权重，最终五类标准得分的平均值即为该金融机构的综合分数。不过，这种综合评分法有两个缺陷，一是五类标准的相对权重设置导致综合分数可能只被少数波动性大的变量支配（Benoit 等，2019），二是在跨区域加总银行数据时跨国银行分数可能会受到货币价值变动的影响，导致偏误（Benoit 等，2019）。其他综合指数方法包括金融压力指数（Illing 和 Liu，2003；Oet 等，2011）、金融稳定条件指数（Van den End，2006）和总体金融稳定指数（Albulescu 和 Goyeau，2010）等。这类测度方法相对简单直观，可以用于系统性风险的动态监测和历史回溯，也可以通过设置阈值来建立预警系统，但难以识别风险的具体来源和关联传导机制，在监管应用上存在局限性。此外，综合指数法在风险指标选取、指标权重设置和阈值设定上具有一定的主观性，如果选取不当则容易造成误差。

通过上述归纳，我们可以看出当前学界已经发展出较为丰富的系统性风险度量理念和模型方法，但在可行性、适用性和有效性等方面都或多或少存在一定的缺陷。要建立一个全面、有效、及时的系统性风险监测系统，既需要监管机构根据政策需要和客观经济社会条件，对这些理论模型进行灵活变通和有机结合，也需要高质量数据披露等外部条件的支持。近年来，学界在针对金融风险传染与共振的测度方法上也做了大量尝试和创新，为监管当局提供了跨市场风险监测的新思路。例如，结合网络拓扑分析方法和系统性风险测度指标来考察不同金融市场中金融机构的互相关联程度，已经成为近年来该领域的前沿研究视角之一，国内外的代表性研究包括 Billio 等（2012），Diebold 和 Yilmaz（2014），杨子晖等（2018，2020），等等。这些研究成果对于当前监管机构建立风险监测系统具有重要的参考价值，有助于监管机构开发更具针对性的跨市场传染风险早期预警工具，从而更好地防范并化解金融风险共振效应。

3. 宏观金融压力测试

正如第六章第一节所述，纵观历史上的多次金融危机事件，我们可以发现，系统性金融风险的积聚与爆发具有高度非线性的特征。在经过长时间的金融脆弱性累积之后，金融风险往往会在负面冲击下加速暴露出来。而在资产负债表传染、支付清算传染、信息传染等机制下，上述风险极有可能在短时间内出现大面积的传染与共振，对其他金融部门乃至整个金融系统产生严重的负向影响。因此，在上一节所提到的系统性风险识别与预警指标框架的基础上，模拟诸如金融市场突然出现大幅下跌之类的极端事件，对金融机构进行宏观金融压力测试，对于防范与化解重大金融风险而言是非常有必要的。

宏观压力测试（Macro Stress-Testing）指的是假设某一资产组合、金融机构或者金融市场处于某种特定的宏观经济冲击下，对评估对象在上述压力情境下的表现进行测试的技术。它有助于我们充分了解评估对象在极端情况下的风险抵御能力和相应的金融市场稳定性，从而对现有宏观审慎监管框架下的资本缓冲要求进行校准，并为更广泛的政策工具效应提供评估依据（单建军，2019）。

在世界各主要经济体中，美国是依靠定期压力测试实现金融风险管理的代表性国家。例如，作为对 2008 年国际金融危机处置效果的评估，美国财政部、美联储和联邦存款保险公司等主要机构在 2009 年 2 月对一定规模以上的银行进行压力测试，以确定其潜在损失程度及其所需政府注资规模。而在危机后制定的《多德-弗兰克华尔街改革与消费者保护法案》中也明确规定，美联储将定期对总部设于美国的大型银行进行压力测试，以实现对系统重要性金融机构风险的防范与提前化解。

与此同时，以国际货币基金组织和世界银行为代表的国际金融组织所构建的宏观金融压力测试系统，则为全球金融市场风险的识别与监测提供了一个基本框架。IMF 与 WB 于 1999 年推出金融部门评估规划（Financial

Sector Assessment Program，FSAP）项目，其中就提出了要将金融压力测试作为重要的宏观审慎监测工具之一。FSAP 项目的宏观压力测试框架覆盖了对不同类型风险的测试模块，包括信用风险、市场风险、流动性风险和传染风险等（Moretti 等，2008），具体如下：

（1）信用风险：基于多个国家的经验研究表明，信用风险是银行系统风险的主要来源。在早期的 FSAP 监管系统中，针对信用风险的压力测试以单因素敏感性测试（Single-factor Sensitivity Tests）为主。例如，监管者通过模拟负面冲击直接施加在银行的不良贷款（NPLs）或拨备（Provisions）上的压力情境，来测试在银行以提高拨备作为对贷款质量恶化的回应之后的稳定性表现。随着 FSAP 压力测试框架的逐渐完善，更多基于贷款表现数据的复杂分析方法（如结构化分析和向量自回归模型）被引入测试工具箱中，用于对银行机构的违约概率（PDs）和违约损失率（LGDs）进行评估。例如，奥地利 FSAP 压力测试模型使用由多个宏观经济变量组成的函数表达式来刻画银行的违约概率，这不仅有助于监管当局基于非现场监管数据进行由上自下（Top-down）的压力测试，也方便了商业银行基于自身内部模型和违约概率指标来计算损失期望值，实施由下自上（Bottom-up）的压力测试。

（2）市场风险：在 FSAP 评估框架下，市场风险包括利率风险、汇率风险以及股票、债券、房地产和其他类型资产的价格风险，而 FSAP 压力测试模型也针对各类市场价格波动风险开发了具体的量化工具。例如，对于利率风险，部分国家的 FSAP 评估采用重新定价、期限缺口、久期、在险价值（VaR）等指标来量化相关的风险暴露水平。对于汇率风险，一部分压力测试模型把银行的未平仓合约净数（Net Open Position）作为代表变量，另一部分模型则基于银行的 VaR 值来构建汇率风险指标。

（3）流动性风险：FSAP 评估框架下的流动性风险压力测试模型通常将银行的存款业务和批发融资活动置于特定冲击之下，或者假设一个外国投资者或跨国银行母行突然撤回在本国银行机构的投资的压力情境，来对融资流动性大幅下滑时的银行系统稳定性进行考察。除此以外，少数 FSAP 压力测试模型亦设置了准流动性（Quasi-liquid）资产进行折价出售的压力情境，以模拟市场流动性紧张的极端情况。通常来讲，针对流动性风险的压力测试多在一国的流动性比率测度方法出现变动后进行。

（4）传染风险：除了对银行个体风险进行测度以外，对风险传染效应的评估也是 FSAP 压力测试模型的重点模块之一。这些压力测试通常专注于对"纯粹"风险传染效应的测度，即评估一家银行的违约或倒闭会不会导致其他银行的资本充足情况出现显著恶化。由于金融风险的传染具有连锁效应，当一家银行的风险传导至其他银行时，其他银行又会将这种风险传播至银行网络中的其他节点上，因此 FSAP 针对传染风险的压力测试模型大多立足于迭代（Iteration）方法，并以无担保银行间净敞口来对风险传染渠道进行刻画。

当前，结合上述的 FSAP 宏观金融压力测试框架，加拿大、英国、法国、澳大利亚、韩国、日本、中国、俄罗斯、巴西等各个经济体都在不断开发和完善各类宏观金融压力测试。值得注意的是，各国央行更多的是从自身金融市场实际特征出发，开发适用于本国内部的金融压力测试模型，代表例子包括加拿大的 MFRAF（Macro-Financial Risk Assessment Framework）模型、英国的 RAMSI（Risk Assessment Model for Systemic Institutions）和 FLAME（Feedback Loops and Amplification Mechanisms Engine）模型、韩国的 SAMP（Systemic Risk Assessment Model for Macroprudential Policy）模型。其中，作为最早开发银行业宏观压力测试的国家之一，英国开发的 RAMSI 和 FLAME 压力测试模型对于其他国家的相关模型而言具有重要的借鉴意义（王信和贾彦东，2019）。RAMSI 模型立足于银行的资产负债表和损益表等微观变量与 GDP、通胀率、无风险利率、大宗商品价格等宏观经济与金融变量，分别对宏观经济对单独银行个体的冲击、银行之间的冲击传染与扩散这两轮冲击效应进行测试，从而着重考察了银行系统在宏观经济或金融变量冲击下的流动性风险和债务违约风险表现（Burrows 等，2012）。FLAME 模型则更加关注在宏观经济冲击下金融风险的放大效应以及循环反馈机制，总共分为两个阶段：阶段一，FLAME 模型首先基于各家银行的资产负债表数据，对其融资成本、抵押品等流动性风险传染效应和负债、衍生品等债务违约风险敞口进行评估；阶段二，FLAME 模型通过求解银行的最优化方程，对银行在极端压力情境下的决策机制进行模拟，并预测在该情境下各家银行基本面变量的变动情况，以此更新对其流动性风险和债务偿付能力的判断。在以上两个阶段结束后，即马上进入下一个循环，从而刻画出宏观经济冲击与金融风险的相互反馈特征。其他国家央行的宏观压力测试思路也与英国的上述两个模型有一定相似之处，例如都强调金融风险传染过程的非线性特征，等等，但其在实际应用过程中会结合自身的金融市场结构做出相应的调整，在此不再赘述。

（二）境外输入性风险冲击

杨子晖和周颖刚（2018）基于有向无环图技术方法和网络拓扑分析方法的研究指出，系统性金融风险呈现出显著的跨市场传染特征，一国金融市场的动荡可能会经由"多米诺骨牌"效应对其他经济体的金融市场产生显著冲击，威胁全球金融市场的安全与稳定。在2008年美国次贷危机和2015年全球重大股灾中，美国成为全球系统性金融风险的主要输出方，并经由我国香港等国际金融中枢，对我国金融市场产生明显的风险溢出效应。我国在全球风险传递链条中主要充当的是输入方的角色，这也意味着，我国除了要采取宏观审慎措施化解国内系统性金融风险以外，还要对境外输入性金融风险加以防范。

在全球经济不确定不稳定因素显著增多、我国金融对外开放持续加速的背景下，防范境外输入性风险冲击对于维护我国金融市场稳定具有重要意义。2008年国际金融危机之后，以美国为首的各大经济体接连推出量化宽松（QE）政策，通过大规模购买中长期国债等手段，以达到压低市场利率水平、释放巨量流动性的目的。随着流动性趋于泛滥，多余的资金开始大规模进入成长性较好、资产收益更高的新兴国家市场。而在给这些国家带来输入性通货膨胀风险的同时，也加剧了跨境金融风险传染网络的复杂程度，并且，跨境资本的大规模流入与回撤也给这些金融市场带来额外的流动性风险。自2020年新冠肺炎疫情暴发以来，为了应对疫情扩散与经济下行的负面影响，各国又进入了新一轮的宽松货币政策周期。2020年3月，美联储开启7000亿美元量化宽松计划，并随后宣布将计划总额上调为"无限量"，美国联邦基金利率也在半年内连降147个基点，在2020年二季度末跌至0.08%的历史低位水平。与此同时，欧洲、日本等经济体也纷纷实行加码低利率与货币超发政策。欧洲央行决定于同年3月实施7500亿欧元的紧急资产购买计划，并在6月4日将其规模增加至1.35万亿欧元。而日本在3月则决定维持原有负利率政策不变，并将原有的6万亿日元交易型开放式指数基金（Exchange Traded Fund，ETF）年度购买目标扩大至两倍，将房地产投资信托基金购买目标提高至1800亿日元。由此可见，随着各国经济在未来逐渐见底，全球货币超宽松政策的溢出冲击将会逐步显现，在未来相当长一段时期内，防范境外输入性金融风险将会成为我国化解系统性金融风险的重点工作之一。

值得注意的是,近年来我国多项金融开放重大措施加速落地,在显著提高资本账户开放和金融市场互联互通程度的同时,也为境外金融风险提供了更加充足的输入路径。Edwards(2005)的研究表明,随着一个经济体的资本账户变得更为开放,其所面临的输入性金融风险也会相应上升。正如中国人民银行副行长兼外汇局局长潘功胜在第十二届陆家嘴论坛(2020)上所述,当前我国金融市场的双向开放主要有以下三种渠道:第一种是海内外金融市场互联互通程度显著提高,随着"沪港通""深港通""债券通"与"沪伦通"等制度的推行,境外投资者可以通过离岸市场对我国的股票市场和债券市场进行投资;第二种是境外投资者入市投资条件有所放宽,在合格境外机构投资者(QFII)、人民币合格境外机构投资者(RQFII)、银行间债券市场(CIBM)等机制下,境外投资者可以直接投资于我国金融市场;第三种是境外金融机构在华经营限制逐渐解禁,例如,在2020年发布的《外商投资准入特别管理措施》中,负面清单由旧版的40条减至33条,其中金融行业成为下一阶段我国对外开放的重点领域,证券公司、证券投资基金管理公司、期货公司等金融机构的外资股比限制将被全面放开。此外,粤港澳大湾区、上海自贸区和海南自由贸易港等地亦率先成为我国扩大金融对外开放、深化外汇体制改革、发展离岸人民币市场的试点地区,在起到全国示范先行作用的同时,也加剧了我国当前跨境金融监管制度的复杂性。随着新版负面清单与诸多跨境金融业务试点的接连落地,我国金融对外开放进程不断加速,在赋能实体经济高质量发展的同时,也给我国的金融安全形势带来更多挑战,致使境外输入性金融风险抬头。

那么,我们应该如何防范并化解境外输入性金融风险呢?从总体上看,境外输入性金融风险可能通过通货膨胀效应、跨境资本流动、风险传递网络等渠道来实现对一国金融市场的传染与扩散。因此,决策机构应当从上述传播渠道入手,缓释境外金融冲击对国内市场的溢出效应。

当全球进入宽松货币政策周期时,国际市场流动性趋于泛滥,资产价格泡沫不断积聚,抬升了区域金融市场的输入性通货膨胀风险。同时,在美元汇率走强等因素的影响下,国际初级产品价格亦将出现一定幅度的上涨,并经由国际贸易渠道传导至各国工业品生产成本,进一步抬升通货膨胀水平。输入性的通货膨胀压力将导致一国金融市场中的资产价值出现持续上涨，在这种"繁荣的假象"下，市场中的投资者可能出现盲目乐观的情绪，风险偏好有所提振，导致金融系统脆弱性加速积聚。同时，随着资产泡沫的形成，抵押物的价值也将有所提升，借贷活动更为活跃，居民、企业、金融机构和政府部门的杠杆水平呈现出加速扩张的态势，信用风险敞口显著加大。针对输入性通货膨胀风险，一方面，一国的决策机构通常可以通过及时调整国际大宗商品储备、提高本国企业的国际定价权等方式，来降低初级产品进口价格上涨所带来的成本推动型通货膨胀压力，从而削弱经由国际贸易渠道所传导的通胀外溢效应。另一方面，本国央行也可以采取调整货币冲销操作等手段，在短期内缓解本国基础货币投放压力，平抑输入性通货膨胀。但从长远上看，面对全球价格水平的普遍上涨，决策机构应当采取积极的财政政策和稳健的货币政策相结合的手段，稳定国内市场的通胀预期，同时积极参与国际经济金融政策合作框架中，深化国内外货币政策协调程度，化解输入性通胀风险。

跨境资本的大规模流入与流出同样将加大一国金融市场的杠杆周期波动程度，抬升顺周期性风险。当跨境资本大量流入局部金融市场时，资产价格大幅上涨，风险投资显著增加，宏观杠杆率将处于偏高水平。然而，由于国际投机性资本倾向于投资期限较短的资产，以求快速获得收益或实现利差套利，当该区域性金融市场中的资产价格偏离其实际价值时，投机性资金外逃动机将会显著增强，因此跨国资金的流动并不具有平稳性。若跨境资本在"黑天鹅"事件等因素的影响下出现大幅回流，那么区域性金融市场流动性就可能会出现骤然收紧的情况，使得部分市场参与者的流动性风险加速暴露出来，并且不得不通过变卖资产的方式来实现流动性回补。如果此时政府无法对市场的恐慌情绪进行疏解和引导，其他投资者将在信息传染和协调失灵的机制下出现盲目抛售资产的行为，进一步助长资产价格的暴跌态势，市场将形成资产价格下跌的螺旋机制，流动性危机由此将扩散至整个金融系统。因此，大多数监管当局会从施加暂时性资本管制、有序推动资本账户开放、加强对跨境资本流动监测等方面发力，来防范跨境资本扩量提速给区域性金融市场带来的顺周期性风险。具体而言，在自身经济基本面有所恶化、金融体系发展尚未成熟的情况下，决策机构应该对资本账户的开放保持谨慎态度，或者采取有限度的金融市场开放措施，从而通过降低跨境资本流动规模来削弱顺周期性风险效应。另外，当一国政府已决定推动金融市场对外开放时，则应在充分考虑自身金融市场发展程度、利率市场化进程和汇率形成机制的基础上，有序推动资本账户实现依次开放，并同时加强对跨境资本流动的实时监测与对冲管理，例如，可以搭建针对跨国流动资金规模与流向的全口径监测与风险预警系统，等等，一旦识别到跨境资本的大规模异常流动，监管部门就可以及时采取措施对其进行对冲。

境外输入性金融风险也可能通过日趋复杂的跨国金融风险传递网络来进行传导。在经济全球化的背景下，金融机构的跨国业务显著增多，不同区域的金融机构经由资产负债表渠道以及支付清算关联渠道形成了更加紧密、更加复杂的国际金融风险传递网络。因此，决策机构应当对这种跨国金融风险传递网络予以高度重视，除了密切监测并厘清其网络结构之外，还要建立相应的风险研判与预警机制，在预判到来自境外的金融市场冲击极有可能经由某个传染渠道输入到本国金融市场时，应及时采取诸如切断该传染渠道的必要措施，提前化解境外输入性金融风险。具体而言，监管部门首先可以采用高频交易数据或资产负债表数据来构建本国金融机构与其他国家金融机构的关联风险指标，并对其网络拓扑结构进行刻画。例如，监管者可以建立一个基于银行间交易结算数据或信用违约互换数据的全口径数据统计平台，对跨国金融业务的资金规模与流向进行摸清排查，以厘清潜在的风险输入路径，及时发现银行的跨国金融风险敞口。而在上述统计监测的结果基础上，监管者可以识别出具有"太大而不能倒"或"太关联而不能倒"特征的跨国金融机构，在《巴塞尔协议 III》的指导下强化对这一类系统重要性金融机构的差异化监管，尽可能降低该类机构的风险溢出影响，削弱跨国金融风险的资产负债表与支付清算关联传染效应。

二、全面金融危机处置的典型案例

案例分析：2008 年国际金融危机的爆发与美国政府处置过程分析

2008 年国际金融危机是国际社会历史上全面金融危机爆发的典型案例，其金融脆弱性的积聚过程、危机的爆发与演变路径、政府的干预与处置手段都相当具有代表性，对我们研究全面金融危机具有重要的参考价值。接下来，我们将对 2008 年国际金融危机的爆发和美国政府处置过程进行详细的梳理,并结合具体事例对全面金融危机的成因、后果和处置措施进行探讨。

1. 2008 年国际金融危机前:金融脆弱性的长期积聚

在 2008 年金融危机爆发之前,美国金融市场的脆弱性已经经历了长达数年的酝酿积聚。早在 20 世纪末 21 世纪初,美国宏观经济基本面就出现了恶化的前兆。随着第三次科技革命所带来的经济上行长周期进入尾声,美国等发达经济体的产业空心化问题日趋严重,实体经济的投资回报率大不如前,资金"脱实向虚"倾向更趋严重。在回报率下跌的压力下,美国国内的供应链产业链不得不大规模迁出国外,致使美国失业率在 2000 年后持续上涨,当周初次申请失业金人数在 2001 年 9 月 29 日达到 51.7 万人的历史高位。在制造产业持续萎缩和 IT 产业、金融产业逆势增长的双重因素影响下,美国不同阶层人民收入分配不均衡的现象愈发严重,社会贫富差距逐渐扩大。2000 年,美国居于全社会前 5% 的最富裕家庭收入占全社会收入的 22.1%,比 1967 年高出 4.9 个百分点。对于美国普通居民而言,家庭收入增长的逐渐放缓和自由主义经济学所鼓励的扩大消费之间的矛盾凸显,广大民众通过借贷实现超前消费的动机也显著增强,为居民部门逐渐扩大的债务违约风险敞口埋下严重隐患。

与此同时,美国在危机爆发前曾长时间处于货币供给与金融监管双宽松的环境之下,这进一步加剧了金融系统的不稳定性。随着 1999 年《格拉斯－斯蒂格尔法》(Glass-Steagall Act)的废除和《格雷姆－里奇－比利雷法》(Gramm-Leach-Bliley Act)的颁发,美国金融机构开始被允许从事混业经营。然而,美国金融监管体系长期存在错位与滞后等问题,难以跟上金融混业经营的发展步伐。同时,在 2001 年互联网泡沫破裂之后,美联储在 2001 年至 2004 年间采取宽松货币政策以达到刺激经济复苏的目的,联邦基金目标利率经过 13 次连续降息后下探至 1% 的历史低位,释放出巨量流动性。因此,在流动性趋于泛滥、监管长期缺位的背景下,以资产证券化为代表的金融衍生产品创新活动空前活跃,金融机构通过将住房抵押贷款和其他类型资产作为基础资产,以其未来现金流为支撑进行再证券化包装,大量推出按揭支持证券(Mortgage-backed Securities,MBS)、资产支持证券(Asset-backed Securities,ABS)、担保债务凭证(Collateralized Debt Obligation,CDO)等结构化金融产品。而这些资产证券化产品在增加金融市场资产流动性的同时,也带来了风险传递链条复杂化、抬升资产价值评估难度、催生资产价格泡沫、加剧顺周期性效应的问题，在一定程度上助长了金融机构的风险积聚。同时，在宽松的货币金融环境下，大量资金进入房地产市场追逐有限的商品，导致房地产市场加速膨胀，资产泡沫不断堆叠。据美国联邦住房企业监管办公室披露显示，美国 OFHEO 房屋价格指数在 2003—2006 年呈现急剧攀升的态势，增幅达到 35% 以上，2005 年第二季度，该指数当季同比更是达到 11.93%。因此，在这期间，美国房地产抵押价值持续上涨，相应的次级抵押住房贷款投放量也随之剧增，进一步助长了房地产市场泡沫。此外，在超前消费风潮和超低利率政策等因素影响下，美国社会宏观杠杆水平不断攀升。据国际清算银行披露的数据显示，自 2003 年起，美国居民部门和非金融企业部门杠杆率在 7 年内分别上涨了 13.8 个百分点和 8.2 个百分点，达到 98.5% 和 69.9% 的历史高位，美国总体债务敞口在危机前运行至顶峰水平。

2. 2008 年金融危机期间：危机的爆发与演变

伴随着 2004 年之后美联储的多次加息动作，2006 年 7 月，联邦基金利率大幅升至 5.25%，致使市场流动性骤然收紧，房地产市场价格逐渐回落，次级贷款违约率有所上扬。由于次级贷款产品是在对底层资产进行分割打包的基础上进行售卖，再加上评级机构对结构化金融产品的评估失准等问题，在该类产品形式下，正常资产与问题资产往往难以得到准确区分和合理定价，因此，当次级贷款出现大规模违约时，相应的证券市场就陷入了资产定价机制失灵的窘境。在这种情况下，持有这些资产的金融机构不得不在偿付压力和资本监管要求下对资产进行折价出售，从而导致资产进一步贬值，市场形成资产价格下跌的螺旋机制。与此同时，由于市场中大量多层嵌套结构化金融产品的存在，部分资产的价格暴跌冲击随即传导至其他类型的资产上，致使更多金融机构的资产负债表受到贬值传染，被迫加入抛售资产的行列。在这种情况下，随着金融市场信息不对称程度和对手方风险的加剧，市场信贷规模急剧收缩，致使整体流动性空前紧张，债务违约风险在短时间内激增，美国次级抵押贷款的不良率在 2006 年第四季度超过 13%。

在流动性风险和信用风险的冲击下，大量金融机构面临流动性短缺、资本金不足等难题，继而接连发生挤兑与倒闭事件。2007 年 2 月，汇丰控股宣布将为其所持有的美国次级贷款产品计提高达 106 亿美元的坏账准备金，计提规模远远超出市场预期，引发市场恐慌与股市暴跌，美国次级抵押贷款风险的影响初步显现出来。同年4月和8月，美国头部次贷公司21世纪金融与抵押贷款机构住房抵押贷款投资公司相继宣布申请破产。随后，次级贷款风波蔓延至基金领域，流动性迅速枯竭，进而给重仓投资机构带来挤兑风险，8月8日，美国头部投行贝尔斯登宣布旗下两只重仓次级贷款衍生产品的基金倒闭，次日，巴黎银行亦宣布停止赎回三只重仓次贷支持证券的基金。随着次贷危机的持续蔓延，美林银行、瑞士银行、瑞穗银行等多家金融机构宣布出现重大亏损。部分金融机构陆续出现破产或倒闭危机：2008年3月，贝尔斯登被摩根大通收购；9月，房利美、房地美和AIG接连被美国政府接管；9月14日美林银行被低价收购；9月15日雷曼兄弟宣布破产；等等。在此期间，股票市场全线崩盘，例如道琼斯工业指数于2009年3月6日下探至6626.94点，为自1997年以来的历史最低纪录。同时，信贷市场全面收缩，企业投资大幅下滑，2008年第四季度美国非金融企业投资规模缩小至约4500亿美元，同比跌幅达到81%；经济出现全面衰退迹象，2009年美国国民生产总值较2008年萎缩2.4%。由此，美国次贷冲击迅速扩散至同业拆借市场、信贷市场、证券市场等多个领域，并最终演变为全面金融危机和经济危机，本次危机呈现出明显的"酝酿—爆发—传染—扩散"的演变特征。

3. 美国政府对2008年金融危机的处置

接下来，我们将对2007—2009年金融危机期间以美联储、联邦政府财政部、联邦存款保险公司等部门为代表的官方机构所采取的干预措施进行梳理和总结。结合本次金融危机的爆发与演变过程来看，美国政府对危机的干预态度和手段经历了较大的转变。首先，2001年互联网泡沫危机之后，美联储所采取的宽松货币政策和宽松金融监管环境无疑是使得金融系统脆弱性加速累积的重要原因。其次，在美国金融市场资产泡沫已经不断堆叠的情况下，美联储也未能对上述潜在风险做出有效的防范和应对。相反，2004—2006年期间，美联储的多次加息是使得房价迅速回落的罪魁祸首之一，货币政策方向的频繁调整以及不当操作致使美国宏观经济环境不稳定因素显著增多，金融市场风险持续积聚。再次，在本次危机爆发前期，美联储并未能对次贷违约事件的溢出效应形成合理及时的预判，面对贝尔斯登、巴黎银行等重仓投资机构所受到的严重冲击，美联储直到2007年8月11日才开始采取被动干预措施，向银行注资以稳定市场预期。最后，随着多家金融机构相继宣布破产或倒闭，美国政府对危机的应对态度逐渐由被动、暂时性的干预转向主动的、积极的、提前性的处置与防范，并从以下三种主要政策手段发力来处置金融危机、稳定金融市场。

（1）货币政策：在货币政策方面，美联储采取的是传统货币政策工具与非常规货币政策相结合的手段来化解金融市场风险。具体而言，在2007年下半年，即危机爆发的前期，美联储主要通过实施公开市场操作、调整基准利率与贴现率等方式，为受次贷影响最为直接且严重的银行系统提供大量流动性支持，以缓解市场流动性的紧张程度。截至2008年12月，联邦基金目标利率已由最初的5.25%连续降至0.25%，接近零的水平。随着2007年年底金融市场基本面的持续恶化，美联储又推出了一级交易商信贷便利（Primary Dealer Credit Facility）、定期拍卖工具（Term Auction Facility）和定期证券借贷工具（Term Securities Lending Facility）等创新性的流动性工具，进一步扩大对金融市场的流动性支持。同时，美联储还与英国央行、欧洲央行等多国中央银行合作，建立货币掉期合作制度，从而保障各国货币市场的资金需求，提高短期流动性。此外，美联储还采用紧急贷款等方式为陷入财务困境的系统重要性金融机构提供救助支持，如2008年3月为摩根大通提供290亿美元贷款支持、2008年9月为AIG提供850亿美元贷款支持等，从而防止因大型金融机构倒闭而带来的不可逆的风险外溢冲击，并在一定程度上缓解了市场恐慌情绪。在金融危机尾声，美联储于2008年11月推出量化宽松政策，通过购买MBS和机构债来引导中长期利率进入下行周期，从而向信贷市场注入巨量流动性，进一步稳定金融市场预期，提振企业投资与经济增长。

（2）财政政策：在联邦政府财政部的牵头带动下，美国在危机爆发之后启动多项金融救助与经济刺激方案，以达到救助大型金融机构、提供流动性支持、促进消费与投资、刺激经济增长等目的。在危机爆发前期，美国政府主要针对房地产市场以及相对应的次级抵押贷款采取干预措施：2007年12月，联邦政府出台《抵押贷款债务减免的税收豁免法案》（Mortgage Forgiveness Debt Relief Act），通过减免购房者的住房抵押贷款、实施税收豁免等方式来降低这一群体的债务违约概率；2008年2月，联邦政府推出"生命线工程"（Project Lifeline），允许每月房贷逾期超过90天的购房者申请获得额外的还款缓冲期；2008年7月，时任美国总统布什签署《2008年住房与经济复苏法案》（Housing and Economic Recovery Act of 2008），为购房者提供贷款、担保和税收方面的支持；2008年9月，美国财政部宣布向房利美和房地美进行注资，同时住房金融局将接管以上两家机构，以实施直接干预与救助，等等。随着危机逐渐向整个金融系统和宏观经济部门蔓延，同年10月，美国国会通过《2008年经济稳定紧急法案》（Emergency Economic Stabilization Act of 2008），开始实施规模高达7000亿美元的不良资产处置计划（Troubled Asset Relief Program，TARP），为金融机构提供问题资产收购与处置支持。与此同时，美国财政部也通过发行国库券等方式来帮助美联储解决资金支持问题，从而实现货币政策与财政政策在处理金融危机上的相互配合。例如，2008年9月，美国财政部推出"补充融资计划"（Supplementary Financing Program），即卖出短期政府债券为美联储补充必要流动性，使后者得以继续对金融机构进行救助，从而提升金融市场信心，稳定总体经济。

（3）监管措施：作为对货币政策和财政政策的辅助，美国监管当局先后通过颁布临时交易规则、设立新的金融监管机构、强化金融压力测试、出台金融监管改革法案等一系列措施，来加强金融市场风险隔离，稳定整体市场信心。在危机期间，美国监管当局根据金融市场动向进行及时预判和灵活调整，先后颁布多条关于限制卖空的紧急交易规则：2008年7月，在房利美宣布700亿美元巨额亏损等事件冲击下，SEC颁布临时命令，禁止投资者对"两房"机构等19家重要金融机构进行裸卖空；9月，在雷曼兄弟宣布破产之后，SEC将限制卖空股票的临时命令覆盖范围扩大到所有金融机构，以求缓解"黑天鹅"事件对证券市场交易的负面冲击，避免市场恐慌情绪的持续扩散。同时，美国政府还设立多家新的金融监管机构，以完善监管体系：2008年7月，美国设立联邦住房金融局（Federal Housing Finance Agency），强化对房地美、房利美和联邦住房贷款银行系统的监管力度；2009年，美国国会批准成立金融稳定监督委员会（Financial Stability Oversight Council），并赋予其监管系统重要性金融机构、金融活动和整个金融市场的职责。此外，在危机中后期，美国监管当局还辅以宏观压力测试等手段来评估金融系统风险，2009年2月，美国财政部等多个机构对资产规模超过1000亿美元的大型银行提出强制性的压力测试要求，以对其在极端压力情境下的损失情况和资金需求做出前瞻性评估，在为下一阶段危机处置措施调整提供更多参考的同时，也起到消除银行业恐慌情绪、提振金融市场信心的作用。最后，随着2010年7月《多德－弗兰克华尔街改革与消费者保护法案》的出台和沃尔克规则（Volcker

Rules)的提出,金融危机期间的监管成果得到进一步巩固。根据该法案内容,金融监管机构将强化对"太大而不能倒"系统性金融风险的防范与化解,并成立消费者金融保护局以保护消费者权益。同时,银行自营交易及高风险的衍生品交易将受到严格限制,场外衍生品交易等以往的监管真空地带也将被纳入政府监管视野,从而达到强化金融市场监管力度和消费者权益保护的目的。

(4)经济振兴计划:除了通过货币政策、财政政策和监管措施来维护金融市场稳定以外,美国联邦政府还出台了一系列经济振兴计划,以期刺激实体经济增长,对金融市场的平稳恢复形成有效支撑。2008年2月,布什政府出台价值约为1680亿美元的一揽子经济刺激法案,通过两阶段的退税减税方案来达到刺激居民消费、企业投资的目的。2009年2月,美国国会通过总价值为7870亿美元的经济刺激法案,进一步加大减税退税力度,并通过扩大公共基础设施建设支出来起到提振经济增长的效果。同月,奥巴马签署《2009年美国复苏和再投资法案》,该法案内容包括改善就业状况、增加失业救济、提供税收优惠等措施,同时也加大了对教育、医疗、新能源等产业以及相应基础设施建设的投资力度,以充分发挥财政政策的积极作用,释放社会消费与投资潜能,培育新的经济增长点。在此背景下,联邦政府支出与赤字规模连年扩大,2009年,联邦政府支出总额达到3.52万亿美元,较2008年增长了17.94%,赤字规模则由2008年的0.46万亿美元急剧攀升到1.41万亿美元,扩张性财政政策与宽松货币政策相辅相成,共同起到刺激居民消费与企业投资、提振经济增长的作用。

◆思考讨论题◆

1. 全面金融危机与其他类型的金融危机的区别是什么?
2. 金融脆弱性是如何逐渐演变为全面金融危机的?
3. 系统性金融风险可以通过哪些途径进行传染和放大?
4. 哪种系统性金融风险测度方法更适合我国金融市场?为什么?
5. 从美国政府对2008年国际金融危机的处置措施当中,你可以得到什么启示或教训?

第七章　中国金融危机防范与处置的思考

第一节　中国金融风险来源

一、金融机构流动性风险

流动性，这一重要的金融学概念目前存在两种定义，狭义上主要是指机构的现金或相对容易变现的流动性资产；从广义角度来看，则代表在面临资金周转需求时能否及时获得融资的可能。金融机构的流动性，往往能够用来衡量其应对规模扩张或偿付贷款本息的能力。长期以来，世界范围内多次大规模的金融危机风险事件已逐步让金融机构的管理者与监管者们意识到，如果特定时期内金融市场中绝大部分的资产价格快速下行或质量急剧恶化，资产的流动性将显著下降，非流动资产在总资产规模中所占的比重将明显上升。流动性风险的成因非常复杂，可能来源于资本市场的意外变化、金融市场的异常行为、宏观经济失衡、机构管理者错误的判断、支付系统故障、金融基础设施不足等。

流动性风险主要包括两大类型，即市场流动性风险（Market Liquidity）与融资流动性风险（Funding Liquidity）。市场流动性处于较低的水平时，难以通过出售资产筹募资金，即在出售资产时往往需要压低出售价格，因此分别可以使用资产的买卖价差、市场深度或者市场弹性等指标来刻画。其中，资产买卖价差是指交易者卖出一项资产并立即买回的损失数额；市场深度是指在不改变价格的情况下，贸易商可以以当前的买入价卖出或买入多少单位；市场弹性则是指下跌的价格反弹需要多长时间。而融资流动性则代表通过借款购买资金的能力，也可划分为保证金融资风险、展期风险与赎回风险。其中，保证金融资风险指保证金变化的风险；展期风险指短期借款展期成本更高或不可能的风险；赎回风险则是指要求银行存款人或对冲基金股权持有人撤出资金的风险。

从各类风险的相互关系与固有特性来看,流动性风险与市场风险、信用风险、操作风险等其他风险形式主要存在三个重要差异。第一,通常情况下,各类机构的流动性风险实质上属于典型的后果性风险。资本市场往往容易在信用风险、操作风险的内生冲击,以及市场干扰等外生影响下产生融资危机,进而引发流动性风险事件的集中爆发。因此,流动性风险是一种较为典型的间接风险,一般会与其他形式的金融风险同步发生。第二,流动性风险的覆盖模式较为特殊。金融监管者通常可以基于经济资本或市场资本,来考察各类型风险等是否被完全控制与处理。然而,流动性风险的覆盖只能通过在既定时期盘活、变现资产以取得超过同期支出的现金收入来实现。第三,流动性风险与其他金融风险的测度方式存在明显差异。流动性风险的大小可以用各种流动性状况下,某一时期的累计现金净支出来衡量,而VaR(Value at Risk)、ES(Expected Shortfall)等在风险管理中常用的测度指标并不适用于计算流动性风险。

各国监管机构均十分关注金融机构的流动性。这是为了使整个经济体系保持稳定,金融机构必须妥善管理流动性,在需要或合同要求时向借款人、存款人、债权人、投保人和投资者提供资金。金融机构的流动性问题会迅速冲击宏观经济的其他部门。例如,银行业的问题可能会影响企业部门的资金供应,引发更广泛的经济危机。

流动性风险是我国金融系统的重要风险来源。我国的金融系统包含了银行、证券公司、投资基金以及保险公司等业务,囊括了提供投资、金融和风险管理服务的金融机构。具体而言,近乎每一笔由金融机构安排或流经的金融交易都带有流动性转移的性质。金融机构通过其中介职责,保证资金的供给方与贷款借入者、具有融资需求的市场主体相匹配。有鉴于此,我国大多数金融机构在资本市场交易中充当委托人,而非代理人的角色,这直接影响了机构自身的流动性状况。例如,银行接收存款,在需要时将资金投资于证券,并向借款人发放贷款。如果储户想取款,银行则有义务在短时间内付款。由于活期存款或短期存款的时间范围不确定,发放给借款人的贷款难以同时到期,银行将不得不通过替代资金偿还储户,这意味着其必须获得其他流动性来源。例如,2013年中国资本市场中爆发了一场被称作"钱荒"的大型危机。该年5—6月间,三个月期国债利率在6月19日陡升至3.39%,6月20日的银行间隔夜拆借利率甚至一度为

7.66%。在此背景下，利率的突发性上行导致了大规模的流动性风险担忧。

二、房地产泡沫风险

泡沫，一种通常的定义是各类型资产的市场价格与其真实价值或实体价格间的巨大差异。以房地产泡沫这一最为典型的泡沫形式为例，当一定时期的房地产价格显著偏离预期收益的累计现值时，泡沫形成。随着偏离程度的日益上升，泡沫逐渐膨胀。通常来说，如果预期收益的累计折现超过市场价格，那么说明相关资产目前可能已被市场严重低估。相反，如果持有房地产所带来的累计租金折现额远小于当期的市场价，则可以认定该房地产市场过热，已存在较为明显的泡沫化倾向。在房地产市场中，受经济增长带来的资产升值与溢价预期影响，消费者可能会投入大量资金，同时利用借贷杠杆来购入房产。如果处于经济形势较好的阶段，整个社会范围内普遍的升值预期和乐观情绪会不断推高房产市价。当市场过热，市价不断偏离实际收益的累计折现水平时，升值预期会不断自我实现，从而助长泡沫的持续扩张与恶化。与此同时，另外一种理解泡沫的角度是资产价格与同期收入的比值，一套房屋的合理价格应约为家庭年收入的3～4倍，当房屋的价格收入比远远超过这个比例时，即表明存在明显的房地产泡沫。

事实上，适度的泡沫可能促进经济增长。首先，房屋等资产价值的升高会提高消费者的消费倾向，增加个人消费；其次，企业固定资产价格的增加，能够有效降低企业的资金筹措资本，进而促进权益融资；最后，房屋价格的上涨会进一步推进房产抵押贷款，进而增加设备投资、对外投资等。例如，在1987—1990年日本房产泡沫破裂前，日本的真实经济增长率一直维持在5%，1988—1990年更是掀起了设备投资热，设备投资的真实增长率甚至高于10%，这在一定程度上可能归功于房地产泡沫的影响。

但与此相反，房地产泡沫也可能引致严峻的风险隐患。需要说明的是，经济系统中的实体要素和真实的供需变动也可能导致资产价格上行，这一背景下的资产升值实质是一种资源配置和市场运动的必然结果。然而，泡沫是游离于经济实体的价格差，易在过热后快速破裂，产生极大的房地产泡沫风险。第一，资产价格的上涨可能会引发"赌博经济"效应，即投资者会通过大量借贷以筹措资金投资于房产市场，但巨额的投资资金在泡沫破裂后均无法回收。第二，不动产价格的一路走高将加剧收入的等级分化与经济社会的分裂，有房产与没有房产的居民、拥有不同房产的居民间资产差距正不断扩大，这将显著降低了劳动的相对价值，产生了资源配置的扭曲问题。第三，房产投资资金往往是通过金融贷款、借贷杠杆的形式来筹措的，泡沫破裂、投机失败后往往会产生大量不良资产，对金融市场产生严重冲击，甚至可能引发系统性金融风险。

为了应对房地产泡沫风险，各国监管者往往有三种主要手段：交易的直接控制、金融措施、税制。例如，2010年4月30日，北京开始推行"每户仅能新购一套商品房"的"国十条"。在此基础上，2013年2月20日，"新国五条"明确各地区应根据地区实际坚决执行住房限购措施，以应对房产市场日益高涨的投机性行为。除了限购、资格审查等针对房地产交易的直接控制与规模限制措施外，监管机关也推出了系列金融措施来应对泡沫风险，具体包括上调房贷利率、降低贷款比率等。此外，税制措施还涉及房地产税、空置税等长效政策。

三、债务风险

（一）地方政府债务风险

地方政府性债务风险事件，具体是指各层级地方公共部门已出现难以如期偿付借贷本息或极有可能发生违约，或不能够履行间接负债代为清偿义务的重大风险事件。

地方公共部门债务风险事件主要有两大类型，即公共债务风险事件与或有债务风险事件。其中，公共债务风险事件，主要是指在各级地方公共部门的债券、一般债务领域发生的，不能如期偿付本息的违约事项。或有债务风险事件则包括了各级地方公共部门由于连带担保责任、可能发生的救助义务，引发的偿付危机与风险事件。通常情况下，或有负债可能是来源于公共部门对企业主体、事业单位承担的担保责任而发生的代为清偿义务。此外，对于私营部门的部分公益项目、基础设施相关项目，政府及各级公共部门可能出于维护经济秩序与社会安定的目的，承担一定的出资责任，以上支出均可能加剧公共部门的财政负担，进而引致债务风险事件在较短时期内的集聚性爆发。

地方公共债务风险的扩张主要存在如下内在根源：第一，地方公共部门的负债额度过高,可能已明显突破其按期偿付的能力,以致难以偿还负债;第二,借入资金的监管与借贷合同管理较为混乱,可能导致借款成本虚高,资金利用效率低下,公共项目投资收益极为有限,不能达到预期水平进而保证资金链的正常运转;第三,地方公共债务的期限结构、投资组合设计不合理,如存在投资过多外债、债务担保过多等问题;第四,在地方公共部门未能按期偿还借款本息的情况下,地方可能会持续举债、缩减必要的公共开支,影响区域经济的正常运转,最终上级部门不得不为其过于激进的融资决策埋单。

自2016年起,我国的中央财政预算开始对外公示现存的地方公共债务规模。由图7-1可以发现,2014年至2019年间,我国地方政府一般债务余额稳定增长,自2014年的94272.4亿元增至2019年的118670.79亿元,平均每年增幅为3.91%。目前,我国仍需提高地方政府债务的管理水平与使用效率,以有效防范地方政府债务风险。

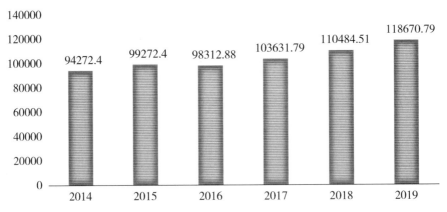

图7-1 地方政府一般债务余额实际数(单位:亿元)
(资料来源:中华人民共和国财政部。)

(二)"僵尸企业"债务风险

1987年,美国经济学家Edward J. Kane开创性地阐述了"僵尸企业"(Zombie Company)这一重要的现代经济形式,认为金融机构满足以下两点时,会在进行金融活动时对市场造成严重破坏,甚至使得其他机构也陷入困境:由于现行的存款保险补贴制度,银行可以显著提高存款的利率水平,同时压低贷款利率,进而减少实体部门的盈利空间与利润规模。与此同时，在实体领域中，"僵尸企业"代表了不具备成熟的发展与盈利模式，仅依靠公共部门补贴、续贷等不可持续途径来经营的企业主体。"僵尸企业"的主要表现形式是：已停产、半停产、连年亏损、资不抵债，主要依靠公共部门的补贴或银行续贷以避免破产持续经营。

"僵尸企业"债务风险问题的形成较为复杂，往往受到了外部因素、企业内部因素与金融机构信贷因素的叠加影响。其中，外部因素包括了经济下行压力所造成的消费需求下滑；与此同时，节能环保意识与监管体系的逐渐成熟，使得停产减产的现象在高污染重工业部门大规模出现；此外，其他外生冲击因素还包括大宗商品价格持续低迷等。企业的盲目扩张、原料积压、管理效率低、重组失败等因素也从内部提高了债务风险发生的概率。更为重要的是，信息不对称、风险管理水平较低、多头授信等问题也使得金融机构在发放贷款与进行贷后管理时未能有效地防控"僵尸企业"债务风险。

从经济产出与绩效的角度来看，"僵尸企业"容易造成要素资源的浪费与错配，在事实上导致银行等金融机构的不良资产规模高速增加，带来系统性金融风险隐患。现阶段，"僵尸企业"及其引发的深层次经济金融问题，已逐渐受到我国相关监管部门的高度关注。对于这类型企业，各级政府与公共部门应该以兼并重组、债务重组乃至破产清算等各种途径，有序推动落后产能与企业主体的退出，稳妥处置相关部门的债务违约、清算事项，加速实现经济的转型升级。

然而，目前我国在防控、化解"僵尸企业"债务风险的工作中，依旧存在着一些困难。首先，"僵尸企业"的界定标准尚未统一，其认定方式较为模糊，不良债务统计、债权人损失等数据均无法充分统计。其次，"僵尸企业"的规模往往较大，在风险处置时往往由于债权债务关系复杂，各债权机构处置抵押品的时间与方式不一致，使得单家金融机构无法有效独立处置不良资产。再次，银行等债权机构在进行法律诉讼处置不良贷款时，面临着司法审理周期长、财产保全与抵押物处置难度大、"僵尸企业"破产退出的程序复杂等问题。最后，地方政府在处置产能过剩企业时施行相应的产业保护政策，等等。

四、人民币汇率风险

汇率风险的主要形式包括外汇交易风险、外汇折算风险与国家风险等。首先，外汇交易风险产生于各市场主体暂未清偿的债务关系。由于外汇市场剧烈的波动性，在合同交易正式交割清偿前，合同交易方很难确定实际的收益，即便交易金额已经通过经济合同形式明确。因此，一旦汇率在短期内剧烈变动，部分交易方可能会承担损失。作为较为普遍的外汇风险形式，外汇交易风险主要通过应收账款项目形式表现，会使得企业的本币现金流量预期产生显著的不确定性，并产生交易暴露。例如，在使用人民币支付的交易中，我国本土进口商会因为人民币的贬值而遭受损失，出口商则会因为人民币升值而面临风险，产生大量汇兑损失。其次，外汇折算风险是指根据会计准则要求，在将外币标价的资产与负债换算为本币计价的财务处理中，短期汇率波动引发的会计利润减少或亏损。例如，当合并跨国母子公司的基本财务报表时，涉外企业必然存在以外币标价的企业资产。因此，汇率将对跨国企业的账面资产、盈利情况产生直接性影响，大部分国际化经营的市场主体都较易出现换算暴露问题。最后，企业还可能面临国家风险（政治风险）。它是指受国家政策变更影响，各市场主体的外汇结算与兑付被迫中止而引发损失的不确定性。外汇变动所引致的经济体的进出口额度与国内外投资波动情况，可能会对我国宏观经济环境产生相应的冲击，造成经济暴露，影响企业的成本、销售、融资等。

常见的外汇风险管理工具主要有贸易融资、衍生品工具、汇率锁定等形式。贸易融资，是金融机构基于结构性的融资工具，对国际贸易主体发放的与海外跨境结算相关的短期融资。而衍生品工具主要有以下形式：第一是外汇期货交易，其主要通过交易主体在特定交易所中以拍卖进行公开报价，约定在未来一定时期内按照合约确定汇率，清算偿付一定额度的外汇合约。其中，外汇期权是指持有特定数量外汇期货的选择权，交易主体在成交前可以自行选择放弃或执行外汇期货的成交，其主要包括两大类型，即保值型外汇期权与投机型外汇期权。一方面，保值型外汇期权与国际贸易、真实的跨境结算挂钩，主要是交易主体为控制汇率变化的风险水平而实施的期权交易。例如，如果企业在下一期需要以外币购置进口一批产品，同时企业预期外汇将升值，此时就应该持有外汇买入期权；相反，如果企业在下一期将获得一笔外币出口收入，且预期外币可能大幅贬值，企业就应持有外汇卖出期权。第二，企业还可以采取汇率锁定的形式，提前确定未来清算兑付外汇的价格、规模，以进一步控制风险。另一方面，投机型外汇期权则不一定要以真实的跨境贸易为基础，其种类构成较为繁杂，投资者可以通过相关期权进行多头交易或空头交易。第三，还存在互换交易形式，这主要是指交易主体根据合约汇率，约定交换各自持有的一定规模的外汇。

当前，伴随着人民币汇率的市场化水平日益提升，相关领域的改革措施也在一定程度上推高了短期的汇率风险，对监管机构、各类市场主体提出了新的风险应对机制挑战。因此，在深化汇率市场化改革的现阶段，如何有效管理汇率风险依旧是我国监管当局的重要议题。

五、股票市场异常波动风险

根据《上海证券交易所规则》第5.4.2条的定义显示，"股票、封闭式基金竞价交易发生如下任意一种情况的，将被视为触发异常波动现象：第一，在持续3个交易日中，日收盘价波动幅度偏离值累计突破±20%的区间；第二，持续3个交易日中，日均换手率与此前的5个交易日日均换手率倍数不低于30倍，同时连续3个交易日中累计换手率不低于五分之一；第三，其他情形"。与此类似，深圳证券交易所也对市场中的异常波动进行了明确的定义。值得注意的是，除了以上三大判定标准外，深交所对于ST与*ST股票进行了单独界定，实施了更为严格的定义标准，即持续3个交易日期间，日收盘价波动幅度偏离值累计突破±12%区间的ST与*ST股票，即属于发生异常波动的股票。一旦市场触发了异常波动事件，交易所等监管部门将公开特定时期内的主要交易主体与交易状况，密切监测市场风险的动态状况。

我国股票市场异常波动的成因较为复杂，可能的原因有如下几点：第一，货币供应量影响股票市场，过度的货币投放可能使得大量超额货币流向市场，引发股市异常波动，其中居民的大类资产配置可能转而投资于权益类资产，从而加剧了市场波动。第二，相关制度依旧存在一定的缺失，例如杠杆交易的过度与无序、新型金融业态存在监管空白，此外，上市制度、交易制度、风险管理制度以及退市制度也存在部分缺陷。第三，舆论对股票市场有显著的引导作用，社会舆论环境可能会推动资金入场，对股市产生顺周期的作用。第四，投资机构与个人投资者结构不合理。当前，我国二级市场中机构投资者的比重依旧较为有限，散户占比相对较高，资本市场中存在着比较明显的羊群效应。此外，还有国内外金融与宏观环境震荡以及股票市场利好与利空消息等外生突发事件冲击，持续影响着我国股票市场的稳定。

近年来,我国 2013 年 6 月"钱荒事件"、2015 年 1 月"1·19 踩踏事故"、2015 年 6 月的"千股跌停"等风险事件频频发生,引发了多次股市的异常波动。此类股票市场的异常波动会对金融系统造成极强的破坏,使得资本市场剧烈震荡,从而导致金融体系整体性的风险异动,并在各市场主体与经济体间快速扩散,对全球范围内金融系统的稳定发展与公众的信心形成威胁。有鉴于此,目前,监测与缓释股票市场异常波动风险,已经成为我国监管部门与理论界亟须研究的重大课题。

第二节 中国金融风险演变趋势

一、风险缓释有利因素

(一) 中国疫情防控得当,经济复苏领先全球,金融风险上升势头得到遏制

2020 年年初,新冠肺炎疫情的爆发,给中国乃至全世界带来了巨大的负外部性冲击,致使短期内实体经济下行,金融风险积聚。受疫情影响,我国短期内消费意愿显著下降,央行 2020 年一季度城镇储户问卷调查显示,倾向于更多消费的受访者仅占 22%,比上季度下降了 6 个百分点,市场需求急剧收缩。同时,为防控疫情,多地采取交通管制措施,致使企业劳动力短缺、产能受限,无法正常履约。此外,疫情的冲击也造成生产链供应链的协作失衡,市场生产成本上涨,企业收入剧减,宏观经济下行压力显著加大。2020 年 2 月 3 日,即春节后首个交易日,沪深两市超过 3000 只股票跌停,上证综合指数与沪深 300 指数分别下探 7.72% 和 7.88%,金融市场一度出现剧烈震荡,重点领域增量风险突出。

与此同时,随着疫情的持续扩散,全球各国经济都受到了不同程度的冲击,经济增速呈现断崖式下跌态势。截至 2021 年 2 月末,美国、印度、巴西等经济体的疫情仍未得到有效控制,确诊病例数超过千万例,其中,美国的累计确诊数量更是达到近 3000 万例的水平。受疫情拖累,各个主要经济体的经济增长前景亦不容乐观,据初步估计,美国、日本、欧元区

2020年的国民生产总值同比分别下降3.5%、4.8%和6.8%，跌幅接近2008年国际金融危机期间的水平。而在2021年2月23日，美联储主席鲍威尔再度表示，当前美国经济修复速度有所放缓，复苏结构很不平衡，发展前景存在显著不确定性。实体经济的低迷进而传至金融部门，给各国金融市场的平稳运行带来巨大挑战。2020年3月，全球多个主要金融市场相继出现巨幅震荡，多国股市崩盘，全球避险情绪急剧攀升。如图7-2所示，全球主要股票指数在当年3月全线下挫，美国标普500指数创下10日内4次触发熔断的历史记录，英国富时100、法国CAC40、德国DAX、日经225等发达国家股指跌幅超过10%，巴西IBOVESPA、印度Sensex30等新兴市场股指3月跌幅更是高达20%以上。而在3月16日，标准普尔500波动率指数（VIX）暴涨至历史最高水平——82.69点，各主要货币汇率与大宗商品价格均出现明显波动，表明此时市场恐慌情绪已到达顶峰，金融市场脆弱性加速暴露。由此可见，在疫情的冲击下，全球实体经济下行压力明显增大，金融风险持续在高位运行。

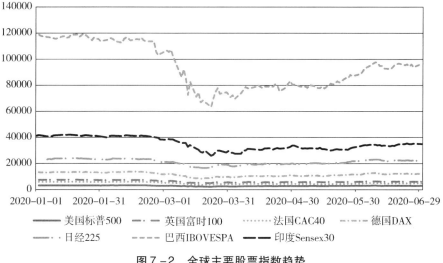

图7-2 全球主要股票指数趋势

（资料来源：Wind数据库。）

在此背景下，中国率先控制住疫情，成为2020年唯一实现正增长的主要经济体，经济复苏步伐领先全球，为我国有效缓释金融风险、促进金融市场平稳健康运行创造了有利条件。截至2020年年末，我国境内疫情防控态势已基本稳定,多个省份连续多日新增确诊病例为零。随着我国疫情形势基本向好,国内复工复产步伐加速,实体经济迅速反弹。数据显示,2020年我国国内生产总值增幅达到2.30%,总量首次突破100万亿元。在经济复苏预期的推动下,全国投资活动迅速回暖,2020年12月,我国固定资产投资完成额累计同比上升2.90%,达到51.89万亿元。同时,我国对外贸易出现逆势增长,在全球贸易活动持续萎缩的情况下,我国进出口金额在2020年11—12月分别实现了13.00%和12.90%的增长幅度(见图7-3),成为名副其实的全球贸易"引擎"。后疫情时代稳定复苏的宏观经济环境,对我国金融市场的风险防范与化解形成了有力支撑。

图7-3 中国进出口金额
(资料来源:中国海关总署。)

随着疫情对我国实体经济的负面影响逐渐消退,以及有关部门对重点领域存量风险的稳妥化解,当前,国内的金融风险处于稳定可控范围。2021年,中国人民银行工作会议明确指出,2020年我国的金融风险防范攻坚战取得了重要的阶段性进展。总体来看,面对疫情的严峻考验,我国交出了一份漂亮的答卷:国民经济稳步复苏,金融系统对实体经济的服务不断优化,重点领域金融风险得到有效化解,国家金融风险保持总体可控态势。

（二）经济韧性较强，"双循环"新发展格局活力迸发，支撑金融市场的稳健运行

近年来，世界经济格局正经历深度调整，中国经济金融改革也面临着前所未有的考验。在此过程中，我国经济仍然保持较强的韧性，这主要得益于完备的生产体系与巨大的内需市场潜能。

从生产端看，我国是全球工业综合实力最为强大的国家之一。据国新办在新中国成立70周年工业通信业发展情况发布会上的介绍，截至2019年，按照联合国的产业分类目录，我国总共拥有41个工业大类、207个工业中类、666个工业小类，是世界上唯一一个覆盖所有工业门类的国家，在现代工业体系的全面性和系统性上具有独特优势。在"十三五"规划期间，我国的制造业强势运行，2019年制造业增加值占全球份额达到28.1%，整体产能优势进一步凸显。此外，进入21世纪以来，我国积极布局战略性新兴产业，推动产业结构持续优化，在5G、人工智能、大数据、区块链等高科技领域涌现出了一批优质龙头企业，引领我国在第四次产业革命浪潮中抢占制高点。完备的工业体系、突出的产能优势以及强大的科技创新实力，为我国维护生产链供应链安全稳定、提高经济抵御外来冲击能力打下了坚实的基础，减少了我国金融系统平稳运行的干扰因素。

从需求端看，我国在内需市场潜能上具有显著优势。2020年，我国人口总量逾14亿，全国居民人均可支配收入达到32189元，消费市场体量领跑全球。国家统计局数据显示，2011—2019年间，消费已经连续9年成为拉动我国经济增长的"三驾马车"之首。以2019年为例，消费需求对我国经济增长的贡献率达到58.6%，比投资需求贡献率高出29.7个百分点。在外部经济环境日趋严峻复杂的背景下，庞大的内需市场将为我国经济发展提供新动能。随着国内需求潜能的逐渐释放，我国"国内国际双循环"的新发展格局将充分迸发活力，一方面将提升实体经济对金融市场稳健运行的有效支撑，另一方面则有利于进一步深化金融供给侧结构性改革，形成经济金融的良性循环格局。

2020年中共中央政治局会议指出，面对当前宏观经济形势中存在的诸多不确定性，我们必须加快构建以国内大循环为主体、国内国际双循环相互促进的新发展格局。这一战略部署聚焦于我国需求结构的升级和供给能力的提升，并着力推进我国经济的双向开放，促进国内国际市场供需衔

接。随着"双循环"新发展格局战略的提出与落实，我国在生产端和需求端上的优势将被进一步放大，国民经济将更加有韧性、有活力，从而推进我国金融风险的有序缓释与化解。

（三）宏观政策工具充足，监管体制机制愈趋健全，防范化解风险的经验丰富

2020年中国人民银行发布的金融稳定报告指出，我国经济具有回旋空间大、政策工具多等特征，为缓释增量风险、化解存量风险提供了有利的宏观政策环境。现阶段，我国的宏观政策工具充足主要体现在两个层面。一方面，从调节空间的层面看，我国现有的常规调节工具（如降息、降准、减税等）仍具有较大的调节空间。例如，经过3年的"去杠杆"治理，我国的宏观杠杆率增速在2017—2019年期间有所回落，增长幅度显著低于2010年前的水平，从而为2020年我国为应对疫情冲击而实施的逆周期调控政策赢得了较为充足的调节空间。而从利率水平上看，在疫情期间多国进入"零利率"时代的背景下，2020年我国的基准利率稳中有降，一年期贷款市场报价利率（LPR）在当年2月和4月分别下调10个基点和20个基点，维持在3.85%的水平，与他国相比仍有较大的可操作空间。另一方面，从工具数量的层面看，除财政政策与货币政策等常规手段外，我国决策机构还持续进行政策工具创新，以维持充足的宏观政策工具与调节措施储备。例如，在2019年1月，中国人民银行创设央行票据互换工具（CBS），以便于金融机构将所持有的银行永续债换为等额的央行票据，从而提振机构的银行永续债认购需求，加大对银行通过永续债合理补充资本的政策支持力度。

与此同时，我国不断完善金融监管顶层设计，补足金融监管制度短板，形成了较为全面的金融监管体系。在我国目前的金融监管框架中，五个部门各司其职。其中，金融稳定发展委员会主要负责整体监管框架的改革与优化，并协调不同部门间的分工以及具体的监管工作；中国人民银行主要负责货币政策的制定、宏观审慎管理、系统重要性机构监管、相关法律法规的制定与完善，以及风险的统计分析和预警；银保监会与证监会则主要从微观审慎的视角入手，对相关机构的行为进行有效监管；各地区的金融监管局则主要根据金融稳定发展委员会以及其他机构的指导，对不同区域内的金融风险进行预警与监管。不同部门间的通力合作与明确分工将

形成较为健全的金融监管框架,有助于有效消除金融监管的"真空"地带,进一步强化对金融风险的跨部门、跨市场、跨区域监管。

此外,我国有关部门在2008年国际金融危机、2015年股灾以及2020年新冠肺炎疫情暴发期间,也积累了较为丰富的风险防范化解经验。例如,针对包商银行、恒丰银行、锦州银行等中小金融机构的风险暴露事件,我国央行及时采取接管托管、改革重组等措施,对高风险中小银行进行有序处置,防止其风险向其他金融机构或整个金融系统进行传播。而面对疫情期间银行业急剧攀升的坏账风险,我国决策当局也加大了对银行不良贷款处置、资本金补充的支持力度,在2016—2019年共计处置了5.8万亿元的不良贷款,规模高于2016年前8年的累计处置总额。上述措施为我国未来防范化解重点领域风险提供了极具价值的参考,有助于我国面对各类金融风险形成较具针对性的应急预案,实现对金融风险的提前缓释与及时处置。

二、风险演变趋势

根据央行发布的《中国金融稳定报告(2019)》,现阶段我国金融风险总体上处于可控区间内,但金融体系的脆弱性依然有所上升;风险由快速积累日益向高位缓释转型;宏观层面风险下降,微观层面仍存在潜在风险,其具体内容阐述分别如下。①

(一)金融风险总体可控,风险隐患依然不少,金融体系脆弱性有所上升

受多重因素影响,我国经济中部分长期累积的矛盾开始显现,金融体系脆弱性有所上升。从国际上看,世界经济增速开始下滑的可能性增加,国际社会中贸易保护主义情绪高涨,这可能对金融市场形成明显的冲击,影响市场流动性与不确定性。国内方面,金融风险开始呈现出部分新的特性,尽管目前我国金融市场的增量风险已逐步被有效抑制,但存量风险依然有待进一步处置,市场异常波动的可能性仍然存在。

(二)金融风险由快速积累逐渐转向高位缓释

目前,中国人民银行与相关部门已就不同风险采取针对性的措施,逐

---

① 魏晞:《央行:中国金融风险由前几年的快速积累转向高位缓释》,见中国新闻网(http://www.chinanews.com/cj/2019/11-25/9017051.shtml)。

步化解我国可能持续存在的潜在风险,实现"慢撒气、软着陆"的阶段性目标。不仅如此,我国也有效推进了监管改革,对目前我国在风险监管中的短板进行了针对性的补充;与此同时,为有效防范未来可能的"黑天鹅"和"灰犀牛"风险,我国建立了各类风险的应急预案,有效加强了对风险的监管与评估。此外,在风险处置的过程中,当局的政策节奏与力度较为恰当,调整也相对及时,有效防范了"处置风险"的风险,维护了我国金融市场的稳定与安全。总体来看,我国金融风险已经从前期的快速积累向高位缓释转型,监管当局正有序处理已暴露的风险点,金融市场平稳运行。①

(三) 宏观层面风险下降,微观层面仍存在潜在风险

《2019 年上半年中国系统金融报告》指出,我国宏观层面系统性金融风险较 2018 年有所回落,但微观层面指标仍处于较高水平。这主要是因为,自 2018 年中期以来,宏观经济政策发生了两个重大转变:从"去杠杆"到"稳杠杆",从"积极的"财政政策到"更加积极的"财政政策。前者及时对去杠杆力度和节奏的变化进行调整,使得稳增长与去杠杆、强监管协调发展;后者实施的"更加积极的"财政政策包括:修改《个人所得税法》、扩大企业研发费用加计扣除的范围和比例、加速发行地方专项债、提前下达 2019 年中央对地方转移支付,实现了减税降费和保持支出强度。这些举措都有利于宏观层面风险的降低。

微观金融机构层面,受经济周期的滞后效应的影响,银行机构在支持助力小微企业融资的同时,可能存在不良贷款上升的情况。银行业的预期损失覆盖程度在 2019 年大幅下降后快速回调至正常水平,证明银行部门具有较高的风险韧性。而 2018 年的数据显示,股份行和城商行的预期资本损失覆盖程度维持在较低的水平,可能成为我国经济复苏中的潜在风险。②

---

① 每经网:《央行:中国经济的韧性仍然较强 宏观政策工具充足》,见新浪财经网 (http://finance.sina.com.cn/roll/2019-11-25/doc-iihnzhfz1625016.shtml)。
② 新华财经:《2019 年上半年我国宏观系统性金融风险大幅下降 微观指标仍然高企》,见中国金融信息网 (http://stock.xinhua08.com/a/20190525/1834640.shtml)。

第三节　构建中国金融风险防范处置的长效机制

一、完善货币政策与财政政策、汇率政策的内在融合度

(一) 货币政策与财政政策联动，防范和处置金融风险

1. 货币政策与系统性金融风险

货币政策是中央银行为实现一定的宏观调控目标，运用各种货币政策工具调整货币供求关系的政策和策略。按照对宏观经济调控方向的不同，货币政策可分为扩张性货币政策、紧缩性货币政策与稳健的货币政策。

目前，许多研究已从货币政策的角度解析全球金融危机爆发的原因。一方面，Diamond 和 Rajan（2009）等文献指出，在危机前长期低利率（2002—2006 年）和低通胀的背景下，伴随着全球流动性的宽松，金融机构在货币和资本市场上实施了过度冒险的投资行为，对金融稳定产生了负面影响。相关的研究认为，较低的实际利率是全球金融危机爆发的部分原因，因为较低的实际利率助长了资产价格的上涨，在此期间，金融机构增加了杠杆率，并承担了风险，但风险溢价并未得到充分补偿。此外，政策利率变化往往会冲击市场的风险感知或风险承受能力，从而影响投资组合中的风险程度与资产定价（Colletaz 等，2018）。另一方面，货币发行的增加在使得利率下滑的同时，引发资产价格泡沫、周期性不良贷款增加等宏观风险。而流动性过多带来的通货膨胀压力也会对金融稳定产生显著冲击，进而引发系统性金融风险。

2. 财政政策与系统性金融风险

财政政策通常由政府制定，政府通过调整财政资金分配等多种手段，来达到影响微观主体行为和宏观市场形势的目的。作为重要的财政政策工具之一，财政赤字通常被定义为财政支出减去财政收入所得到的差值。国家可以有意识、有计划地采用财政赤字预算调节经济，提振市场需求，实行扩张性财政政策。

然而，财政赤字可能成为通货膨胀，进而引发系统性金融风险的一大重要因素。大规模的财政赤字在拉动市场需求的同时，也会加大通胀压

力，威胁金融稳定与安全。以国债为例，国债在发行之初回笼了资金，使得市场上流通的货币量减少，在一定程度上减轻了通货膨胀的压力。但在国债到期后，资金迅速流出，流通量较之国债发行之初大幅提高，突破流通所需要的规模，导致货币贬值，物价飞涨，进而引发通货膨胀，增加资本市场泡沫，加剧了系统性金融风险隐患。

此外，政府在金融危机期间往往也会使用财政政策以降低系统性风险，防止金融崩溃。其中，政府援助是常见的财政救助手段之一，包括不良资产救助、注入优先股、全面担保、扩大流动性支持、国有化等形式。例如，问题资产救助计划（TARP）起始于2008年9月雷曼兄弟破产引发全球金融危机后，监管机构推出的救助金融系统的紧急措施。具体而言，2008年10月，美国通过了《2008年经济紧急稳定法案》，财政部向709家银行机构注入了2049亿美元的资本，而银行向美国财政部提供了无表决权优先股。此后，该计划被调整为"一揽子"救助计划，救助范围覆盖了银行机构、信贷市场、房地产市场以及其他领域。与此同时，美国政府还辅以税收减征以及宽松的货币政策，以解决失业率高企问题，助力经济走向复苏，防范金融机构由于不良资产过多陷入困境，最终引发系统性金融风险。

3. 推动中国财政政策与货币政策联动，防范和处置金融风险

在市场出现异常波动时，国家使用"看得见的手"推动失衡的总供给与总需求恢复均衡，避免区域性甚至系统性金融风险的爆发，其主要使用的是财政政策与货币政策两大工具。而为了有效应对经济下行、金融风险累积等情况，需要加强货币政策和财政政策的协调配合，避免多项政策目标间掣肘加大。例如，政府当局往往采用增加政府债务等积极财政政策，对边际宽松的货币政策进行有效的配合。这是因为：财政的扩张一方面可以支持实体经济的发展需要，平抑私人部门降杠杆产生的波动；另一方面也能够进一步注入流动性，缓解利率的上升压力。与此相对应，财政政策也需要货币政策创造稳定的流动性预期，避免融资成本由于过高的财政赤字而急剧上升。因此，为了更有效地维持宏观经济的稳定运行、防范化解系统性金融风险，应当根据不同时期宏观经济的活动状况，采取不同的货币政策与财政政策搭配方式，具体包括"双紧"（紧缩性财政政策+紧缩性货币政策）、"双松"（宽松性货币政策+宽松性财政政策）、宽松性财政政策与紧缩性货币政策、紧缩性财政政策与宽松性货币政策等组合。

改革开放后的40年间,我国宏观调控的政策组合经历了7个不同的时期。阶段一为1979—1992年,我国正处于市场经济转轨的启动阶段,生产资源有较大富余,此时财政政策与货币政策均以"宽松"为基调。此外,这一搭配也常用于有效需求严重不足的萧条时期。阶段二则为1993—1996年,为了减轻通胀压力,引导我国经济进入可持续发展通道,经济开始"软着陆",两大政策开始趋向"双紧",从而对需求膨胀、物价上扬的经济过热时段进行经济调节,避免系统性金融风险的快速积聚。阶段三则是1997—2004年,我国开始采取积极的财政政策与稳健的货币政策。稳健的货币政策指"总体上力度得当、松紧适度……始终与名义经济增速相匹配,有利于支持供给侧结构性改革和高质量发展,促进经济金融的良性循环"①。阶段四为2005—2007年,两大政策开始向"双稳健"的方向转变。阶段五是在国际金融危机之后的2008—2010年,受国际金融环境动荡与宏观经济下行压力影响,我国开始实行积极的财政政策与适度宽松的货币政策。阶段六是2011—2019年,我国实行积极的财政政策和稳健的货币政策。最后一个阶段是2020年至今,新冠肺炎疫情冲击叠加原油市场动荡,国际市场流动性泛滥,我国以扩张性财政工具为主要调控手段,同时辅以适度宽松的货币政策,旨在施行此类精准的非常规结构性货币政策以及财政政策以应对疫情冲击,缓解实体经济局部失衡问题。

(二)货币政策与汇率政策联动,防范和处置金融风险

1. 现阶段金融开放的中国实践

在经济全球化的大背景下,我国金融开放事业不断提速,离岸金融业务快速发展。在岸金融通常指的是居民与非居民间基于本国货币所进行的投融资活动,适用于当局相关法律法规的监管范围。离岸金融则是指位于一国管辖边界之内,但与本国金融规制不存在直接关联,且不适用于当局法律约束范围的金融机构所进行的投融资活动。离岸金融机构往往受惠于征税方面的优惠待遇,少有准备金方面的约束,在运作成本上也相较于境内机构具有一定优势。此外,这类机构在利率水平上具有一定自由度,即它们对储蓄者所提供的利率可以超过境内同业水平,而且也被允许为活期

---

① 由中国人民银行货币政策司司长孙国峰在2019年4月25日国务院新闻办公室在北京举行国务院政策例行吹风会上指出。

储蓄存款提供利息。

自 1989 年招商银行成为我国第一家被允许进行离岸金融业务的机构以来,之后 20 年间,四大国有制银行以及部分政策性银行、股份制银行等金融机构也陆续加入了开办离岸金融业务的行列之中,从事外汇存贷款、外汇交易、跨国结算等业务。此外,随着金融开放进程的不断提速,2006 年 6 月,天津滨海新区被批准成为我国离岸金融改革的试点地区。2019 年年初,随着《粤港澳大湾区发展规划纲要》的出台,我国香港地区作为离岸人民币业务核心枢纽的地位也被进一步明确。相类似地,2020 年 6 月 1 日出台的《海南自由贸易港建设总体方案》提出了"分阶段开放资本项目"的推进思路,为离岸金融发展、跨境资金流动等方面提出了新的框架性的制度设计与安排,进一步推进了我国离岸在岸金融对接的实践。

值得一提的是,海外银行在我国开立的账户为这类机构从事跨境金融业务奠定了基础,也为海外企业与国内金融机构提供了连接的渠道。具体而言,主要账户类别包括离岸账户(OSA)、非居民账户(NRA)以及自由贸易非居民账户(FTN)。这三类账户的资金均不在境内账户管制范畴内,可以与其他非境内账户进行不受限转账,但与境内用户的划转则需要进行国际收支申报,属于跨境往来。

1989 年,招商银行最早开展离岸业务,开设 OSA 账户,此后,中国农业银行、深圳发展银行、广东发展银行也陆续开设相关业务。但所有中资银行的离岸资产业务均在 1999 年被外管局暂停,直至 2002 年才逐步恢复。而自 2009 年开始,我国银行的跨境业务范围进一步延伸,境内银行可以设立外汇账户(NRA 账户),并基于此开展外汇收支业务。此外,2014 年 5 月 22 日,央行上海支行正式推出上海自贸区自由贸易账户(FT 账户)体系。FT 账户体系包含了境外机构自由贸易账户(FTN)、区内机构自由贸易账户(FTE)、同业机构自由贸易账户(FTU)、区内个人自由贸易账户(FTI)、区内境外个人自由贸易账户(FTF)五类账户。在这一机制下,非居民拥有了在自贸区内金融机构开立 FT 账户的权利,能够与本国居民一样享受到同等优质的资金融通服务。

然而,随着我国金融业对外开放步伐加快,跨境资金的巨额流动对我国金融管理能力与风险防控能力提出了更高的要求,国际资本市场的输入性风险冲击更成为我国金融系统中的风险隐患。

2. 应对全球金融市场波动：克鲁格曼三元悖论的中国选择

1997年，著名经济学家克鲁格曼通过对亚洲金融危机的分析，提出了"不可能三角"理论（Impossible Trinity），指的是一个国家的货币政策与汇率政策，下述三个目标中只能达到两个，而不能同时满足：①独立货币政策；②固定汇率；③资本自由流动。由此，一国（或地区）在进行相关宏观决策时，必须基于对上述三角形的权衡，做出"三选二"的制度抉择。

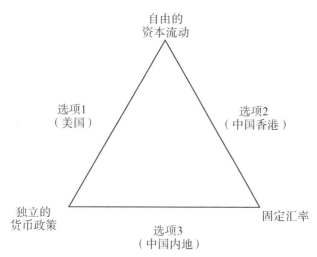

图7-4 克鲁格曼的"不可能三角"

（资料来源：曼昆《宏观经济学》图13-12。）

图7-4显示，在选项①的条件下，决策当局必须使汇率浮动以平衡外汇市场，无法拥有固定汇率制度，其典型代表为美国。在选项②的条件下，一国（地区）就无法保持货币政策的独立性，不得不通过改变货币供应量的方式来将汇率"钉"在特定范围或水平之上，其典型代表为我国香港。在选项③的条件下，决策当局则不允许资本实现跨境自由流动，例如我国内地过去的选择。此时，利率不再由世界利率水平固定，而取决于国内力量。

三元悖论充分地表明，一国的开放程度越高，其所面临的国际金融市场的外部风险越大。自2005年汇率改革之后，我国开始引入多种主要货币作为参照物，实行更加市场化的浮动汇率制度。2015年8月11日，我国又对现行汇率形成机制进行改革,自此之后,人民币汇率中间价将基于同业外汇市场的前日收盘价格来报价。这两次改革表明,我国已经逐步向另外一种"三选二"制度组合进行过渡。在仅恢复对跨境资本流动采取宏观审慎措施的情况下,我国央行在稳住汇率的同时,也能够继续实施独立的货币政策。

因此,随着人民币国际化与资本项目开放的不断推进,我们应当关注经济的内外均衡,有效管理宏观金融风险,警惕外来风险冲击我国金融市场引发系统性风险。为了在"不可能三角"理论框架下寻求更佳的解决方案,我们仍需要对不同宏观政策工具的效果进行深入研究和探讨,探索最优的汇率政策与货币政策组合。

3. 推动中国汇率政策与货币政策联动,防范和处置金融风险

2005年7月21日,中国人民银行宣布,即日起,我国开始实行以市场供求为基础、参考一篮子货币进行调节、有管理的浮动汇率制度。与此同时,资本项目的放开与外汇储备的攀升也使得我国货币的独立性开始受到严峻挑战。当前,为了加强跨境资本流动管理,防范输入性金融风险冲击,维护我国货币政策的独立性与有效性,完善汇率政策与货币政策的协调机制将有助于避免内外风险联动,维护我国金融安全与稳定。

具体而言,我国应当构建更为灵活的人民币汇率形成机制,在适当进行跨境资本流动管理、化解外汇风险的同时,根据国内外经济运行形势对汇率进行及时调整,缓解人民币被动贬值/升值压力,增强货币政策的独立性。现阶段,我国已经对相关领域的制度改革进行了初步探索。例如,2017年,我国采取了偏紧的跨境资本流动管理,同时也对人民币汇率形成机制进行了有效的调整,从而遏制了资本的大规模外流现象,为货币政策预留合理空间。得益于此,2017年,我国跨境资金流动与境内外主体交易行为趋于稳定,国际收支形式稳健,外汇储备规模跌幅得到遏制,并在同年2月后开始稳步回升,升幅达到了4.3%。然而,2020年以来,随着国际经济形势不确定性加大,经济下行压力隐患频现,如何完善汇率政策与货币政策的协调机制,在把握结构性去杠杆的力度和节奏的同时进一步防范化解系统性金融风险,依旧是现阶段的重要议题。

二、统筹货币政策、宏观审慎和微观审慎三大支柱的内在连接机制

（一）完善货币政策与宏观审慎"双支柱"调控框架，实现两者的职能互补

2008年的国际金融危机显示，单纯依靠货币政策无法为金融市场的稳定提供有效保障。在出现危机前，美国产出与价格水平均相对平稳，但其金融系统却存在信贷规模迅速扩大、资产价格急剧上升等现象，而后者直接导致了美国次贷危机的产生，并最终引爆了全球范围的金融危机。因此，除货币政策外，有必要采取其他措施对金融市场进行调控。在此背景下，国际清算银行于2009年提出了"宏观审慎"这一概念，强调基于逆周期调控以及防范风险传染的角度对金融市场的稳定与安全进行监管，作为货币政策的补充。

货币政策主要考虑经济体中产出增长与通胀水平是否平稳，而宏观审慎政策则重点关注金融市场的稳定与安全，两者的目标之间存在紧密的关联性。一方面，国际金融危机的教训表明，金融系统的失衡将对整体经济的价格稳定形成冲击。而另一方面，较高的通货膨胀率也可能通过信贷与资产价格等因素，对金融市场的稳定与安全造成影响。除政策目标外，两者在政策成效层面同样存在相互补充与相互促进的关系。宏观审慎政策的实际效果可能受监管机制不完善以及时间不一致等问题的限制，难以完全消除金融市场中的扭曲现象。此时，适合的货币政策可成为维护金融稳定的有益补充。同时，单一的货币政策调控也难以防范金融市场泡沫对国家产出水平与通胀水平的冲击，其同样依赖于宏观审慎政策的辅助。除此之外，也有学者结合实证分析指出，在经济体受到金融冲击时，采用货币政策与宏观审慎的政策组合，通过货币政策调控价格，结合宏观审慎政策对金融市场的信贷规模进行干预将是最佳选择。由此可见，综合使用货币政策与宏观审慎政策对经济体进行调控，将有效发挥两者之间的互补作用，帮助经济体实现经济产出以及金融市场等多个层面的平稳发展。

因此，我国在金融风险的防范化解过程中，可通过完善货币政策与宏观审慎"双支柱"调控框架，有效发挥两大政策的协同作用。在采用宏观审慎政策维护金融稳定时，可有条件地出台部分货币政策加以辅助；而在

基于货币政策调控国内的价格时，同样可配套部分宏观审慎政策，避免金融市场的波动对国内的产出与通胀水平造成冲击。这就要求我国在各金融监管部门之间建立良好的沟通机制，加强监管政策的统筹与协调，适时为其他部门的政策目标提供相应的政策支持。与此同时，政府还应在政策的制定层面充分考虑政策对其他宏观经济目标的外部性，如在运用调控工具前要充分考虑其对于资产价格的影响，而在宏观审慎政策的使用过程中考虑政策出台对我国产出与价格水平的潜在冲击。这将有助于我国更好地综合运用调控工具，优化政策组合，从而维护金融市场的稳定与安全。

（二）协调宏观与微观审慎机制：测度个体风险水平的同时，及时评估其风险的外部性与关联性，并密切监测系统性重要机构

近年来，我国金融市场持续快速发展，金融机构业务间的关系逐步复杂化，不同个体间的关联日益紧密，这也给我国的金融风险防控带来了新的挑战。机构间的密切关联使得金融风险的传染范围显著扩大，单个机构的波动可能表现出较为明显的外部性，并对与其存在关联的其他个体造成冲击，这可能成为我国的系统性风险的重要隐患。在这一背景下，单纯根据金融机构的个体风险进行监管与干预将难以有效保障我国的金融安全，监管重点有必要从微观审慎监管向宏观方向进行转移。因此，我国于2010年明确强调要构建金融宏观审慎管理框架。与微观审慎机制不同，这一框架将基于整个金融系统的视角，对我国的资本市场的风险状况进行监管。

宏观审慎与微观审慎分别从不同的角度对金融市场的稳定与安全进行评估。其中，微观审慎机制主要以单个金融机构为单位，从下而上地对金融系统的风险状况进行监管，因而较为关注单个机构所面临的风险。而宏观审慎机制则是从上而下对整体金融系统的风险进行评估，主要对系统性危机的爆发进行防控。其中，宏观审慎往往以微观审慎为基础，系统性风险的防控工作需要微观审慎监管的配合，而宏观审慎能有效弥补微观审慎政策在顺周期中监管无力的缺陷。两者协调配合、互为补充，从不同的角度对我国的金融风险进行有效监管。

因此，在我国金融风险防范的过程中，政府应当有效协调宏观审慎与微观审慎机制，同时从个体视角与系统视角出发，在监管机构个体风险的同时，对金融体系的系统性风险予以高度关注。一方面，金融监管机构应

当通过微观审慎监管机制对金融机构的个体风险进行有效监管，对其资本充足率、杠杆率、不良贷款率以及流动性等指标进行合理限制，以确保机构抵御危机的能力。另一方面，有关部门还应通过宏观审慎监管对金融体系中的系统性风险及时进行干预，通过对机构个体风险的外部性与关联性进行及时评估，以识别我国系统性风险的源头与薄弱环节，并且有针对性地进行调控，避免单个机构的风险通过传染渠道向其他个体进行扩散，最终引发整个金融体系的系统性危机。宏观审慎与微观审慎的相互补充与协调将为我国的金融风险防控提供更为全面的监管框架，有助于我国有效识别个体风险较高或风险外部性更为显著的金融机构，从而进行针对性的监管。这将为我国维护金融市场稳定提供有力帮助。

（三）发挥金融稳定发展委员会在金融稳定和货币政策方面的枢纽功能，提升各类政策内在融合度

尽管货币政策与宏微观审慎政策在我国金融市场监管层面互为补充，然而，不恰当地组合货币政策与金融稳定政策同样可能导致政策冲突或政策叠加问题，从而严重影响政策组合的实际效果。其中，政策冲突问题往往指不同政策的调控目标产生矛盾，可能使得各政策实际效果难以达到预期，并显著提升政策实施的成本；而政策叠加问题则主要指使用多种工具同时对一个经济变量进行方向相同的调整，易使调控对象出现过度反应并出现预期以外的波动。由于在调控对象以及调控目标层面的高度一致，货币政策与金融监管政策间的不协调更易引发以上问题，并使得金融监管的政策组合对监管目标的调控力度不足或过度，从而影响调控的最终成效。有鉴于此，在金融风险防控的过程中，我国应当加强货币政策与金融监管政策间的协调，从更为全面的角度选择具体的调控工具与调控力度，通过采取适当的政策组合维持通胀水平与金融市场的总体稳定，避免不同监管部门各自为政，从而引发政策冲突与政策叠加问题，最终影响调控政策的实际效果。

当前，不同金融监管方之间应当加强沟通与协作，通过在政策制定层面进行深入交流以有效提升政策的内在融合度，确保政策组合的整体方向与力度适当，从而为调控政策的有效性提供保障。而在这一过程中，通过设置更高层级的综合监管统筹机制来强化金融稳定和货币政策的协调与配合，已成为各国政府解决政策冲突与叠加等问题的一个新思路。例如，为

弥补在2008年国际金融危机中暴露出的监管短板，美国于2010年通过《多德－弗兰克华尔街改革与消费者保护法案》授权成立金融稳定监督委员会，以期强化跨部门金融监管，更好地防范化解系统性金融风险。我国则于2017年成立国务院金融稳定发展委员会，该机构承担了落实中央金融工作决策部署、统筹金融改革与发展、协调货币政策与金融监管等重要职能，从而为协调国家顶层金融监管、提升各类政策融合度提供了一个更加有效的解决方案。决策机构应充分发挥金融委机制的统筹协调作用，有效主导中央银行、银保监会、证监会等各监管方之间的交流与配合，确保各监管方在政策出台前及时进行沟通，以此提升各方政策间的内在融合度。这将为我国避免政策冲突与政策叠加问题，确保政策组合的力度与方向符合预期提供重要的保障。

三、深化金融监管体系改革，注重功能监管、行为监管和监管协调

（一）规避监管真空和多重监管，以金融产品功能为导向，实施跨机构、跨市场的监管

纵观国际社会上的历次金融危机，金融监管的长期缺位往往是导致市场脆弱性加速积聚的罪魁祸首。例如，在2008年次贷危机之前，美国金融机构已经历了近10年的混业经营时期。在空前活跃的金融创新活动和相对宽松的混业监管体制的双重影响下，次级抵押贷款以及相关的创新产品成为监管的真空地带，给当时的美国金融市场带来了更多的不稳定性，最终导致2008年国际金融危机的全面爆发。近年来，我国影子银行乱象也加剧了国内金融市场的监管套利问题和系统性风险，业务交叉性产品的不断涌现，倒逼我国监管模式由分业监管逐渐向混业监管转变。同时，随着金融业的加速对外开放，长期从事跨界经营的外资金融机构预计将在未来大量进入国内市场，进一步加剧我国金融机构的混业经营压力。此外，受向商业银行发放券商牌照等改革措施影响，金融机构在混业经营方面的约束开始有所放宽，这也给我国的混业监管带来了巨大挑战。

随着2017年金融稳定发展委员会的设立，以及2018年银监会与保监会的合并，我国原先"一行三会"的金融监管体系被打破，混业监管的特征有所凸显。立足于上述顶层设计的调整，我国金融监管思路逐渐由"机

构监管"转向"功能监管"。在"机构监管"理念下，监管部门以金融机构的分类为依据来划分监管权限。然而，在银行等金融机构逐渐向其他领域渗透、交叉性金融风险日益凸显的背景下，"机构监管"理念已经无法适应我国金融市场的混业经营趋势。因此，"功能监管"应运而生，这一理念强调要针对金融产品的功能而非金融机构的类型来决定监管归属，并采取相应的监管措施，以更好地解决影子银行等交叉性金融业务的监管权限划分问题。例如，在允许商业银行获得券商牌照这一措施落地后，按照"功能监管"的思路，商业银行的证券基金业务应该被置于证监会管理范围之内，从而提高对银行证券业务监管的针对性和专业性，一定程度上避免了在机构监管机制下可能出现的监管真空问题。未来，监管部门应当以金融产品的功能为导向，进一步强化功能监管，为整个金融系统提供更加连续、一致且协调的跨机构与跨市场监管。

（二）完善对金融科技等新兴行业经营行为的法律监管体系，提高金融监管的有效性

随着大数据、区块链和人工智能等技术的不断突破，网络金融、供应链金融等新业态的日益活跃，全球金融科技产业近年来呈现飞速扩张的态势。然而，由于市场透明度低、监管相对滞后，我国金融科技市场近年来亦面临诸多风险与挑战，对整体金融市场的稳健发展形成一定的威胁。一方面，金融科技行业起步较晚、技术壁垒较高，大多数投资者和企业对其认识相对不足，拥有信息优势的金融科技服务机构更容易出现逆向选择和道德风险。例如，金融科技赋能细分场景等新业态在近年来逐渐成为市场热点，但金融科技的滥用可能使运营商得以盲目扩大杠杆，通过隐蔽的方式将风险转嫁给其他企业与个人，损害多方主体利益。同时，金融科技背景下的风险外包借贷模式亦存在较为严重的委托代理问题，信贷提供与风险控制权责不统一、不明晰，给传统金融机构贷款风险管理带来巨大挑战。另一方面，互联网金融在打破投融资活动空间限制的同时，也使得更多小微企业与大众投资者能够参与资金配置过程，社会参与更为广泛，金融创新越发活跃，从而加剧了这一市场风险的系统性和传染性。与此同时，我国互联网金融市场普遍存在政府监管相对滞后、征信体系不完善、机构运营不规范等问题，进一步加剧了新兴金融市场风险。由于现行金融监管法律相对滞后，难以对这种新兴经营行为做出有效的合法性界定，也

无法对金融科技等新兴领域形成到位的监督,导致近年来金融科技的加速发展与相关监管法律法规的长期缺位之间的矛盾亦逐渐凸显。

因此,我国在抓住金融科技发展先机的同时,还应当加大对金融科技的监管力度,完善针对新兴金融行业的法律监管体系,防范化解新兴金融市场风险。具体而言,首先,决策机构应当立足于我国金融业未来发展的顶层设计,将金融科技合理纳入我国现有的分业监管框架中,为金融科技产业与其他金融领域营造公平竞争的制度环境。同时,监管部门要注意根据市场实际情况不断完善法律规制、升级监管手段,以适应金融科技行业的迅猛发展趋势。其次,政府应加强对大型金融科技机构的宏观审慎监管,可以参照《巴塞尔协议III》对传统系统重要性金融机构的要求,在新兴金融市场引入资本充足率、杠杆率、流动性比率等宏观审慎监管指标,降低"太大而不能倒"金融科技机构的风险外溢效应。再次,政府应组织有关专家团队,基于国内丰富的金融科技应用案例,对新兴金融市场的风险来源、传导路径、动态演变等问题进行深入研究,有针对性地设计一系列风险监控指标,在对金融科技风险进行实时防控与动态预警的同时,也能够帮助政府更好地掌握新兴金融市场的风险演化规律,实现对危机的预防与化解。最后,政府还应继续推进重点城市金融科技"监管沙盒"试点工作。结合当地金融科技发展现状,推广"监管沙盒"在不同金融业态中的应用,同时深化跨境"监管沙盒"合作,为防范新兴金融业态的系统性风险提供更多的经验依据。

(三)加快建立金融机构的监管信息公开和合作监管平台,在政策、监管信息上形成协调共享机制

随着金融风险跨区域传染特征的日益突出,我们应当加快建立金融机构的监管信息公开与合作监管平台,既要完善国内中央与地方金融监管信息的协调共享长效机制,也要加快推进国际金融政策协调与监管合作。

在经济全球化的大背景下,金融机构的跨国经营与金融业务的国际化趋势逐渐深化,给我国金融市场同时带来了机遇与挑战。随着近年来我国多项金融开放重大措施的加速落地,我国资本账户开放和金融市场互联互通程度均有明显的提高,同时,输入性金融风险也更为显著。一方面,全球经济不稳定性大幅攀升,我国经济增长态势趋缓,国际金融系统脆弱性加速积聚。另一方面,由于各国金融市场机制与监管体系存在明显差异,

国际金融监管合作和信息共享机制也尚未完善，因此针对跨国金融机构和国际化金融业务的监管难度也显著增大，这进一步提升了跨境金融传染风险。在此背景下，我国应当进一步强化国际金融监管合作，积极参与巴塞尔银行监管体系、国际证监会体系、国际保险监督官协会等全球金融监管协调组织的决策与管理，提升我国在跨国监管合作过程中的话语权，共同推动全球监管标准的统一与规范，营造公平公正的全球金融市场环境。同时，决策当局也应积极与其他国家搭建双边或多边监管协调机制，加强不同国家间的监管合作和信息共享，从而尽可能消除因金融监管国别化差异而引起的监管"真空"、监管套利等问题。

除了对外推动国际金融监管合作以外，对内我们也要进一步完善中央与地方金融监管机构的协调机制，以确保国家金融政策和监管措施在区域基层金融市场的落实，在国家宏观政策制定主体和微观金融市场主体之间搭建起更为顺畅的沟通渠道。2020年年初，金融委办公室发布《国务院金融稳定发展委员会办公室关于建立地方协调机制的意见》，决定在各个省级行政区内建立金融委办公室地方协调机制。这也意味着随着2018年"一委一行两会"监管框架的正式建立，我国中央与地方监管机构在防范化解金融风险上的职责分工将更加明确，不同层级的金融政策协调与监管信息共享长效机制初具雏形。接下来，各级政府应当立足于上述机制，持续强化中央与地方在金融监管等方面的协调与合作，同时加快构建金融机构的监管信息公开平台，优化不同地域监管机构之间的信息采集分工和共享机制，从而做好我国金融的统筹监管工作，维护区域金融市场平稳运行。

四、改善民营经济融资环境，在高质量发展中防控金融风险

（一）降低民营和小微企业综合融资成本，让民营经济活力充分迸发

民营企业是我国经济的重要组成部分，随着改革开放的持续推进，民营经济在近年来也成为我国经济增长的重要驱动力量，并在技术研发创新、增加就业岗位、支持地方财政等方面做出了贡献。然而，相较于国有企业而言，大部分民营企业通常受困于发展时间较短、资产规模较小、政

府扶持力度弱、经营相对不稳定等限制,无法获得充足的融资支持。其中,小微企业更是长期面临着融资难、融资贵的问题。因此,如何为民营和小微企业营造良好融资环境,让民营经济充分迸发市场活力,提升金融与实体经济良性循环水平,是新时代我国亟待研究的重要问题。

在国民经济下行压力增大的背景下,我国可以通过实施稳健的货币政策、推动利率市场化改革、给予小微企业适当信贷倾斜等方式来降低此类企业的综合融资成本,以充分激发市场活力。具体而言,央行应当在对国内外宏观经济形势进行充分研判的基础上,实施更加灵活适度的稳健货币政策,保持货币供应量和社会总体融资规模合理增长,从而保障民营企业的流动性需求。同时,在转轨经济的背景下,决策机构应有序推进利率市场化改革,引导社会融资成本向下运行,改善上述弱势企业的融资环境。

面对小微企业长期存在的融资困境,央行则可以使用定向降准、专项再贷款、再贴现等货币政策手段,引导银行信贷资源向上述企业倾斜。例如,政府可以鼓励银行为暂时有困难的中小企业开通绿色审批通道,适当降低首贷门槛,酌情允许中小企业减免利息、延期还贷、展期续贷。同时,央行还可以通过引导大型银行服务重心下沉、实施针对中小型银行的定向降准政策等方式,鼓励大型金融机构增加小微企业信贷投放,充分发挥中小型银行的普惠金融作用,面向中小微企业针对性地开展投融资服务。

(二)完善民营企业直接融资支持制度,服务民营企业可持续发展

我国深化金融供给侧改革进程中的主要任务,就在于发展直接融资。而对于间接融资能力天生存在短板的民营经济而言,开拓直接融资渠道、增加直接融资支持则显得更具紧迫性和重要性。

在直接融资领域,政府首先要完善面向广大民营企业的资本市场基础设施,优化融资市场的规划与布局。例如,在股票市场方面,决策机构应持续完善股票发行和再融资制度,充分发挥科创板、创业板、中小板等交易场所的作用,对民营企业上市和再融资流程做出改进与优化,扩大该类企业的直接融资规模。同时,政府相关部门应不断完善新三板等场外交易机制,为资质相对不足的小微企业和初创企业提供另一个直接融资渠道,降低上述企业的直接融资门槛。在债券市场方面,政府则应鼓励金融机构

持续探索债券品种创新，结合区块链等技术来盘活民营企业的应收账款，为优质民营企业提供更多的债券增信服务，从而使上述企业的债权融资渠道更加畅通。

此外，决策机构应借助金融科技等新兴金融业态的力量，提升面向民营企业和小微企业的金融服务效率。我国工信部在 2020 年 3 月 18 日发布了《中小企业数字化赋能专项行动方案》，提出要推动中小企业、数字化服务商和金融机构等的密切合作，发展金融科技，增加对中小企业的直接融资支持。例如，我们可以采用互联网金融业态的新模式，发挥其成本低、门槛低、时效快等优势，降低民营企业融资约束程度，从而提高融资需求匹配速度，优化金融市场资源配置。在这一过程中，我们也要对新兴金融业态的潜在风险予以高度警惕，监管部门应当尽快完善相关的法律法规体系，加快推动新兴金融市场形成全方位多层次的监管机制，从而为投资者权益和民营企业融资提供有效保护，推动民营经济实现可持续发展。

（三）健全民营企业融资增信支持体系，推进民营经济高质量发展

为了解决信用积累短板对民营企业融资能力的约束问题，政府应当持续完善民营企业的融资增信支持体系，提高民营经济的融资可获得性。例如，政府可以积极发挥政府性融资担保机构与地方征信系统的作用，为民营企业提供更多增信服务。政府也可以通过设立融资增信基金等手段，给予融资担保公司一定补偿，鼓励其加大对民营企业融资活动的增信支持。同时，决策机构还可以在风险可控的前提下，鼓励银行业适当扩大对小微企业贷款的合格抵押品范围，并为其评估新抵押资产的价值提供技术支持，从而降低小微企业的抵押贷款信用门槛。值得注意的是，在面对新冠肺炎疫情、国际金融危机等外部冲击时，政府应采取更加灵活合理的金融监管手段，健全针对民营企业的信用修复机制，降低特殊时期内失信行为对企业信用记录的影响。

此外，政府应积极鼓励金融机构加强技术创新、深化风控改革，结合金融科技手段推出更多针对民营企业和小微企业的增信工具。例如，金融机构可以利用大数据、云计算等技术实现科学风险控制和精准客户画像，不断完善征信体系，降低融资市场的信息不对称，为民营企业提供更多的数据征信支持。最后，我们还可以基于区块链、物联网等技术推动我国供

应链金融数字化进程，实现供应链上下游的多层级信用传递，推动民营企业实现低成本融资，优化现金流管理。

◆思考讨论题◆

1. 你认为我国当前的房地产市场存在泡沫风险吗？为什么？

2. 人民币市场化会带来什么样的机遇与风险？如何才能有效管控汇率风险？

3. 你能列举出一些我国对金融系统实施政府援助的具体例子吗？

4. 你认为现阶段，我国应该就克鲁格曼的"不可能三角"做出何种"三选二"的制度抉择？

5. 除了本章提到的建议，你还能想出一些提高金融与实体经济良性循环水平、防控金融风险的政策建议吗？

参考文献

[1] 艾蔚，孟飞，王灵芝，等.国际金融［M］.上海：上海交通大学出版社，2014.

[2] 巴曙松，王璟怡，杜婧.从微观审慎到宏观审慎：危机下的银行监管启示［J］.国际金融研究，2010（5）：83-89.

[3] 陈共.财政学［M］.北京：中国人民大学出版社，2009.

[4] 陈选娟，柳永明.金融机构与风险管理［M］.上海：上海人民出版社，2014.

[5] 陈云贤.国家金融学［M］.北京：北京大学出版社，2018.

[6] 戴相龙.领导干部金融知识读本［M］.北京：中国金融出版社，1997.

[7] 德夫林.拉丁美洲债务危机：供给侧的故事［M］.张月，徐珂，译.上海：上海财经大学出版社，2018.

[8] 董小君.金融风险预警机制研究［M］.北京：经济管理出版社，2004.

[9] 杜金向.新型农村金融机构可持续发展研究［M］.上海：译林出版社，2014.

[10] 范恒森.金融制度学探索［M］.北京：中国金融出版社，2000.

[11] 逄锦聚，洪银兴，林岗，等.政治经济学［M］.北京：高等教育出版社，2009.

[12] 弗里德曼，施瓦茨.美国和英国的货币趋势［M］.范国鹰，陈龙渊，郭世贤，译.北京：中国金融出版社，1991.

[13] 黄达.金融学［M］.北京：中国人民大学出版社，2003.

[14] 黄金老.论金融脆弱性［J］.金融研究，2001（3）：41-49.

[15] 金德尔伯格，阿利伯.疯狂、惊恐和崩溃：金融危机史［M］.6版.朱隽，叶翔，李伟杰，译.北京：中国金融出版社，2014.

[16] 金洪飞.新兴市场货币危机机理研究［M］.上海：上海财经大学出版社，2004.

［17］莱因哈特，罗格夫.这次不一样：八百年金融危机史［M］.綦相，刘晓锋，刘丽娜，译.北京：机械工业出版社，2012.

［18］郎晓龙.货币危机与资本管制［M］.北京：中国经济出版社，2007.

［19］雷家骕.国家经济安全导论［M］.西安：陕西人民出版社，2000.

［20］李存金，刘建昌.证券投资学教程［M］.北京：北京理工大学出版社，2016.

［21］刘安国，李仁贵.当代货币危机理论的演进与保罗克鲁格曼的贡献［J］.经济评论，2016（3）：135－147.

［22］刘国防.我国单一银行制的实践研究［J］.湖北社会科学，2010（4）：79－81.

［23］刘鹤.两次全球大危机的比较研究［M］.北京：中国经济出版社，2013.

［24］刘莉亚，任若恩.浅析现代货币危机理论［J］.现代国际关系，2002（3）：57－61.

［25］刘莉亚.新兴市场国家（地区）金融危机理论研究［M］.上海：上海财经大学出版社，2004.

［26］刘尚希.财政风险：一个分析框架［J］.经济研究，2003（5）：23－31.

［27］刘哲希，韩少华，陈彦斌."债务—通缩"理论的发展与启示［J］.财经问题研究，2016（6）：3－11.

［28］刘志强.金融危机预警指标体系研究［J］.世界经济，1999（4）：17－23.

［29］卢祖送.金融危机和金融监管［M］.北京：经济日报出版社，2018.

［30］马俊，何晓贝，唐晋荣.金融危机的预警、传染和政策干预［M］.北京：中国金融出版社，2019.

［31］马克思.资本论［M］.中共中央马克思恩格斯列宁斯大林著作编译局，译.北京：人民出版社，1975.

［32］马勇，陈雨露.宏观审慎政策的协调与搭配：基于中国的模拟分析［J］.金融研究，2013（8）：57－69.

［33］缪延亮.欧债危机救助的经验与反思［J］.金融研究，2018（6）：40－46.

［34］皮凯蒂.21世纪资本论［M］.巴曙松，陈剑，余江，等，译.北京：

中信出版社，2014.

[35] 清华大学国家金融研究院课题组. 完善制度设计，提升市场信心，建设长期健康稳定发展的资本市场 [R]. 2015-11-19.

[36] 上海财经大学现代金融研究中心，上海财经大学金融学院. 2014 中国金融发展报告 [M]. 上海：上海财经大学出版社，2014.

[37] 沈君克，李全海，张新东. 欧洲主权债务危机研究 [M]. 济南：山东人民出版社，2013.

[38] 石俊志. 金融危机生成机理与防范 [M]. 北京：中国金融出版社，2001.

[39] 石自强. 历次金融危机解密 [M]. 北京：龙门书局，2011.

[40] 世界银行. 超越年度预算：中期支出框架的全球经验 [M]. 中国财政部综合司，译. 北京：中国财政经济出版社，2013.

[41] 单建军. 宏观审慎压力测试及实施框架 [J]. 对外经贸，2019（6）：73-75.

[42] 斯皮格尔. 经济思想的成长 [M]. 晏智杰，刘宇飞，王长青，等，译. 北京：中国社会科学出版社，1999.

[43] 斯坦. 美国的财政革命：应对现实的选择 [M]. 2版. 苟燕楠，译. 上海：上海财经大学出版社，2010.

[44] 宋清华. 银行危机论 [M]. 北京：经济科学出版社，2000.

[45] 孙振兴，徐文渊. 拉丁美洲国家经济发展战略研究 [M]. 北京：经济管理出版社，2007.

[46] 王爱俭，王璟怡. 宏观审慎政策效应及其与货币政策关系研究 [J]. 经济研究，2014（4）：17-31.

[47] 王信，贾彦东. 货币政策和宏观审慎政策的关联及启示：基于英格兰银行的经验 [J]. 金融研究，2019（12）：38-57.

[48] 王学龙. 银行管制与市场约束关系研究 [M]. 北京：冶金工业出版社，2010.

[49] 吴晓灵. 中国A股市场异常波动报告 [M]. 上海：上海远东出版社，2016.

[50] 吴晓求. 金融危机启示录 [M]. 北京：中国人民大学出版社，2009.

[51] 吴晓求. 上万亿成交量让人感到恐惧 [N]. 上海证券报，2015-3-20.

［52］吴晓求. 中国资本市场：开放与国际化［M］. 北京：中国人民大学出版社，2015.

［53］吴晓求. 中国资本市场研究报告（2016）：股市危机与政府干预：让历史告诉未来［M］. 北京：中国人民大学出版社，2016.

［54］吴晓求. 中国资本市场制度变革研究［M］. 北京：中国人民大学出版社，2013.

［55］席勒. 非理性繁荣［M］. 李心丹，等，译. 北京：中国人民大学出版社，2016.

［56］项怀诚. 领导干部财政知识读本［M］. 北京：经济科学出版社，1999.

［57］谢平，管涛，黄益平，等. 金融的变革［M］. 北京：中国经济出版社，2011.

［58］熊良俊. 经济转型中的金融问题［M］. 北京：中国金融出版社，2004.

［59］杨子晖，陈里璇，陈雨恬. 经济政策不确定性与系统性金融风险的跨市场传染：基于非线性网络关联的研究［J］. 经济研究，2020，55（1）：65－81.

［60］杨子晖，陈雨恬，陈里璇. 极端金融风险的有效测度与非线性传染［J］. 经济研究，2019，54（5）：63－80.

［61］杨子晖，陈雨恬，张平淼. 重大突发公共事件下的宏观经济冲击、金融风险传导与治理应对［J］. 管理世界，2020，36（5）：13－35＋7.

［62］杨子晖，周颖刚. 全球系统性金融风险溢出与外部冲击［J］. 中国社会科学，2018（12）：69－90，200－201.

［63］野口悠纪雄. 泡沫经济学［M］. 曾寅初，译. 上海：生活·读书·新知三联书店，2005.

［64］尹振涛，康佳琦. 日本中小银行危机始末及其启示［J］. 中国农村金融，2019（21）：89－91.

［65］于璐，詹蕾. 消费信贷运作指南［M］. 成都：四川大学出版社，2000.

［66］于治贤，郭艳娇. 反思国际金融危机［M］. 沈阳：辽宁民族出版社，2010.

［67］张馨，袁星侯，王玮，等. 部门预算改革研究：中国政府预算制度改革剖析［M］. 北京：经济科学出版社，2001.

［68］张志前，喇绍华. 欧债危机［M］. 北京：社会科学文献出版社，2012.

［69］中国银行研究院全球银行业研究课题组. 疫情大流行对全球银行业

的影响与应对：中国银行全球银行业展望报告（2020年第三季度）[J]. 国际金融, 2020 (7): 66-75.

[70] 周正庆. 证券市场导论[M]. 北京: 中国金融出版社, 1998.

[71] ACEMOGLU D, OZDAGLAR A, TAHBAZ-SALEHI A. Systemic risk and stability in financial networks [J]. American economic review, 2015 (105): 564-608.

[72] ACHARYA V V. A Theory of systemic risk and design of prudential bank regulation [J]. Journal of financial stability, 2009 (5): 224-255.

[73] ACHARYA V V, BISIN A. Counterparty risk externality: centralized versus over-the-counter markets [J]. Journal of economic theory, 2014 (149): 153-182.

[74] ACHARYA V V, YORULMAZER T. Cash-in-the-market pricing and optimal resolution of bank failures [J]. Review of financial studies, 2008a (21): 2705-2742.

[75] ACHARYA V V, YORULMAZER T. Information contagion and bank herding [J]. Journal of money, credit and banking, 2008b (40): 215-231.

[76] ACHARYA V V, PEDERSEN L H, PHILIPPON T, et al. Measuring systemic risk [J]. Review of financial studies, 2017 (30): 2-47.

[77] ACHARYA V V, PEDERSEN L H, PHILIPPON T, et al. Taxing systemic risk [J]. Regulating Wall Street: the dodd-frank act and the new architecture of global finance, New York University, 2011: 121-142.

[78] ACHARYA V V, GALE D, YORULMAZER T. Rollover risk and market freezes [J]. The journal of finance, 2011 (66): 1177-1209.

[79] ADRIAN T, BRUNNERMEIER M K. CoVaR [J]. American economic review, 2016 (106): 1705-1741.

[80] ADRIAN T, SHIN H S. The changing nature of financial intermediation and financial crisis of 2007-2009 [J]. Annual review of economics, 2010 (2): 603-618.

[81] ADRIAN T, SHIN H S. Liquidity and leverage [J]. Journal of financial intermediation, 2010, 19 (3): 418-437.

[82] ASSOUS M. Irving fisher's debt deflation analysis: from the purchasing

power of money (1911) to the debt-deflation theory of the great depression (1933) [J]. European journal of the history of economic thought, 2013, 20 (2): 305 - 322.

[83] ALBULESCU C T, GOYEAU D. Assessing and forecasting romanian financial system's stability using an aggregate index [J]. Romanian journal of economic literature, 2010.

[84] ALBUQUERQUE R, CABRAL L, GUEDES J. Incentive pay and systemic risk [J]. Review of financial studies, 2019 (32): 4304 - 4342.

[85] ALLEN F, GALE D. Optimal financial crises [J]. The journal of finance, 1998, 53 (4): 1245 - 1284.

[86] ALLEN F, GALE D. Bubbles and crises [J]. The economic journal, 2000a (110): 236 - 255.

[87] ALLEN F, GALE D. Financial contagion [J]. Journal of political economy, 2000b (108): 1 - 33.

[88] ALLEN F, GALE D. Financial fragility, liquidity, and asset prices [J]. Journal of the european economic association, 2004 (2): 1015 - 1048.

[89] ALLEN L, BALI T G, TANG Y. Does systemic risk in the financial sector predict future economic downturns? [J]. Review of financial studies, 2012 (25): 3000 - 3036.

[90] ALLEN L, WILLIAM A, WOOD G. Defining and achieving financial stability [J]. Journal of financial stability, 2006, 2 (2): 152 - 172.

[91] AGENOR P R, BHANDARI J S, FLOOD R P. Speculative attacks and models of balance of payments crises [J]. Staff papers, 1992 (2): 357 - 394.

[92] AGRAWAL A, JAFFE J F, MANDELKER G N. The post-merger performance of acquiring firms: a re-examination of an anomaly [J]. Journal of finance, 1992, 47 (4): 1605 - 1621.

[93] ASQUITH P. Merger bids, uncertainty, stockholder returns? [J]. Journal of financial economics, 1983: 51 - 83.

[94] BALL R, BROWN P. An empirical evaluation of accounting income numbers [J]. Journal of accounting research, 1968, 6 (2): 159 - 178.

[95] BANERJEE A. A simple model of herd behavior [J]. Quarterly journal

of economics, 1992, 107 (3): 797-817.

[96] BANZ R W. The relationship between return and market value of common stocks [J]. Journal of financial economics, 1981, 9 (1): 3-18.

[97] BARBERIS N, SHLEIFER A, VISHNY R W. A model of investor sentiment [J]. Journal of financial economics, 1998, 49 (3): 307-343.

[98] BERNARD V L, THOMAS J K. Evidence that stock prices do not fully reflect the implications of current earnings for future earnings [J]. Journal of accounting and economics, 1990, 13 (4): 305-340.

[99] BAUR D G, SCHULZE N. Financial market stability-a test [J]. Journal of international financial markets, institutions and money, 2009, 19 (3): 506-519.

[100] BEALE N, RAND D G, BATTEY H, et al. Individual versus systemic risk and the regulator's dilemma [J]. Proceedings of the national academy of sciences, 2011 (108): 12647-12652.

[101] BENOIT S, COLLIARD J, HURLIN C, et al. Where the risks lie: a survey on systemic risk [J]. Review of finance, 2017 (21): 109-152.

[102] BENOIT S, HURLIN C, PÉRIGNON C. Pitfalls in systemic-risk scoring [J]. Journal of financial intermediation, 2019 (38): 19-44.

[103] BERNANKE B, GERTLER M. Agency costs, net worth, and business fluctuations [J]. The American economic review, 1989 (79): 14-31.

[104] BHATTACHARYA S, GALE D. Preference shocks, liquidity, and central bank policy [J]. Liquidity and crises, 1985 (35).

[105] BILLIO M, GETMANSKY M, LO A W, et al. Econometric measures of connectedness and systemic risk in the finance and insurance sectors [J]. Journal of financial economics, 2012 (104): 535-559.

[106] BLACKBURN K. Collapsing exchange rate regimes and exchange rate dynamics: some further examples [J]. Journal of international money and finance, 1988 (4): 373-385.

[107] BLEI S K, ERGASHEV B. Asset commonality and systemic risk among large banks in the united states [R]. Available at SSRN 2503046, 2014.

[108] BORIO C, LOWE P. Assessing the risk of banking crises [J]. BIS quarterly review, 2002 (7): 43 – 54.

[109] BROWNLEES C, ENGLE R F. SRISK: a conditional capital shortfall measure of systemic risk [J]. Review of financial studies, 2016 (30): 48 – 79.

[110] BRUNNERMEIER M K. Deciphering the liquidity and credit crunch 2007 – 2008 [J]. Journal of economic perspectives, 2009, 23 (1): 77 – 100.

[111] BRUNNERMEIER M K, PEDERSEN L H. Market liquidity and funding liquidity [J]. Review of financial studies, 2008 (22): 2201 – 2238.

[112] BRUNNERMEIER M K, OEHMKE M. The maturity rat race [J]. The journal of finance, 2013 (68): 483 – 521.

[113] BRYANT J. A model of reserves, bank runs, and deposit insurance [J]. Journal of banking & finance, 1980, 4 (4): 335 – 344.

[114] BURNSIDE C, EICHENBAUM M, REBELO S. Understanding the Korean and Thai currency crises [J]. Federal reserve bank of Chicago economic perspectives, 2000, 24 (3): 45 – 60.

[115] BURROWS O, LEARMONTH D, MCKEOWN J. RAMSI: a top-down stress-testing model [J]. Bank of England financial stability paper 17, 2012.

[116] CALVO G A. Balance-of-payments crises in emerging markets: large capital inflows and sovereign governments [M]. Chicago: University of Chicago Press, 2000: 71 – 97.

[117] CALVO G A, MENDOZA E G. Rational contagion and the globalization of securities markets [J]. Journal of international economics, 2000 (1): 79 – 113.

[118] CAMPBELL T S, GLENN D. Deposit insurance in a deregulated environment [J]. The journal of finance, 1984, 39 (3): 775 – 785.

[119] CAPRIO G, HONOHAN P. Oxford handbook of banking [M]. Oxford: Oxford University Press, 2010.

[120] CHANG R, VELASCO A. A model of financial crises in emerging markets [J]. The quarterly journal of economics, 2001 (2): 489 – 517.

[121] CHARI V V, JAGANNATHAN R. Banking panics, information, and rational expectations equilibrium [J]. The journal of finance, 1988, 43 (3): 749–761.

[122] CHEN J, HONG H, STEIN J C. Forecasting crashes: trading volume, past returns, and conditional skewness in stock prices [J]. Journal of financial economics, 2001, 61 (3): 345–381.

[123] COGLEY T, NASON J M. Effects of the hodrick-prescott filter on trend and difference stationary time series: implications for business cycle research [J]. Journal of economic dynamics and control, 1995, 19 (1–2): 253–278.

[124] COLLETAZ G, LEVIEUGE G, POPESCU A. Monetary policy and long-run systemic risk-taking [J]. Journal of economic dynamics and control, 2018, 86: 165–184.

[125] CONT R, MOUSSA A. Network structure and systemic risk in banking systems [N]. SSRN Working Paper Series, No. 1733528, 2012.

[126] CORSETTI G, PESENTI P, ROUBINI N. Paper tigers?: a model of the asian crisis [J]. European economic review, 1999 (7): 1211–1236.

[127] CUMBY R E, VAN WIJNBERGEN S. Financial policy and speculative runs with a crawling peg: argentina 1979–1981 [J]. Journal of international economics, 1989 (1–2): 111–127.

[128] CUSATIS P, MILES J A, WOOLRIDGE J R. Restructuring through spinoffs: the stock market evidence [J]. Journal of financial economics, 1993, 33 (3): 293–311.

[129] CUTLER D M, POTERBA J M, SUMMERS L H. Speculative dynamics and the role of feedback traders [J]. The American economic review, 1990, 80 (2): 63–68.

[130] DANG T V, GORTON G, HOLMSTROM B. Financial crises and the optimality of debt for liquidity provision [R]. Unpublished working paper, Yale School of Management, 2011.

[131] DANIEL K, HIRSHLEIFER D, SUBRAHMANYAM A. Investor psychology and security market under-and overreactions [J]. Journal of finance, 1998, 53 (6): 1839–1885.

[132] DANIELSSON J, SHIN H S, ZIGRAND J P. The impact of risk regulation on price dynamics [J]. Journal of banking & finance, 2004 (28): 1069-1087.

[133] DE BONDT W F, THALER R H. Does the stock market overreact [J]. Journal of finance, 1985, 40 (3): 793-805.

[134] DELLAS H, STOCKMAN A. Self-fulfilling expectations, speculative attack, and capital controls [J]. Journal of money, credit and banking, 1993 (4): 721-730.

[135] DE LONG J B, SHLEIFER A, SUMMERS L H, et al. Noise trader risk in financial markets [J]. Journal of political economy, 1990, 98 (4): 703-738.

[136] DEMIRGUC-KUNT A, DETRAGIACHE E. The determinants of banking crises in developing and developed countries [R]. IMF staff papers, 1998, 45 (1).

[137] DESAI H, JAIN P C. Long-run common stock returns following stock splits and reverse splits [J]. The journal of business, 1997, 70 (3): 409-433.

[138] DHARAN B G, IKENBERRY D L. The long-run negative drift of post-listing stock returns [J]. Journal of finance, 1995, 50 (5): 1547-1574.

[139] DIAMOND D W, DYBVIG P H. Bank runs, deposit insurance, and liquidity [J]. Journal of political economy, 1983 (3): 401-419.

[140] DIAMOND D W, RAJAN R G. The credit crisis: conjectures about causes and remedies [J]. American economic review, 2009, 99 (2): 606-610.

[141] DIEBOLD F X, YILMAZ K. On the network topology of variance decompositions: measuring the connectedness of financial firms [J]. Journal of econometrics, 2014 (182): 119-134.

[142] DOOLEY M P. A model of crises in emerging markets [J]. The economic journal, 2000, 110 (460): 256-272.

[143] DRAZEN A, MASSON P R. Credibility of policies versus credibility of policymakers [J]. The quarterly journal of economics, 1994 (3): 735

−754.

[144] DREES B, PAZARBASIOGLU C. The nordic banking crisis: pitfalls in financial liberalization: pitfalls in financial liberalization [R]. Washington: International Monetary Fund, 1998.

[145] DUFFIE D, ZHU H. Does a central clearing counterparty reduce counterparty risk? [J]. Review of asset pricing studies, 2011 (1): 74 − 95.

[146] DZIOBEK C, PAZARBASIOGLU C. Lessons from systemic bank restructuring: a survey of 24 countries [R]. IMF working paper 97/61, 1997.

[147] EICHENGREEN B, ROSE A K, WYPLOSZ C. Contagious currency crises [R]. National Bureau of Economic Research, 1996.

[148] EID T K. The austrian business cycle theory: validity and implications [D]. University of oslo, 2009.

[149] ESQUIVEL G, LARRAIN F. Explaining currency crises [R]. John F. Kennedy Faculty Research WP series R98 − 07, 1998.

[150] FAMA E F. Efficient capital markets: a review of theory and empirical work [J]. Journal of finance, 1970, 25 (2): 383 − 417.

[151] FAMA E F. Market efficiency, long-term returns, and behavioral finance [J]. Journal of financial economics, 1998, 49 (3): 283 − 306.

[152] FARHI E, TIROLE J. Collective moral hazard, maturity mismatch, and systemic bailouts [J]. The American economic review, 2012 (102): 60 − 93.

[153] FISHER I. Booms and depressions [M]. New York: Adelphi Company, 1932.

[154] FISHER I. The debt-deflation theory of great depressions [J]. Econometrica, 1933 (1): 337 − 357.

[155] FISHER L, STATMAN M. A behavioral framework for time diversification [J]. Financial analysts journal, 1999, 55 (3): 88 − 97.

[156] FLANNERY M J. Financial crises, payment system problems, and discount window lending [J]. Journal of money, credit and banking, 1996 (28): 804 − 824.

[157] FLOOD R P, HODRICK R J. Real aspects of exchange rate regime

choice with collapsing fixed rates [J]. Journal of international economics, 1986 (3-4): 215-232.

[158] FLOOD R P, GARBER P M. Collapsing exchange-rate regimes: some linear examples [J]. Journal of international economics, 1984 (1-2): 1-13.

[159] FRANKEL J A, ROSE A K. Currency crashes in emerging markets: an empirical treatment [J]. Journal of international economics, 1996 (3-4): 351-366.

[160] FREIXAS X, PARIGI B M. Contagion and efficiency in gross and net interbank payment systems [J]. Journal of financial intermediation, 1998 (7): 3-31.

[161] FREIXAS X, PARIGI B M, ROCHET J C. Systemic risk, interbank relations, and liquidity provision by the central bank [J]. Journal of money, credit and banking, 2000: 611-638.

[162] FRIEDMAN M. The role of monetary policy [J]. American economic review, 1968, 58 (1): 1-17.

[163] GENNAIOLI N, SHLEIFER A, VISHNY R W. A model of shadow banking [J]. The journal of finance, 2013 (68): 1331-1363.

[164] GERTLER M, GILCHRIST S. What happened: financial factors in the great recession [J]. Journal of economic perspectives, 2018, 32 (3): 3-30.

[165] GIESECKE K, KIM B. Systemic risk: what defaults are telling us [J]. Management science, 2011 (57): 1387-1405.

[166] GLICK R, HUTCHISON M. Capital controls and exchange rate instability in developing economies [J]. Journal of international money and finance, 2005, 24 (3): 387-412.

[167] GOLDBERG L S. Predicting exchange rate crises: mexico revisited [J]. Journal of international economics, 1994 (3-4): 413-430.

[168] GOLDSMITH R W. Financial structure and development [M]. New Haven: Yale University Press, 1969.

[169] GOLDSTEIN I, RAZIN A. three branches of theories of financial crises [J]. Foundations and trends in finance, 2015 (10): 113-180.

[170] GORTON G, ORDONEZ G. Collateral crises [J]. The American economic review, 2014 (104): 343-378.

[171] HALDANE A, SAPORTA V. Financial stability and macroeconomic models [J]. Financial stability review, 2004, 16: 80-88.

[172] HANA P B. Contingent government liabilities: a hidden risk for fiscal stability [R]. Policy research working paper, world bank, 1998.

[173] HAWTREY K. Does financial deregulation work? a critique of free market approaches [J]. Economic record, 1998, 74 (226): 314.

[174] HAYEK F A. Investment that raises the demand for capital [J]. Review of economics and statistics, 1937, 19 (4): 174-177.

[175] HAYEK F A. Monetary theory and the trade cycle [M]. New York: Augustus m. kelley, 1966.

[176] HERRING R, WACHTER S. Asset Price bubbles: the implications of monetary [M]. Cambridge: MIT Press, 2003.

[177] HE Z, XIONG W. Dynamic debt runs [J]. Review of financial studies, 2012 (25): 1799-1843.

[178] HONG H G, STEIN J C. A Unified theory of underreaction, momentum trading and overreaction in asset markets [J]. Journal of finance, 1999, 54 (6): 2143-2184.

[179] HUANG X, ZHOU H, ZHU H. A framework for assessing the systemic risk of major financial institutions [J]. Journal of banking & finance, 2009 (33): 2036-2049.

[180] ikenberry d l, lakonishok J. Corporate governance through the proxy contest: evidence and implications [J]. The journal of business, 1993, 66 (3): 405-435.

[181] IKENBERRY D L, LAKONISHOK J, VERMAELEN T. Market underreaction to open market share repurchases [J]. Journal of financial economics, 1995: 181-208.

[182] IKENBERRY D L, RANKINE G, STICE E K. What do stock splits really signal [J]. Journal of financial and quantitative analysis, 1996, 31 (3): 357-375.

[183] ILLING M, LIU Y. An index of financial stress for canada [R]. Ottawa:

Bank of Canada, 2003.

[184] JACKLIN C J, BHATTACHARYA S. Distinguishing panics and information-based bank runs: welfare and policy implications [J]. Journal of political economy, 1988, 96 (3): 568-592.

[185] JEGADEESH N, TITMAN S. Returns to buying winners and selling losers: implications for stock market efficiency [J]. Journal of finance, 1993, 48 (1): 65-91.

[186] JIN L, MYERS S C. R2 around the world: new theory and new test [J]. Journal of financial economics, 2006, 79 (2): 257-292.

[187] KAHNEMAN D, RIEPE M W. Aspects of investor psychology [J]. The journal of portfolio management, 1998, 24 (4): 52-65.

[188] KAMINSKY G L, REINHART C M. The twin crises: the causes of banking and balance-of-payments problems [R]. International finance discussion paper no. 544, board of governors of the federal researve system, 1996.

[189] KAMINSKY G L, REINHART C M. Financial crises in Asia and Latin America: then and now [J]. The American economic review, 1998 (2): 444-448.

[190] KAMINSKY G L, REINHART C M. The twin crises: the causes of banking and balance-of-payments problems [J]. American economic review, 1999 (3): 473-500.

[191] KANE E J. Dangers of capital forbearance: the case of the fslic and "zombie" s&ls [J]. Contemporary economic policy, 1987, 5 (1): 77-83.

[192] KENDALL M G, HILL A B. The analysis of economic time-series-part i: prices [J]. Journal of the royal statistical society. series a (General) 116. 1 (1953): 11-34.

[193] KEYNES J M. The general theory of employment, interest, and money [M]. Springer, 2018.

[194] KINDLEBERGER, ALBER R Z. Manias, panics and crashes: a history of financial crises [M]. New York: Basic Books, 1978.

[195] KING M. Debt deflation: theory and evidence [J]. European economic review, 1994, 38 (94): 419-445.

[196] KING R G, REBELO S. Resuscitating real business cycles [R]. Niber working paper no. 7534, 2000.

[197] KODRES L E, PRITSKER M A. Rational expectations model of financial contagion [J]. The journal of finance, 2002 (2): 769-799.

[198] KREGEL J A. Margins of safety and weight of the argument in generating financial fragility [J]. Journal of economics issues, 1997 (2): 543-548.

[199] KRUGMAN P. A model of balance-of-payments crises [J]. Journal of money, credit and banking, 1979 (3): 311-325.

[200] KRUGMAN P. Balance sheets, the transfer problem, and financial crises [M]. Dordrecht: springer, 1999.

[201] KRUGMAN P. Crises: the next generation [R]. 2001.

[202] KRUGMAN P. What happened to asia? [J]. Part of the research monographs in Japan-U. S. business & economics book series (JUSB, volume 4), 1998.

[203] LAEVEN L. Banking crises: a review [J]. Annual review of financial economics, 2011, 3 (1): 17-40.

[204] LAEVEN M L, HUIZINGA H. Accounting discretion of banks during a financial crisis [M]. Washington: International Monetary Fund, 2009.

[205] LAEVEN M L, VALENCIA F. Resolution of banking crises: the good, the bad, and the ugly [M]. Washington: International Monetary Fund, 2010.

[206] LAKONISHOK J, SHLEIFER A, VISHNY R W. Contrarian investment, extrapolation, and risk [J]. Journal of finance, 1994, 49 (5): 1541-1578.

[207] LAKONISHOK J, VERMAELEN T. Anomalous price behavior around repurchase tender offers [J]. Journal of finance, 1990, 45 (2): 455-477.

[208] LAUX C, LEUZ C. Did fair-value accounting contribute to the financial crisis? [J]. Journal of economic perspectives, 2010, 24 (1): 93-118.

[209] LINDGREN C J, GARCIA G, SAAL M I. Bank soundness and macroeconomic policy [R]. Washington: IMF working paper, 1996.

[210] LIU S, LINDHOLM C K. Assessing early warning signals of currency crises: a fuzzy clustering approach [J]. Intelligent systems in account-

ing, finance & management, 2006, 14 (4): 179 - 202.

[211] LOUGHRAN T, RITTER J R. The new issues puzzle [J]. Journal of finance, 1995, 50 (1): 23 - 51.

[212] LUCAS R E. Expectations and the neutrality of money [J]. Journal of economic theory, 1972, 4 (2): 103 - 124.

[213] MANDELBROT B B. Forecasts of future prices, unbiased markets, and "martingale" models [J]. The journal of business, 1966: 242 - 242.

[214] MASSON M P R. Contagion: monsoonal effects, spillovers, and jumps between multiple equilibria [M]. Washington: international monetary fund, 1998.

[215] MCKINNON R I, PILL H. Credible liberalizations and international capital flows: the "overborrowing syndrome" [M]. Chicago: University of Chicago Press, 1996.

[216] MIAN A, SUFI A. What explains the 2007 - 2009 drop in employment [J]. Econometrica, 2014, 82 (6): 2197 - 2223.

[217] MICHAELY R, THALER R H, WOMACK K L. Price reactions to dividend initiations and omissions: overreaction or drift? [J]. Journal of finance, 1995, 50 (2): 573 - 608.

[218] MINSKY H P. Stabilizing an unstable economy [M]. New Haven: Yale University Press, 1986.

[219] MINSKY H P. The financial fragility hypothesis: capitalist process and the behavior of the economyin financial crisis [M]. Cambridge: Cambridge University Press, 1982.

[220] MISES L. Epistemological problems of economics [M]. Auburn: Ludwig von Mises Institute, 2003.

[221] MORRIS S, SHIN H S. Unique equilibrium in a model of self-fulfilling currency attacks [J]. American economic review, 1998 (3): 587 - 597.

[222] MORETTI M, STOLZ S M, SWINBURNE M. Stress testing at the IMF [R]. International Monetary Fund, 2008.

[223] MÜLLER J. Interbank credit lines as a channel of contagion [J]. Journal of financial services research, 2006 (29): 37 - 60.

[224] OBSTFELD M. Balance-of-payments crises and devaluation [J]. Journal of money, credit and banking, 1984 (2): 208 – 217.

[225] OBSTFELD M. Models of currency crises with self-fulfilling features [J]. European economic review, 1996 (3 – 5): 1037 – 1047.

[226] OET M V, EIBEN R, BIANCO T, et al. Financial stress index: identification of systemic risk conditions [R]. 24th Australasian finance and banking conference, 2011.

[227] OZKAN F G, SUTHERLAND A. Policy measures to avoid a currency crisis [J]. The economic journal, 1995 (429): 510 – 519.

[228] PEROTTI E C, RATNOVSKI L, VLAHU R. Capital regulation and tail risk [J]. International journal of central banking, 2011 (7): 123 – 163.

[229] PETERS E E. Fractal market analysis: applying chaos theory to investment and economics [M]. New York: John Wiley & Sons, 1994.

[230] RADELET S, SACHS J D, COOPER R N. The east asian financial crisis: diagnosis, remedies, prospects [J]. Brookings papers on economic activity, 1998 (1): 1 – 90.

[231] RANCIERE R, TORNELL A, WESTERMANN F. Systemic crises and growth [J]. The quarterly journal of economics, 2008, 123 (1): 359 – 406.

[232] REINGANUM M R. Misspecification of capital asset pricing: empirical anomalies based on earnings' yields and market values [J]. Journal of financial economics, 1981, 9 (1): 19 – 46.

[233] RITTER J R. The long-run performance of initial public offerings [J]. Journal of finance, 1991, 46 (1): 3 – 27.

[234] ROBERTS H. Stock-market "patterns" and financial analysis: methodological suggestions [J]. Journal of finance, 1959, 14 (1): 1 – 10.

[235] Roberts H. Statistical versus Clinical Prediction of the Stock Market [R]. Unpublished working paper, 1967.

[236] ROCHET J C. Why are there so many banking crises?: the politics and policy of bank regulation [M]. Princeton: princeton university press, 2009.

[237] ROCHET J C, TIROLE J. Controlling risk in payment systems [J]. Journal of money, credit and banking, 1996 (28): 832 – 862.

[238] RODRÍGUEZ-MORENO M, PEñA J I. Systemic risk measures: the simpler the better? [J]. Journal of banking & finance, 2013 (37): 1817–1831.

[239] ROLLS B J, CASTELLANOS V H, HALFORD J C. Volume of food consumed affects satiety in men [J]. The American journal of clinical nutrition, 1998, 67 (6): 1170–1177.

[240] ROLL R, ROSS S A. On the cross-sectional relation between expected returns and betas [J]. The journal of finance, 1994, 49 (1): 101–121.

[241] ROTHBARD M. In defense of "extreme apriorism" [J]. Southern economic journal, 1957, 23 (3): 314–320.

[242] SALANT S W, HENDERSON D W. Market anticipations of government policies and the price of gold [J]. Journal of political economy, 1978 (4): 627–648.

[243] SAMUELSON P A. A Theory of induced innovation along Kennedy-weisäcker lines [J]. The review of economics and statistics (1965): 343–356.

[244] SEGOVIANO M, GOODHART C. Banking stability measures [R]. IMF working papers, 2009: 1–54.

[245] SHEFRIN H, STATMAN M. Behavioral portfolio theory [J]. Journal of financial and quantitative analysis, 2000, 35 (2): 127–151.

[246] SHILLER R J. Alternative tests of rational expectations models: the case of the term structure [J]. Journal of econometrics, 1981, 16 (1): 71–87.

[247] SHILLER R J. Market volatility and investor behavior [J]. The American economic review, 1990a, 80 (2): 58–62.

[248] SHILLER R J. Speculative prices and popular models [J]. Journal of economic perspectives, 1990b, 4 (2): 55–65.

[249] SHLEIFER A, SUMMERS L H. The noise trader approach to finance [J]. Journal of economic perspectives, 1990, 4 (2): 19–33.

[250] SHLEIFER A, VISHNY R W. Liquidation values and debt capacity: a market equilibrium approach [J]. The journal of finance, 1992 (47): 1343–1366.

[251] SNOWDON B, VANE H R. Modern macroeconomics: its origins, development and current state [M]. Cheltenham: Edward Elgar Publish-

ing, 2005.

[252] SPIESS D K, AFFLECKGRAVES J. Underperformance in long-run stock returns following seasoned equity offerings [J]. Journal of financial economics, 1995, 38 (3): 243 – 267.

[253] STATMAN M. Behavioral finance versus standard finance [J]. Behavioral finance and decision theory in investment management, 1995: 14 – 22.

[254] SUNDARARAJAN V, BALIñO J T J. Banking crises: cases and issues [M]. Washington: International Monetary Fund, 1991.

[255] THALER R H. Anomalies: the january effect [J]. Journal of economic perspectives, 1987, 1 (1): 197 – 201.

[256] THALER R H. Mental accounting matters [J]. Journal of behavioral decision making, 1999, 12 (3): 183 – 206.

[257] THALER R H. Anomalies: weekend, holiday, turn of the month, and intraday effects [J]. Journal of economic perspectives, 1987, 1 (2): 169 – 177.

[258] THURNER S, FARMER J D, GEANAKOPLOS J. Leverage causes fat tails and clustered volatility [J]. Quantitative finance, 2012 (5): 695 – 707.

[259] TVERSKY A, KAHNEMAN D. The framing of decisions and the psychology of choice [J]. Science, 1981, 211 (4481): 453 – 458.

[260] TVERSKY A, SLOVIC P, KAHNEMAN D. The causes of preference reversal [J]. The American economic review, 1990, 80 (1): 204 – 217.

[261] TVERSKY A, THALER R H. Anomalies: preference reversals [J]. Journal of economic perspectives, 1990, 4 (2): 201 – 211.

[262] TOBIN J. Price flexibility and output stability: an old Keynesian view [J]. the journal of economic perspectives, 1993, 7 (1): 45 – 65.

[263] UPPER C. Simulation methods to assess the danger of contagion in interbank markets [J]. Journal of financial stability, 2011 (7): 111 – 125.

[264] VAGA T. The coherent market hypothesis [J]. Financial analysts journal, 1990, 46 (6): 36 – 49.

[265] VAN DEN END J W. Indicator and boundaries of financial stability [R]. Netherlands Central Bank, Research Department, 2006.

[266] WAGNER W. The homogenization of the financial system and financial

crises [J]. Journal of financial intermediation, 2008 (17): 330 – 356.

[267] WAGNER W. Efficient asset allocations in the banking sector and financial regulation [J]. International journal of central banking, 2009 (5): 75 – 95.

[268] GILL I, HUANG Y, KHARAS H. East Asian visions: perspectives on economic development [M]. Washington: World Bank, 2007.

[269] WYPLOSZ C. Capital controls and balance of payments crises [J]. Journal of international money and finance, 1986 (2): 167 – 179.

[270] ZAWADOWSKI A. Entangled financial systems [J]. Review of financial studies, 2013 (26): 1291 – 1323.

后　　记

　　金融风险领域的研究发展是十分迅速的，国家金融风险防范这一研究主题涉及范围也是极其庞大的。对于金融市场中出现的新兴业务与风险点，本书难以一一涉及，也仍存在诸多有待改进之处。在陈云贤教授悉心指导下，我们有条不紊地开展撰写工作。

　　同时，本书的完成与出版，离不开各位同仁的帮助。我们真诚地感谢对本书资料整理、编写与校对做出过贡献的同学，尤其感谢中山大学硕士生李乐民以及博士生陈里璇、张平淼、李东承、林诗涵、陈雨恬对于本书第一、二、三、五、六、七章内容所做的贡献。最后，我们衷心感谢中山大学出版社对本书所进行的专业、细致的编辑工作。